Diogenes Taschenbuch 24728

de
te
be

AF196573

LUKAS HARTMANN, geboren 1944 in Bern, studierte Germanistik und Psychologie. Er war Lehrer, Journalist und Medienberater. Heute lebt er als freier Schriftsteller in Bern und schreibt Bücher für Erwachsene und für Kinder. Er ist einer der bekanntesten Autoren der Schweiz und steht mit seinen Romanen regelmäßig auf der Bestsellerliste.

Lukas Hartmann

Ins Unbekannte

Die Geschichte von Sabina und Fritz

ROMAN

Diogenes

Die Erstausgabe erschien 2022 im Diogenes Verlag
Covermotiv: Gemälde von Mercedes Helnwein, ›Hormones‹
Copyright © Mercedes Helnwein

Die Nutzung dieses Werks für Text und Data Mining
im Sinne von § 44b UrhG behalten wir uns explizit vor

Veröffentlicht als Diogenes Taschenbuch, 2024
Alle Rechte vorbehalten
Copyright © 2022
Diogenes Verlag AG Zürich
www.diogenes.ch
50/24/36/1
ISBN 978 3 257 24728 2

I

Die Ankunft, Zürich,
Psychiatrische Klinik Burghölzli, 1905

Wo war sie denn? Sie wusste es nicht genau. Die Eltern hatten Sabina zu dieser langen Reise genötigt, vor allem die überbesorgte Mutter, der Vater schwieg und wich Sabinas Blicken aus. Er hatte ein schlechtes Gewissen, und das geschah ihm recht. Sie war ja kein Kind mehr, sie war eine junge Frau. Man durfte sie nicht so brutal behandeln, nie hätte er sie, als sie jünger war, im Beisein der Brüder mit Rutenhieben auf den nackten Hintern bestrafen dürfen. Sie musste sich danach vor ihnen verbergen, sich irgendwo in ihr drin verkriechen, und wenn man sie herauslocken wollte, wehrte sie sich mit aller Kraft, sie schrie, schlug um sich, egal, ob eine Berührung sanft war oder grob. Man brachte sie schon in Rostow zu Ärzten, schob sie in weiß gestrichene Räume hinein, sie hörte die Mutter weinen, den Vater schwer atmen. Man legte sie auf eine Couch, es waren mehrere Hände an ihr, sie stieß sie weg, man band sie fest, Gesichter über ihr, die sie nicht kannte und verscheuchen wollte, sie lachte alle aus, mit Absicht schrill und theatralisch, und das galt als Krankheitssymptom, ausgerechnet bei ihr, die Ärztin werden wollte, sie hatte doch schon, zum Entsetzen der Mutter, kranke Puppen aufgeschnitten und wieder zusammengenäht. Dann wurde der Familie von Verwandten geraten wegzufahren, weit weg, dorthin, wo das medizinische Niveau höher war als in Russland, in eine Schweizer Klinik, in der man sich auch um das Seelische kümmere, sagte die Mutter, die ja selbst Zahnärztin war. Sabina sprach fließend Deutsch, aber der Ort, zu dem sie nun in der Mietkutsche fuhren, hieß Burghölzli, das Wort verstand sie nicht, und weil ihr der Klang so drollig erschien, fügte sie sich und ließ sich in das abweisend wirkende Gebäude hineinbegleiten.

»Ich werde nichts schlucken, nichts trinken«, sagte sie sehr laut, »und ich will keine Spritze.«

»Ach Gott«, seufzte die Mutter und fasste Sabina an der Hand, »man wird dich doch nicht quälen, mein Kind.«

Sabina schüttelte aber die Hand ab, rutschte ganz an den Rand des gepolsterten Sitzes, schloss die Augen und tat, als sei sie sogleich eingeschlafen. Da spürte sie wieder eine Hand auf ihrer Schulter, viel zu lastend, es war, sie wusste es, die des Vaters. Sie fuhr auf und schrie: »Lass mich!« Das Gewicht verschwand, es fiel von ihr ab wie etwas Totes, Schlaffes, sie lachte laut, hysterisch nannten sie es, das wusste sie. Sollte sie miauen wie eine zornige Katze? Sie tat es und hörte das langgezogene »Ach« der Mutter. Vom Vater hörte sie nichts.

Eine Tür wurde geöffnet, Sabina fühlte sich hinausgedrängt, eine stämmige Pflegerin in weißer Tracht mit weißer Haube gehörte nun auch zum Trupp, sie war kräftiger als Sabina und stieß sie vorwärts in einen Raum. Alles weiß, erbarmungslos weiß. Man nötigte die Patientin auf einen Stuhl mit harter Rückenlehne. Da war Leder hinter ihr, das mochte sie nicht, Leder stammte von Tieren.

»Ich will anderswo sitzen«, quengelte sie. »Versteht ihr, anderswo!«

Sie begann laut zu schluchzen; nun habe ich mein Repertoire durchgespielt, dachte sie. Oder doch nicht? Sie glitt vom Stuhl, warf sich auf den Boden. Der war härter als die Stuhllehne, aber sie achtete nicht darauf, lachte laut. Inzwischen waren zwei andere Pflegerinnen dazugekommen, gemeinsam versuchten sie, die Patientin zu bändigen. Sabina wehrte sich, sie hatte eine Kraft, die sie von sich gar nicht gekannt hatte. Man hob sie gemeinsam wieder auf den Stuhl, jemand versuchte, sie mit einem Riemen festzubinden, nun half sogar der Vater mit, und das war abscheulich. Sie wand sich, sie schrie.

»Wir tun Ihnen doch nichts«, verstand sie in mehreren Variationen.

Sie spielte ja Klavier, sie mochte Variationen und lachte wieder. Aber nun waren ihre Arme am Körper festgebunden.

»Doch, ihr tut mir weh«, jammerte sie und übertrieb den Schmerz.

»Hört auf«, sagte der Vater im Hintergrund, genau das hatte sie gewollt. Aber man hörte, wie gewöhnlich, nicht auf ihn. Er war nur in ihrer Kindheit ein Herrscher gewesen.

»Was macht ihr da?«, hörte sie plötzlich die sanfte Stimme eines Mannes.

Da war jemand lautlos eingetreten.

»Bindet sie los«, sagte der Mann.

Verlegene Stille, aber man gehorchte. Sabina atmete mit Vorsatz laut und keuchend; außerdem war sie nun wirklich erschöpft. Sie blinzelte ins Helle, der Mann, der vor ihr stand, schien ihr übergroß, auch er trug einen weißen Kittel. Ein Arzt offenbar, jung noch, mit solchen wie ihm hatte sie in letzter Zeit genug zu tun gehabt. Aber er hatte ein gütiges Gesicht, die Augen waren von unbestimmbarer Farbe. Hellblau? Eher gräulich. Die Verwandtschaft mit »greulich« brachte sie zum Lachen, so gut beherrschte sie die deutsche Sprache, in der Gymnasialklasse war sie deswegen bewundert worden. Er stutzte, lächelte, das sah sie wohl, ein hübscher Mann, ungewöhnlich würdig für sein Alter.

»Wie ist die Farbe Ihrer Augen?«, fragte sie, was seine Erheiterung zu steigern schien.

»Warum interessiert Sie das?«, fragte er zurück und kniff nun seine Augen zusammen.

»Einfach so«, sagte sie.

»Sie werden es bestimmt herausfinden«, gab er zurück, eher scherzhaft als ernst. »Ich bin übrigens Ihr Arzt, Ihnen zugeteilt. Mein Name ist Jung, Doktor Jung.«

Das reizte sie zu einem weiteren Lachanfall. »Eben habe ich gedacht, Sie seien noch sehr jung. Und jetzt heißen Sie auch so.« Sein Lachen war weniger melodiös als ihres, leicht angespannt, fand sie. Ringsum blieb alles still, kaum ein Geräusch war zu hören außer der Unterhaltung zwischen den beiden.

»Ich bin wohl älter, als Sie meinen«, sagte er, nun ernsthaft, sogar leicht beleidigt, wie ihr schien.

»Sind Sie verheiratet?«, fragte sie und freute sich über seine sichtliche Irritation, seine Mundwinkel zitterten leicht. Sie sah nun, dass er eine randlose Brille trug, die ihn älter machte, und einen dünnen Schnurrbart, der ihm nicht stand.

»Ja, das bin ich, Fräulein Spielrein. Aber die Fragen stelle ich, wenn Sie das bitte akzeptieren wollen.«

Sie tat, als ob sie ihn nicht verstanden hätte. Sie richtete sich halb auf. »Und ist Ihre Frau denn in froher Erwartung?«

Er schwieg, musterte sie abwartend; die Schwestern wagten kaum zu atmen; nur von einer, der jüngsten, kam ein Geräusch, das klang wie ein unterdrücktes Lachen.

Sabina sank zurück aufs Bett, sie murmelte etwas, die Wörter, die sie zustande brachte, wurden lauter, blieben aber unverständlich, dann hob und senkte sich ihr Körper in immer schnellerem Rhythmus. Doktor Jung gab einer Schwester einen Wink, sie legte eine Hand auf Sabinas Bauch, das beruhigte sie sogleich. Erst seit Kurzem wusste sie, wie Kinder entstanden, das hatte ihr die Mutter viel zu lang verheimlicht, und Sabina hatte eigene Theorien dazu fabriziert, die sie allesamt wieder verwarf. Eine Zeit lang war sie davon überzeugt gewesen, dass das Kind im Oberschenkel der Mutter, der ja bei vielen Frauen sehr ausladend war, entstand und dann herausgeschnitten wurde. In einem medizinischen Buch, das im elterlichen Bücherregal – nicht bei der Biologie, sondern listigerweise bei der Geographie – hinter anderen verborgen war, hatte sie die Antwort gefunden. Sie hatte sie geahnt, auch durch die Andeutungen der Schulkameradinnen, aber es hatte ihr gegraut vor der Vorstellung dessen, was da bei der sogenannten Kopulation zwischen Mann und Frau geschah, es war ihr gleichzeitig klar, dass die Brüder längst Bescheid wussten. Sie hatte die Mutter damit konfrontiert, und diese hatte den Kopf gesenkt und sich herausgeredet, dass man eine junge Frau doch so lange wie möglich vor diesen Dingen verschonen müsse. Sabina, die schon ihre Menstruation hatte, sah das nicht ein und redete zwei Wochen lang kein Wort mehr mit der Mutter; der Vater blieb ohnehin bei solchen Dingen außen vor, obwohl er sie, wenn sie vorlaut gewesen war, auf den nackten Hintern geschlagen hatte, was mit der Zeugung in keiner Weise verbunden war.

Sie stellte sich den Doktor Jung vor, wie er auf seiner Frau lag und in sie eindrang, weil das beim Zeugungsakt offenkundig nötig war, und stöhnte dabei abwehrend auf.

Besorgt fühlte ihr die junge Schwester den Puls, und Doktor Jung fragte, ob ihr nicht gut sei. Doch Sabina beruhigte sich.

»Es ist nichts«, sagte sie mit klarer Stimme. »Gar nichts.«

»Wir sehen uns schon morgen wieder«, eröffnete ihr der Doktor, bevor er ging. »Wir sehen uns von nun an jeden Tag um elf. Ich wünsche mir, dass Sie um diese Zeit bereit sind, zur Konsultation in mein Besprechungszimmer geführt zu werden.« Dann stand er auf und verließ ohne Händedruck oder ein weiteres Zeichen den Raum, und Sabina kam sich plötzlich, zu ihrer eigenen Verwunderung, verlassen vor, obwohl sie ja flankiert war von ihren Eltern.

Sie war enttäuscht, sie hätte den Doktor gerne weiter herausgefordert. Das sollte man als junge gefügige Frau nicht tun; gerade deshalb tat sie es, sie konnte dem Zwang nicht entrinnen.

»Herr Doktor Jung«, sagte sie, völlig beherrscht in die Runde, »hätte mir gewiss geraten, was man bei hartnäckiger Verstopfung tun kann.« Sie liebte die beiden deutschen vokalreichen Wörter, die sie hier aneinandersetzte, »hartnäckig« und »Verstopfung«, sie klangen fremdartig und anziehend, ganz anders als »Regen« oder »Besen«. Den Anwesenden im Konsultationszimmer schien für einen Augenblick der Atem zu stocken.

»Ich mag es nicht«, fuhr Sabina fort und achtete nicht darauf, dass die Mutter sich mahnend räusperte, »wenn der Stuhlgang« – auch eines dieser seltsamen Wörter – »ausbleibt.« Sie schaute provozierend in die Runde. »Oder ist Ihnen lieber, wenn ich von Scheiße rede?« Das Wort hatte sie von einer deutschsprachigen Klassenkameradin aus Rostow, die sich gerne derb ausdrückte; im Familienvokabular kam es nicht vor, aber alle wussten, was es bedeutete.

Es gehörte zu den Gepflogenheiten bei den Spielreins, dass jeden Tag bei Tisch, auf Geheiß der Mutter, eine andere Sprache geübt wurde. Am Dienstag war Deutsch an der Reihe. Sabina lachte auf und zog die Beine an, ließ wieder ihre Strümpfe bis über die Knie sehen, und die Mutter zog ihr den Rock so weit hinunter, wie es ging. »Lass mich«, fauchte Sabina, warf sich auf dem Stuhl herum und lachte gleich wieder. Ob Doktor Jung gegen sie Gewalt anwenden würde, wusste sie noch nicht, aber sie stellte sich gerne ihren heftigen Widerstand vor; seine Hände waren ungewöhnlich groß, beinahe derb.

»Es ist genug«, meldete sich die Älteste der drei Pflegerinnen zu Wort und wandte sich an die Mutter, deren gerötetes Gesicht von ihrer Verlegenheit zeugte. »Wir bringen Fräulein Spielrein nun in ein Einzelzimmer, dort kann sie sich beruhigen. Sie bleibt ja für die Dauer der Konsultationen hier im Hauptgebäude, ich werde das noch mit dem Herrn Doktor absprechen.«

»Wir haben einen Koffer mit Kleidern dabei«, beeilte sich die Mutter zuzustimmen, und der Vater nickte gravitätisch.

»Sie bekommt Anstaltskleidung«, sagte die jüngste Pflegerin leicht schadenfreudig.

Sabina fuhr auf, ihr Körper versteifte sich, sie gab einen Laut von sich, der wie ein Entsetzensschrei klang. »Das habt ihr mir nicht gesagt! Ihr seid Heuchler! Ihr wollt mich einfach loswerden!«

Die Mutter schüttelte schuldbewusst den Kopf. »Du bist ja oft gar nicht mehr zugänglich, Sabina.«

»Wenn Sie sich angemessen verhalten, Fräulein Spielrein«, mischte sich die Wortführerin ein, »werden auch wir Sie mit Anstand behandeln. Bitte fügen Sie sich unseren Anordnungen.«

»Rufen Sie den Doktor«, empörte sich Sabina, »er soll es mir persönlich sagen.«

Aber niemand achtete mehr auf ihren hervorgekeuchten Protest, der Vater hatte sich zur Wand gedreht, damit er nicht Zeuge der weiteren Demütigung seiner Tochter wurde. Denn nun umringten die vier den Stuhl, hoben Sabina, die den Widerstand aufgab, fachkundig mit längst eingeübten Griffen aus dem Stuhl, und führten, nein, trugen sie hinaus. Ein einziges Mal noch schrie Sabina auf dem Weg in ihr Zimmer auf, wild und triumphierend. Woher der Triumph kam, wusste sie nicht, aber er war da, heiß und überwältigend.

2
Zürich, Sabina in der Klinik Burghölzli

Sie schlief in dieser Nacht lange, fuhr aber einmal mit einem Schrei auf, weil sie sich von einer schattenhaften Gestalt bedrängt fühlte und fürchtete, ihre Eingeweide hätten sich rot verfärbt. Sie schickte die Nachtschwester, die herbeieilte – es war wieder die junge – zurück in die Wachstube, wie das hier hieß. Am Morgen wurde ihr ein Frühstück gebracht. Schwarzbrot esse sie nicht, sagte sie mit scharfer Betonung. Wortlos trug die Schwester das Tablett weg, kam aber wieder und legte mit leicht schadenfrohem Lächeln ein Kleid über das Bett, es war die weißgraue Anstaltskleidung, die man hier zu tragen habe, belehrte sie die Patientin.

»Ich nicht«, fuhr Sabina sie an. »Dieser grobe Stoff würde mich kratzen, das weiß ich im Voraus, und dann würde meine Haut feuerrot.« Sie lachte laut, blies die Backen auf und hielt den Atem an, sodass ihr Gesicht sich schon jetzt rötete.

Die Schwester – oder doch eher die Pflegerin? – unterdrückte ein Lachen und sagte: »Sie können ja Ihre Unterkleider anbehalten.«

»Das will ich aber nicht«, widersprach Sabina. »Ich spüre gerne weichen Stoff auf meiner geplagten Haut.«

»Geplagt?« Die Schwester schien verwirrt. »Warum geplagt?«

»Weil die Welt mich plagt, mein braves Kind«, erwiderte Sabina. »Dich denn nicht?« Mit einem Ruck zog sie ihr Nachtgewand, das die Mutter mitgebracht hatte, über den Kopf und stand nackt vor der Schwester da, sie wusste ja, dass sie schöne Brüste hatte. »Wie heißt du denn, mein Kind?«

Die Schwester senkte beschämt den Kopf und stammelte: »Das dürfen Sie nicht.« Sie war den Tränen nahe. Dennoch fügte sie mit kaum verständlicher Stimme hinzu: »Also gut, ich heiße Johanna.«

Sabina empfand plötzlich ihr gegenüber ein starkes Mitleid. »Ist ja gut, Johanna«, tröstete sie die Pflegerin, die bestimmt schlecht ausgebildet war. »Ich tue, was du willst.« Damit nahm sie die Anstaltskleidung vom Bett und streifte sie sich über den Kopf, fuhr mit den Armen in die Ärmel, schüttelte sie, bis der Stoff ordentlich über die nackte Haut fiel, fast bis auf den Boden. Sie wirbelte einmal um sich selbst, sodass sich der Rocksaum leicht hob. »Nun, wie sehe ich aus, liebe Johanna?«

Das Mädchen – es war doch noch ein Mädchen – war augenscheinlich in größter Verlegenheit und sagte nichts.

»So werde ich vor den Herrn Doktor Jung treten und ihn fragen, wie kleidsam er diese Tracht findet.«

»Das weiß ich nicht, Fräulein Spielrein. Aber er wird Sie auffordern, ein Unterkleid zu tragen.« Sie lächelte nun sogar, auf verschmitzte Weise, wie Sabina schien.

»Meinst du denn«, fragte sie, »er würde bemerken, dass ich keines trage? Das Kleid ist ja so hochgeschlossen, wie es nur geht, es würgt mich beinahe.« Das stimmte natürlich nicht, aber damit hatte sie Johanna nun doch ein kleines, leicht gackerndes Lachen entlockt, und Sabina setzte sich würdevoll auf den Holzstuhl, einen der zwei, die zur Zimmerausstattung gehörten.

»Ich bringe Ihnen einen Tee«, sagte Johanna. »Etwas müssen Sie doch trinken.«

Sabina schüttelte den Kopf. »Eigentlich trinke ich nur Champagner.«

Johanna schien es die Sprache zu verschlagen.

Sabina lachte laut. »Jetzt habe ich dich hereingelegt, wie? Bring mir einen Krug Wasser und ein Glas, das reicht.«

Johanna nickte unsicher; ihre nun wieder verschlossene Miene verriet, dass sie aus dieser Patientin nicht klug wurde. Sie hatte die Tür schon geöffnet, da hielt Sabina sie mit einer Frage auf: »Welche Uhrzeit haben wir, liebe Johanna? Meine goldene Uhr, die mir der Teufel geschenkt hat, liegt unter der Matratze.«

Das Mädchen räusperte sich und sagte in Sabinas neuerliches Gelächter hinein: »Bald neun, glaube ich.«

Sabina mimte ein Erschrecken. »Oh, ich werde ja schon bald zu Herrn Doktor Jung gebracht. Für die erste Konsultation. Das ist wohl sehr feierlich. Ich muss mich jetzt vorbereiten. Geh nur.«

Johanna schloss leise die Tür hinter sich. Und Sabina hatte in der Tat das Gefühl, sie müsse sich so gut wie möglich auf die Konfrontation mit dem Doktor vorbereiten, allerlei Flucht- und Angriffswege überdenken, um ihn, den schönen Mann, zugleich zu verführen und zurückzuweisen. Er sollte ja nicht glauben, er sei ihr als junger Frau von Natur aus – und durch seine Ausbildung natürlich – haushoch überlegen. Sie nahm sich vor, ihn in Verlegenheit zu bringen, aus seiner gütigen Ruhe herauszuscheuchen. Er sollte sie bloß nicht fragen, was ihre Zukunftswünsche seien, das behielt sie für sich. Sie hieß Sabina Spielrein, sie war Jüdin, und ihr war bewusst, dass der Familienname Anlass zu Spott und schmierigen Andeutungen gab. Damit musste sie leben. Genügte das denn nicht? Sie hätte jetzt, wie schon so oft, gerne über Zauberkräfte verfügt und sich in eine Katze verwandelt, und wäre in dieser Gestalt zum Herrn Doktor gegangen, stolz, mit erhobenem Schwanz.

Sie zog sich wieder um, schlüpfte in ihr rotes Sonntagskleid, das ihr die Mutter zum Glück ebenfalls in die große Ledertasche gepackt hatte, auch ein paar unverdächtige Bücher hatte sie eingepackt, damit es der verwirrten Tochter nicht langweilig würde, *Pride and Prejudice* von Jane Austen war dabei, wohl eine Aufforderung an die Tochter, ihr unverständliches Verhalten zu bereuen. Da hielt sie sich lieber an *Madame Bovary,* von der ihr die Mutter streng abgeraten hatte. Deshalb hatte Sabina es sich heimlich von einer Mitschülerin ausgeliehen und zuunterst ins Gepäck geschmuggelt, unter den Knäuel der wollenen Strumpfhose, die sie hasste. Sie hatte aber gar keine Lust zu lesen, schaute sich dafür sehr lange im kleinen und trüben Spiegel an, der immerhin an der Wand hing, von einem darüber hängenden Schal halb zugedeckt. Den Schal legte sie sich um den Hals und hielt eine Weile ihr eigenes Spiegelbild aus. Sie war überhaupt nicht schön, wie bestimmte Männer behaupteten, die Nase zu schief, das Kinn zu eckig, sie schnitt eine Grimasse, das hatte sie schon als kleines Kind gelernt, sie wusste, dass man damit Leute erschrecken oder in die Enge treiben konnte, aber bestimmt nicht Herrn Doktor Jung. Wobei sie es ja versuchen konnte. Jetzt erprobte sie ein schnippisches Lächeln und zog die Augenbrauen hoch, um interessant und klug zu wirken. Sie wusste, dass dies junge Männer verwirrte. Mittelalterliche auch?

Sie konsultierte ihre Taschenuhr, die sie auch mitgeschmuggelt hatte. Es dauerte noch lange bis elf. Sie las ein paar Seiten in Flauberts Roman, sie merkte rasch, dass die Anfangsszene sie langweilte. Also schob sie den Lesestuhl ans Fenster, schaute hinaus in die ebenso langweilige Parklandschaft, über der ein bedeckter Himmel hing, sie sah Frauen in der Anstaltstracht auf gekiesten Wegen hin und her wandern, allein oder zu zweit, einige schleppten die Rocksäume über den Boden, das fand Sabina entwürdigend. Sie hatte Lust, mit beiden Fäusten an die Scheiben zu trommeln oder das Fenster aufzureißen und ihre Missbilligung hinauszuschreien. Sie tat es aber nicht. Sie solle, hatte ihr ein Arzt in Rostow geraten, nicht jedem Impuls nachgeben, damit schade sie ihrer geistigen Gesundheit. Außerdem, das hatte sie schon herausgefunden, war das Fenster mit einem Schlüssel zugesperrt. Rütteln nützte nichts, die Scheibe zerschmettern könnte sie später einmal, falls nötig. Sie schaute auf den Sekundenzeiger ihrer Uhr – Viertel vor elf nun – und überlegte, ob die Zeit schnell oder rasch verging. Hätte sie, ging ihr durch den Kopf, einen Lippenstift dabei, würde sie ihn jetzt benutzen, sie war ja schon fast neunzehn, in einem Alter, da andere Frauen verheiratet waren und Kinder hatten. »Das sind«, hätte die Mutter auf ihre sachliche Weise gesagt, »Frauen unter unserem Stand. Bei uns wartet man auf die angemessene Partie, und das kann gut bis Mitte zwanzig oder länger dauern.«Da hatten sie Russisch gesprochen, das klang weniger geziert. So vieles musste in diesem Haushalt heimlich geschehen, wenn man eine junge Frau war. Die Brüder genossen alle möglichen Vorrechte. Das hatte sie satt, aber sie wusste jetzt, wie man die Aufmerksamkeit auf sich zog.

Um fünf vor elf kam die Schwester herein. Johanna hatte mehrfach geklopft, und Sabina hatte nicht reagiert, weil die bevorstehende Visite sie nun doch bedrückte, aber das hätte sie niemandem eingestanden.

»Es ist Zeit«, sagte Johanna. »Wollen Sie wirklich in diesem Kleid …« Sie brach ab, und Sabina nickte: »Ja. Aber du hast wohl auch keinen Lippenstift, oder?«

Johanna errötete. »Nur für den Sonntag«, brachte sie verlegen hervor. »Ich habe ihn nicht dabei.«

Sie ging voraus, Sabina folgte ihr mit absichtlich kurzen Schritten, die Schuhe passten nicht zum Kleid, die hätte sie auch wechseln müssen, die Mutter hatte doch eigentlich an alles gedacht. Sie gingen durch lange Gänge, in denen es überall ähnlich roch, nach abgestandener Luft und Gemüsesuppe, nach Bohnerwachs. Hier sollte man regelmäßig lüften, dachte Sabina. Von allen Seiten glaubte man ein Murmeln zu hören. Ja, lüften! Das war wieder eines der deutschen Wörter, die sie liebte. Sie kamen vor eine massive Tür, Johanna klopfte erstaunlich kräftig an die Tür. Es dauerte eine Weile, bis sie sich öffnete. Vor ihnen stand Doktor Jung. Er überragte die beiden Frauen um einen Kopf, beugte sich, nach einem erstaunten Blick auf Sabinas Kleid, ein wenig zu ihr herunter: »Treten Sie ein, Fräulein Spielrein. Schön, dass Sie so pünktlich sind.«

Johanna war nach einem kurzen Gruß schon wieder weg.

»Sie sind«, sagte Sabina, »sehr groß und ausgestattet mit einem breiten Brustkasten.«

Jung schaute sie verblüfft an. Dann lachte er. »Stört Sie das?«

»Nein, mich nicht. Aber Ärzte für Nervenleiden sollten nicht so großgewachsen sein. Es wirkt sonst einschüchternd auf die Patienten. Oder nicht?«

»Es kommt darauf an.« Jung lud sie mit einer Handbewegung zum Eintreten ein und wies ihr einen Sessel zu, setzte sich dann auf seinen Stuhl. Zwischen ihnen stand ein mit Papieren überladener Schreibtisch.

»Sie sprechen ausgezeichnet Deutsch, fast ohne Akzent«, sagte Jung nach einem Schweigen, das schon fast beklemmend wurde, aber vom Arzt, der wieder helle Kleidung trug, offenbar erwünscht war.

Sabina bemühte sich um Höflichkeit. »Ich liebe Sprachen«, sagte sie. »Ich möchte möglichst viele sprechen. Und in jeder etwas anderes sagen.«

Jung schaute sie forschend an. »Was denn?« Seine Stimme klang leicht belegt, das reizte sie.

»Ach, Herr Doktor« – sie rekelte sich ein bisschen –, »das sind meine Geheimnisse. Die gehen niemanden etwas an. Verstehen Sie?«

»Wie geht es Ihnen denn?«, fragte er übergangslos.

Sie tat, als überlege sie genau, flüsterte dann, wie wenn es ein Geheimnis wäre: »Mal gut, mal schlecht. Aber eigentlich weiß ich es nicht. Wissen Sie es von sich?«

Er lächelte, griff kurz an seinen Brillenrand. »Einigermaßen, mein Fräulein. Aber das ist nicht unser Thema.«

Sie versuchte, seinen forschenden Blick nachzuahmen. »Das Thema bin also ich?«

»Eindeutig. Das ist unser Arrangement, wenn Sie so wollen.«

»Und wenn ich nicht will?«

»Dann werden Sie Ihre Eltern enttäuschen.«

»Und Sie auch?«

Er lächelte wieder, ihn zum Lächeln zu bringen, war ihre Absicht gewesen. »Das weiß ich noch nicht. Aber erzählen Sie doch zunächst, warum Sie hier sind.«

»Weil meine Eltern mich dazu gedrängt haben. Und auch andere Respektspersonen, die mich nicht aushalten.«

»Hat man sie gezwungen?«

»Überredet, das ist wohl das richtige Wort.«

»Schätzen Sie Ihre Eltern?«

»Sie mich oder ich sie?«

Er stutzte, berührte einen Moment die Nase. »Ach ja, den Satz kann man so oder so verstehen.«

Jetzt war sie es, die lächelte, zugleich rieb sie ihre Hände, als ob sie sich anspornen wollte. »Ich schätze sie meistens, aber sie mich weniger, die Brüder – vor allem der mittlere, Isaak –, sie sagen manchmal, ich sei mit meinen Anfällen dem Teufel entronnen.«

»Anfällen?«

Sie schüttelte den Kopf wie eine unzufriedene Lehrerin. »Aber das hat man Ihnen doch gesagt, Herr Doktor. Ich erschrecke sie mit meinen Anfällen, die leider hin und wieder über mich kommen. Ich weiß hinterher nicht mehr viel davon.«

Jung nickte, etwas zu gravitätisch, fand sie.

»Sie sagen, dass ich schreie, bebe, mich winde, zapple. Ach, es ist fürchterlich, nicht wahr?«

Er schwieg, sein Lächeln war aber jetzt verschwunden, als habe es jemand weggewischt.

»Wollen Sie es sehen?«

Er schwieg immer noch.

Sie atmete stark und immer stärker, steigerte sich in ein fast groteskes Keuchen hinein, sie warf sich auf dem Sessel mit seinen Armlehnen hin und her, raufte sich die Haare, schrie plötzlich gellend auf, fiel fast auf den Boden, verstummte plötzlich. »Jetzt habe ich es absichtlich gemacht«, sagte sie, als sie wieder zu Atem gekommen war. »Mein Körper weiß ja, wie es abläuft. Aber sonst geschieht es einfach mit mir, und ich kann nichts dagegen tun.«

Jung nickte. »Sie wissen also doch ziemlich viel darüber?«

Sie errötete, fühlte sich ertappt und gleichzeitig ungefährdet, weil er so ruhig blieb. »Jetzt bin ich müde«, sagte sie. »Ich könnte gleich einschlafen.«

»Wie Sie wollen.«

»Werden Sie mich nicht bestrafen?«

Er schüttelte den Kopf. »Warum denn? Wir sind in einer therapeutischen Sitzung. Da ist alles möglich.«

Seine Äußerungen klangen beruhigend, sie war sicher, dass er nicht log. Ihre drei Brüder logen dauernd, auch der Vater, nur versteckte er sich besser hinter seinem Bart. Sie lehnte sich zurück, schlug die Beine übereinander, glättete den roten Rock. Dann schloss sie die Augen, blinzelte aber zwischendurch, um zu schauen, ob er sie weiterhin beobachtete. Das tat er, mit besonnener und leicht besorgter

Miene; man konnte ihn wohl nicht so leicht aus der Fassung bringen. Doch genau das trieb sie seit Wochen am meisten an: Leute aus der Fassung zu bringen. Warum, das wusste sie nicht; er sollte es ihr sagen. Oder war da eher das Wort »offenbaren« am Platz?

Sie beschloss nun aber zu schweigen, er sollte nicht glauben, dass sie sich so ohne Weiteres auf ihn einließ.

Also rührte sie sich kaum noch, veränderte nur hin und wieder unmerklich die Lage der Beine auf dem unbequemen Stuhl. Aber er schwieg auch, ebenso beharrlich wie sie. Ihr schien, von ihm gehe ein leichter Tabakgeruch aus, der ihr nicht unangenehm war, auch wenn die rauchende Pfeife des Vaters sie oft gestört hatte.

Die Zeit verging nun sehr langsam. Aber sie langweilte sich nicht, ihre inneren Bilder, die hauptsächlich mit den Brüdern, den Eltern und dem Mann ihr gegenüber zu tun hatten, stolperten übereinander, ergaben keinen Sinn, auch der magere Mathematiklehrer, der sie immer so bedeutungsvoll angeschaut hatte, wurde Teil dieses Korsos, der sie erheiterte und gleichzeitig erboste. »Lasst mich doch in Ruhe!«, entfuhr es ihr plötzlich. Aber Jung reagierte nicht darauf. Sie musste wohl doch eine Weile geschlummert haben, denn seine Stimme ließ sie aufschrecken.

»Wie bitte?«, fragte sie und strich die Haare aus der Stirn.

»Die Zeit ist um«, sagte Jung ohne besondere Betonung, sie sah, dass er seine Taschenuhr, die an einer Kette hing, konsultiert hatte. »Wir sehen uns morgen wieder, um die gleiche Zeit. Auf Wiedersehen!«

Sonst kein Wort mehr, keine Bewertung, keine Interpretation ihres Verhaltens. So ging das also. Sie strich ihren Rock glatt, stand auf, nickte ihm zu und verließ das Zimmer ohne ein weiteres Wort. Schweigen konnte sie, sie hatte es schon als Kind geübt. Nun war niemand da, der sie draußen durch die Gänge lotste. Aber sie fand den Weg zu ihrem Zimmer – oder war es eher eine Zelle? – allein. Nummer 114, das hatte sie sich gemerkt, die Zahl war in eine ovale Plakette über dem Türrahmen eingraviert, sie merkte sich vieles, oft Überflüssiges. Und auch wenn die Lust sie packte, irgendeines der Zimmer unaufgefordert, als Eindringling, zu betreten, tat sie es nicht. Nicht ausgeschlossen, dass sie es ein anderes Mal tun und das Erschrecken einer überraschten Patientin auskosten würde. Wann fühlte sie sich eigentlich überlegen und sicher? Meist dann, wenn sie es war, von der die Initiative ausging. Aber bei Jung war sie damit ins Leere gelaufen. Es würde ihr bestimmt gelingen, ihn früher oder später aus der Reserve zu locken. Ja, und bei ihr, als Hysterikerin, war ja alles denkbar, eine Zwangsjacke würde ihr der Doktor Jung bestimmt nicht anlegen lassen. Damit betrat sie das Zimmer Nummer 114, die Tür stand noch offen, ihre Habseligkeiten lagen unverändert dort, wo sie sie gelassen hatte, eine prächtige Unordnung, dachte Sabina, die Mutter wäre entsetzt. Sie setzte sich aufs Bett, das eher ein Kanapee war. Der Mann, der Jung hieß, ging ihr nicht aus dem Kopf, überhaupt gingen ihr die Männer nicht aus dem Kopf, weder die nahen noch die fernen. Sie waren so verschieden, aber doch gleich in ihrer Art, sie verbargen sich hinter ihrem anerzogenen Imponiergehabe. Sie sah das ja bei ihren Brüdern. Sabina selbst verbarg sich auch, sonst verlor sie sich. Ging das den Männern ebenso? Sie würde Doktor Jung dazu bringen, seine Fassade aufzugeben, sich ihr zuzuneigen, sie zu retten, wie es doch seine Aufgabe war. Vor allem zu retten und zu schützen vor dem, was auf sie zukam. Auch was die Männer betraf. Irgendeinen würde sie ja dann heiraten müssen, das war kaum zu vermeiden. Aber wen?

Sie zog ihr blutrotes Kleid aus, das würde sie bei den kommenden Sitzungen nicht mehr tragen. Ein perlgraues, zurückhaltendes Kleid, das wäre das richtige. Oder sogar die Anstaltstracht. Da würde der hochgeachtete Herr Jung bestimmt staunen.

In ihrem luftigen Nachthemd legte sie sich hin und deckte sich zu, obwohl die Sonne durchs Fenster schien. Die merkwürdige Unterhaltung mit dem Arzt klang in ihr nach wie ein spöttisches und doch ernsthaftes Echo. Er würde wissen wollen, was sie träume, das hatte man ihr vorausgesagt. Sie dachte daran, für ihn einen besonderen Traum zu erfinden, einen mit Nachtigallen und Elefanten. Darüber musste sie lachen. Und dann schlief sie trotzdem ein, und was sie dann träumte, war ganz anders. Es hatte mit einem großen Feld zu tun, auf dem sie stand. Oder eher einer Einöde, kein Mensch zu sehen, kein Haus, kein Baum, und eine Verzweiflung wuchs in ihr, für immer allein zu sein, ihr schien auch, ihre bloßen Füße seien in den weichen Grund eingewachsen, denn als sie sich bewegen wollte, war sie gefangen, reglos, einfach ein Teil der Natur, und das wollte sie nicht, das wollte sie um keinen Preis. Jemand war plötzlich da, in ihrer Nähe. Sie schreckte auf, öffnete mit Mühe die Augen, ihr Herz klopfte wild. Es war immer noch heller Tag, vor ihr stand Johanna mit ihrer hässlichen Haube.

»Es ist schon vier Uhr, Fräulein Spielrein«, sagte sie sehr leise. »Ich habe mehrfach geklopft. Da dachte ich …«

»Schon gut«, beschied Sabina ihr unsanft und zog die Decke über sich. »Und sag du zu mir. Dieses Fräulein-Getue ärgert mich.«

Johanna zögerte. »Das ist uns untersagt …«

»Dann mach, wie du musst!« Gleich tat ihr leid, wie eingeschüchtert die Schwester jetzt wirkte, die ja fast im gleichen Alter war wie sie.

»Aber«, setzte Johanna neu an, »Sie können mich natürlich nennen, wie Sie wünschen. Da gibt es keine Vorschriften.«

Sabina zog es vor, nichts Weiteres zu sagen.

Die Schwester senkte duldsam die Augen. »Um halb sieben wird für die Insassen der höheren Klasse das Essen serviert. Sofern Sie …« Sie brach wieder ab, doch es war klar, was sie sagen wollte.

Sabina nickte. »Ja, du kannst mich holen, ich werde mich bekannt machen mit den wohlhabenden Gästen. Darum geht es doch, oder?«

Johanna nickte, wagte nun aber einen forschenden Blick zu Sabina. »Es sind nicht viele in Ihrer Klasse, nur drei, um genau zu sein. Die sind in ihrer Therapie schon weit fortgeschritten. Fühlen Sie sich dem gewachsen, Fräulein Spielrein?«

Sie hat wohl ihre Anweisungen von Doktor Jung, dachte Sabina und antwortete in hartem Ton: »Ja, das entscheide nämlich ich ganz allein, nur damit du das weißt. Du kannst mich holen, wenn es Zeit ist. Nicht zu früh, am liebsten auf die Minute genau. Hoffentlich wird nicht gebetet. Aber wir sind ja nicht in einem Kloster. Außerdem gehöre ich dem jüdischen Glauben an.« Sie hob die Hand und zeigte zur Tür. »Und jetzt kannst du gehen, meine Liebe.«

Johanna verschwand lautlos, auch die Tür, die doch leicht knarrte, gab keinen Ton von sich. Dieses Mädchen war offenbar darauf trainiert, sich unsichtbar und unhörbar zu machen, vermutlich der erfolgreiche Einfluss einer Oberschwester, die ihrerseits den Doktor Jung verehrte. Aber sie, Sabina Spielrein, wollte das nicht; sie wollte sichtbar sein, sichtbar vor allem für diejenigen, die sie gerne aus ihrem Gesichtsfeld verbannt hätten. Und sie galt offenbar nicht als schwerer Fall, sonst würde man sie nicht anderen zumuten. Das kann ja noch kommen, dachte sie mit beinahe lustvoller Vorahnung.

Die Zeit verging erneut langsam, das Licht von draußen nahm ab. Sabina lehnte sich zurück auf dem gepolsterten Sessel und mochte es, dass er sich in ihren Rücken drückte. Sie würde, dachte sie, den Kampf mit dem Doktor aufnehmen, er würde sie nicht gefügig machen, weder mit List noch mit Einschüchterung, höchstens, da stockte ihr der Atem, mit schmerzhafter Körperstrafe, aber dazu würde es nicht kommen. Nein, auch da würde sie widerstehen, sie hatte es eingeübt.

3
Zürich, Klinik Burghölzli, Speisesaal

Dann war es Zeit, die Schwester – oder war es eher die Zofe? – holte sie ab und führte sie schweigend in den Speisesaal der Patienten erster Klasse. Sie beeilte sich, damit die Verspätung nicht als Absicht wirkte, sondern wie ausnehmende Pünktlichkeit. Am runden Tisch saßen schon die anderen drei, zwei Frauen in vorgerücktem Alter, ein Herr mittleren Alters. Sabina grüßte, wurde zurückgegrüßt. Weiter sagte niemand ein Wort, keine Namen wurden genannt. Eine Kellnerin schöpfte, ebenfalls wortlos, eine klare Suppe mit Einlage. Man wünschte sich in großer Höflichkeit guten Appetit, man aß, man schlürfte, denn die Suppe war heiß. Eine der Damen verzog dauernd den Mund, beinahe zu einer Grimasse, die Hand der anderen zitterte leicht, bei jedem Löffel tropfte etwas Suppe aufs Tischtuch. Der Herr legte den Löffel nach einer Kostprobe angewidert, wie es schien, zur Seite. Sabina fand die Suppe zu geschmacklos und löffelte sie trotzdem. Ich bin ja brav wie ein kleines Kind, dachte sie.

»Schmeckt es Ihnen?«, fragte sie in die Runde.

Niemand antwortete. Als die Kellnerin schon die nächste Platte auftrug, griff Sabina nach ihrem Teller, leerte sich die Suppe über die Bluse und schmetterte den Teller mit Wucht auf den Boden, es klirrte, er zersprang trotz des dicken Teppichs. Nach einer Schrecksekunde aßen die beiden Damen weiter, als ob nichts passiert wäre, eine hüstelte bloß. Der Herr indessen nickte Sabina anerkennend zu. Sie stand da wie erstarrt, konnte sich wie immer nach solchen Ausbrüchen, die sie selbst überraschten, weder bewegen noch sprechen. Aus dem Schatten im Hintergrund löste sich eine Aufseherin, sie schimpfte auf Sabina ein, während eine zweite Person schon mit Putzeimer, Schaufel und Bürste anrückte und in Kauerhaltung das Chaos, das Sabina verursacht hatte, aufwischte und zusammenkehrte. Sabina schaute ihr zu und hatte nicht im Geringsten den Eindruck, ihr helfen zu müssen, sie ahnte ja, was Therapie, Kost und Logis in ihrer Klasse kosteten. Sie ignorierte die Aufseherin, die mit ihrer Strafpredigt fortfuhr, und brach in ein überlautes Gelächter aus, das nicht höhnisch sein sollte, aber so wirkte. Ihrem Lachzwang war sie ausgeliefert, sie presste beide Hände auf den Mund, um ihn zu ersticken, und nun klang es wie Hilferufe. Die beiden Damen aßen ungerührt weiter, aber mit feindseligen Blicken, die Sabina galten. Jemand vom Personal musste einen Aufseher herbeigerufen haben, der war plötzlich da, packte Sabina von hinten und versuchte sie, ihr gut zuredend, aus dem Raum zu schaffen. Als er sie wegtrug, wehrte sie sich erst nicht, dann aber schon, und als sie draußen im Gang waren, schrie sie plötzlich so gellend und zappelte so wild, dass sich anderswo die Türen öffnete und Patienten und Personal das Schauspiel verfolgten. Jemand zischte missbilligend, das Zischen ahmten andere nach, und das machte Sabina noch zorniger. Der Mann, der nach Haarwasser roch, hielt sie fest, er umschlang sie von hinten, als wäre er ihr Liebhaber. Als ihre Kräfte nachließen, lockerte er den Griff und stellte sie irgendwo auf den Boden, der war kalt, sie hatte einen Schuh verloren. Plötzlich war auch eine Frau zur Stelle, sie redete beruhigend auf Sabina ein, die stumm, aber immer noch heftig atmend, neben dem Mann herhinkte. Die Fußsohle schmerzte sie, vermutlich war sie in eine Scherbe getreten. Selber schuld, dachte sie und machte innerlich eine kleine höhnische Melodie daraus: Selber schuld, selber schuld! Sie winkte einer Patientin zu, die ihr, wie sie genau sah, aus einem Türspalt heraus die lange Nase machte.

Der Mann, der offenbar zuständig war für Gewaltausbrüche, erreichte mit ihr Sabinas Zimmer und half ihr, erstaunlich behutsam, auf ihr Bett.

»Brauchen Sie etwas?«, fragte er beinahe mitleidig.

Sie verneinte, er ging weg. Aber kurz darauf kam eine Aufseherin, die Sabina noch nicht gesehen hatte, und brachte ihr Beruhigungstropfen. Sabina schluckte sie willig, trank hinterher lauwarmen Tee, sie wollte nun gefügig sein, eine gute Patientin, und versuchte sogar zu lächeln. Die Aufseherin lächelte zurück, dann war auch sie nicht mehr da, und Sabina hatte Zeit, an Doktor Jung zu denken und wie er auf ihren Ungehorsam reagieren würde. Mit Enttäuschung? Aber sie wollte ihn nicht enttäuschen. Was wollte sie denn?

Am nächsten Morgen um elf wurde sie wieder zu ihm geführt. Jemand hatte ein Pflaster über ihre Fußsohle geklebt, sie hatte keine Lust, all diese Gesichter voneinander zu unterscheiden, aber seines wollte sie erkunden. Dieses Mal kam er ihr nicht entgegen, sie kannten sich ja schon. Er saß hinter dem Schreibtisch, würdevoll und schweigend, nickte ihr immerhin zu. Nun gut, wenn das eine Prüfung sein sollte, würde sie nicht darauf eingehen. Sie setzte sich, dieses Mal im mausgrauen Kostüm, sie wollte die Beine übereinanderschlagen und tat es nicht, er hätte es vermutlich als Provokation aufgefasst. So saßen sie einander gegenüber, sehr lange, wie ihr schien, sie begann, die Sekunden zu zählen wie als Kind, ehe sie aufstehen musste, bewegte die Lippen, ihm zugewandt, sodass er es bestimmt sah. Die Zeit verging, aber sie hielt das Schweigen durch. Sie betrachtete ihn, sah an seiner Wange eine kleine Schnittwunde. Auch er hatte sich also geschnitten. Er wollte offenbar keinen Backenbart, sondern einen sorgsam gestutzten wie die feinen Herren von Rostow. Nun sagte er doch etwas, sehr sanft: »Man hat mir mitgeteilt, sie hätten gestern einen kleinen Skandal verursacht.« Er hielt inne und behielt sie im Auge, erwartete offenbar eine Reaktion.

Sie machte eine abwehrende Gebärde: »Ach, das, ja. Ich weiß nicht, was in mich gefahren ist.«

Er schwieg, sie schwieg auch, es war ein gemeinsames Schweigen.

»Sie wollen keine Klärung«, nahm er nach Minuten den Faden wieder auf.

Sabina schüttelte den Kopf, schlug nun doch die Beine übereinander, faltete die Hände darüber und legte sie aufs Knie. Wie eine Gräfin, dachte sie plötzlich, eine schweigende Gräfin.

»Fürchten Sie«, sagte er plötzlich, »dass Sie bald wieder von solchen gewalttätigen Regungen überfallen werden?«

Sie antwortete nicht. Wie sollte sie das wissen? Sie war sich ja selbst oft genug ein Rätsel. Er sollte sie enträtseln, nicht sie sich selbst. Aber sie fürchtete, dass jeden Augenblick etwas aus ihr herausbrechen könnte, sie wusste nur nicht was. Deshalb presste sie die Lippen aufeinander, das sah er mit Sicherheit, denn er wandte den Blick nicht von ihr ab.

Das Schweigen dauerte an. Der Märzhimmel hinter dem Fenster war bedeckt, mit rasch voransegelnden Wolken, in die das nackte Geäst vom Anstaltsgarten unlesbare Zeichen schrieb.

Blinzelte er überhaupt? Sie versuchte es zu erkennen, sah es aber nicht, als ob er mit Absicht genau dann die Augen schloss, wenn sie es auch tat.

So schauten sie einander an, sie zwang sich, es auszuhalten.

Dann aber war die Stunde zu Ende und war wieder ganz anders verlaufen, als Sabina gedacht hatte. Er soll mich doch heilen, dachte Sabina beinahe empört und wünschte sich, Doktor Jung wäre ein Magier wie aus dem Märchenbuch ihrer Kindheit, der sie mit einer einzigen Berührung von ihrer quälenden Unsicherheit in so vielen Dingen erlösen würde. Dazu fehlte ihm aber der lange weiße Bart, der auf den Buchillustrationen zu sehen war. Sie spottete innerlich über sich selbst und stellte sich dennoch vor, dass es ihr gelingen würde, diesen so gelassen scheinenden Mann aus seiner demonstrativen Überlegenheit aufzuschrecken. Beharrliches Schweigen forderte ihn gewiss am meisten heraus. Sie nahm sich vor, diese Taktik so lange wie möglich durchzuhalten.

Es war erst halb eins. Wie sollte sie den Tag, der noch lang war, verbringen? Wie überhaupt die kommenden Tage? Sie galt als gefährdet, das wusste sie, für sie waren die Anstaltstore zugesperrt. Und man hatte den Eltern wohl abgeraten, die missratene Tochter zu besuchen. Wo logierten sie überhaupt?

Sabina suchte ihr Notizbuch im Gepäck, schlug es, am kleinen Schreibtisch sitzend, auf und schrieb einiges hinein, was vielleicht Poesie war, aber wohl doch nicht. In der Schule hatte man ihr eine Zukunft als Schriftstellerin vorausgesagt, ihrer originellen Vergleiche wegen, Schnee wie geschlagenes Eiweiß, ein altes Gesicht wie eine verwüstete Landschaft, aber nein, sie war keine Dichterin, solche Vergleiche waren zu gesucht, sie hatte ja eher wissenschaftliche Interessen, auch was ihren eigenen Zustand betraf.

Irgendwann kam Johanna und erkundigte sich, ob das Fräulein Spielrein etwas zu essen wünsche. Man hatte offenbar die Idee schon aufgegeben, sie mit anderen Patienten in Kontakt zu bringen. Sabina schüttelte den Kopf, kein Appetit, bedeutete dies. Johanna zog sich zurück, brachte dann trotzdem, auf Anweisung der Oberschwester, wie sie sagte, eine Kanne Tee samt Gebäck.

»Sei doch nicht so untertänig«, tadelte Sabina das Mädchen und fügte mit einem Lachen hinzu: »Ich fresse dich nicht.«

»Wir haben die Anweisung, bei Ihnen äußerst zurückhaltend zu sein«, sagte Johanna sehr leise.

Ach ja, Sabina galt wohl auch als gefährlich, man durfte sie auf keinen Fall provozieren.

»Darfst du mich auf einen Rundgang durch den Anstaltsgarten begleiten«, fragte sie, »und mir Gesellschaft leisten?«

Johanna zuckte zusammen. »Da muss ich nachfragen.« Sie ging hinaus, kam nach ein paar Minuten mit vor Aufregung gerötetem Gesicht zurück. Bei welcher unsichtbaren Instanz holte sie sich wohl die Erlaubnis? Dieses Haus war voller Geheimnisse.

»Eine Stunde ist gestattet«, sagte sie, »mehr aber nicht. Und Sie dürfen sich nicht aufregen.«

Sabinas Atem ging plötzlich, gegen ihren Willen, wieder schneller. »Worüber denn nicht? Ich rege mich über das auf, wonach mir ist. Das kannst du deiner Vorgesetzten ausrichten.«

Johanna neigte den Kopf, zupfte dann verlegen ihre Haube zurecht, ein paar geringelte Locken zeigten sich darunter, die sie vergeblich unter den Stoff zurückzudrängen suchte. Aber plötzlich lächelte sie doch, die Abwechslung schien ihr gelegen zu kommen.

Im Garten gab es rötliche Kieswege, die, überragt von Anstaltsmauern, zwischen blühenden Büschen hindurchführten. Es war ja Ende April, der Himmel hier und dort, zwischen pummeligen Wolken, von zartem Blau, sogar das Summen der Bienen glaubte Sabina zu hören. Sabina trug ihren dünnen Mantel, Johanna einen leichten Überhang, der, wie alle ihre Kleider, nach Anstalt aussah.

Sie waren nicht die Einzigen, die auf den rundherum führenden und sich kreuzenden Wegen auf und ab gingen. Es waren Paare, kleine Gruppen. Das Murmeln leiser Gespräche hing in der Luft. Sabina und Johanna blieben lange stumm, Sabina achtete nur darauf, dass sie nicht im Gleichtakt gingen, beschleunigte oder verlangsamte willkürlich ihre Schritte, brachte ihre Begleiterin, die auf gleicher Höhe zu bleiben versuchte, damit sogar ins Stolpern. Aber ganz unerwartet stellte Johanna eine Frage: »Warum haben Sie gestern das Geschirr zerschlagen? Man redet auf der Abteilung davon und …« Sie wollte noch mehr sagen, erschrak aber über sich und verstummte.

»Das weißt du also. In diesem Haus bleibt wohl nichts ein Geheimnis.« Sabina schüttelte den Kopf. »Ich weiß es nicht. Ich habe mich geärgert, und es ist einfach über mich gekommen. Wegen solcher Zustände bin ich ja da.«

»Können Sie sich denn nicht beherrschen?«

Sabina verbiss sich ein Lachen. »Ich werde es wohl lernen müssen.« Nach einer weiteren stummen Runde im Garten fragte sie ihrerseits die Hilfsschwester – das war Johanna nämlich, wie sie jetzt wusste –, woher sie komme, und Johanna antwortete: »Aus dem Knonauer Amt.« Und ergänzte, beinahe wie eine Schülerin: »Man nennt es auch Säuliamt.« Das Wort verstand Sabina nicht, die Begleiterin erklärte, damit seien kleine Schweine gemeint, von denen gebe es viele in dieser Gegend. Sie sei selber auch auf einem Bauernhof aufgewachsen, der Vater arbeite aber die halbe Woche in einer Fabrik, sonst reiche das Geld nicht. Sie, Johanna, habe nicht in die Fabrik gewollt wie ihre Schwestern, sie habe lieber die Aufsicht über Menschen, und deshalb sei sie hier, dank einer Tante, die für sie ein gutes Wort eingelegt habe, hier könne man ja auch aufsteigen, wenn man tüchtig sei. Johanna war plötzlich ganz gesprächig geworden, ihr Eifer erheiterte Sabina. Dieser Eifer war ihr fremd geworden, sie hatte ihn allmählich abgelegt. Was denn in der Fabrik produziert werde, in der Johannas Vater arbeite, fragte sie weiter, das war, dachte sie, eine Frage, die doch eher ein Mann stellen würde.

»Nähmaschinen«, antwortete Johanna, »das ist etwas Neumodisches und Teures für die Frauen in der Stadt. Auch wenn ich gerne eine hätte.«

Natürlich besaß die vermögende Familie Spielrein in Rostow eine Nähmaschine, das sagte Sabina aber nicht, auch nicht, dass sie sich von solchen fraulichen Arbeiten fernhielt, sie war ja eher ein Büchermensch, und für alles andere gab es Dienstmädchen und Näherinnen. Wie fremd konnte einem eine fast Gleichaltrige doch sein.

Sie kehrten zurück ins Gebäude. Johanna verabschiedete sich mit offenerem Blick als zuvor, sie schien Vertrauen gefasst zu haben. »Mein Dienst ist für heute zu Ende«, sagte sie. »Ich komme erst am Montag wieder.«

Ja, das Wochenende würde den Tagesrhythmus verändern. Am Samstag – ein Arbeitstag in Zürich – praktizierte Jung, am Sonntag nicht. Es würde Sabina langweilig werden, das wusste sie. Aber für die Stunde mit Jung am Samstag nahm sie sich vor, weiterhin hauptsächlich oder sogar ganz zu schweigen. Das machte sie sicher interessant, wenn es ihm nicht gelang, sie zum Reden zu bringen.

Das Essen, das ihr eine Unbekannte brachte, die kaum grüßte, rührte sie nicht an. Wollte sie etwa fasten? Vielleicht. Den dünnen Tee trank sie immerhin, aber mit Widerwillen.

Die Samstagsstunde bei Jung verlief wie die vorherige. Sie grüßten sich knapp, dann sagte sie nichts mehr, schaute bloß auf ihre Hände im Schoß, und er schwieg auch, geduldig wie sie, wobei er sich hin und wieder Notizen machte, das Geräusch des schreibenden Bleistifts ließ sie aufblicken. Das war wohl seine – leicht durchschaubare – Absicht gewesen. Aber sie fiel darauf nicht herein, obwohl sie sich in der Tat fragte, was er über sie schrieb. Und gegen Ende der Stunde, wie sie schätzte, konnte sie ihre Neugier nicht länger bezähmen und fragte in beinahe inquisitorischem Ton: »Schreiben Sie da über mich, Herr Doktor?«

Er stutzte, legte den Stift ab, schaute sie aufmerksam an. »Ja, worüber denn sonst? Das gehört zum Prozedere.«

Jetzt erwartete er gewiss, dass sie als Nächstes fragte, was er über sie schreibe. Den Gefallen tat sie ihm nicht, und er ließ sich in seiner Schreibarbeit nicht weiter stören. Oder doch ein bisschen? Er begann nämlich in einem dicken Buch zu blättern, das auf dem Schreibpult lag. Er klappte es zu und legte es auf die Löschblattunterlage, die, wie ihr von Weitem schien, voller Flecken und Kritzeleien war.

Und ehe sie sich's überlegen konnte, entschlüpfte ihr doch ein Satz: »Das ist wohl Ihre Geheimschrift.«

Er schaute sie an, legte das Buch anderswohin. »Nein, Fräulein Spielrein, Sie müssen Ihre Neugier auf andere Weise befriedigen. Ich verwende keine Geheimschrift.« Er schien unmerklich in sich hineinzulachen.

Sie biss sich auf die Lippen. Er sollte nicht glauben, dass seine Taktik bei ihr verfing. Darum schwieg sie jetzt wieder, und bald war die Stunde zu Ende. Jung verabschiedete sich freundlich vor ihr, wie wenn sie ein lebhaftes Gespräch miteinander geführt hätten. Sie sagte nichts, bei der Tür hingegen drehte sie sich um und streckte ihm die Zunge heraus. Das war geschehen, ohne dass sie es sich vorgenommen hatte. Hatte er es bemerkt?, fragte sie sich, als sie draußen im Gang stand und die Tür nachdrücklich geschlossen hatte. Sie wusste nicht, ob sie triumphieren oder sich schämen sollte, stampfte aber zweimal heftig mit dem Fuß auf, das dumpfe Geräusch hallte im Gang wider. Letztlich war sie aber aufgebracht. Konnte man so mit einem Menschen umgehen, von dem man glauben musste, dass er in Not sei? Nein, sagte sie sich, das ist unstatthaft. Sie liebte dieses Wort und wiederholte es mehrere Male, immer lauter, zuletzt schrie sie es heraus, sodass sich wieder mehrere Türen öffneten: »Un-statt-haft!«

Die Nacht war voller Träume mit lauter bissigen Wesen, die sie bedrohten, niemand war gütig zu ihr. Sie wachte unter Tränen auf, hatte wohl gerufen, denn die Nachtschwester kam herein und fragte, was passiert sei. Sabina schickte sie weg.

4
Burghölzli, Sabina gefesselt

Es wurde schlimmer mit ihr. Am Morgen, als eine fremde Schwester mit säuerlichem Ausdruck hereinkam, hatte sie vergessen, dass Sonntag war. Sie fragte, wo Johanna sei, und als die Schwester, Antonia hieß sie, unfreundlich antwortete, die sei nicht da, beharrte Sabina darauf, dass sie nur Johanna und niemand anderen in ihrer Nähe dulde, schon gar nicht ihre Eltern. Das Letzte schrie sie beinahe hinaus, wie eine gepeinigte Seele, so kam es ihr selbst vor. Sie warf ihr Kissen nach der Neuen, die bückte sich, um nicht getroffen zu werden, und verschwand, die Tür weit offen lassend. Sabina schrie: »Verschwinde endlich, du dumme Kuh!« Doch Antonia kam bald wieder, mit einem Mann an ihrer Seite, der sagte: »Oje, ein schwerer Fall.« Das verstand Sabina noch, wollte sich beruhigen, weil sie die Folgen ahnte, und konnte es nicht. Sosehr sie sich gegen die beiden wehrte, sosehr sie mit den Füßen um sich trat, sie waren, erfahren im Umgang mit Tobenden, stärker als Sabina, sie flößten ihr gegen ihren Willen etwas ein, was ihr die Kraft nahm, sie banden sie mit Riemen ans Bett, sodass sie sich kaum noch bewegen konnte. Das alles, dachte sie, würde Doktor Jung doch nicht zulassen, dann zwangen die Tropfen sie wegzudämmern, und als sie wieder zu sich kam, lag sie in einem Saal mit mehreren Betten und konnte Arme und Beine noch immer nicht bewegen. Sie hörte mehrstimmiges Stöhnen, sie versuchte, nach Doktor Jung zu rufen, und merkte, dass ihre Stimme versagte und sie nur ein Krächzen herausbrachte.

Dann kam er endlich, er kam sogar, ohne dass sie ihn gerufen hatte, und beugte sich über sie, ein paar Schwestern umgaben ihn. Es war nicht mehr Sonntag. Was stand in seinen graublauen Augen? Mitempfinden, ein Vorwurf, alles miteinander, sagte sie sich. Sie wusste ja gut genug, wie widersprüchlich sie selbst war, auch wenn sie dies gegen außen niemals zugegeben hätte.

»Was machen Sie für Geschichten!«, sagte Jung mit gedämpfter Stimme.

Sie lächelte ihn an. »Es ist vorbei«, sagte sie, es war beinahe ein Flüstern, als teile sie ihm ein Geheimnis mit. »Sie können mich losbinden.« Und nach einer Pause fügte sie ein »Bitte« hinzu, das fast, gegen ihren Willen, wie eine Forderung klang.

Er schwieg, tat dann aber, was sie wollte, und wehrte die Hilfe einer Schwester beinahe unwirsch ab, es war klar, dass er Sabina bedeutete, er allein verfüge über die Autorität, sie zu erlösen.

Sie dankte ihm nicht, setzte sich bloß auf und schüttelte ihre schmerzenden Arme.

»Wir müssen das bereden«, sagte er, beinahe milde und doch mit einem harten Blick.

»Jetzt gleich?«, fragte sie und erschrak über ihre heisere Stimme; sie klang wie die einer alten Frau, ja fast wie die ihrer Großmutter, die über das Haus in Rostow wachte.

Jung nickte. »Es ist bald elf. Das ist unser festgelegter Termin.« Er hatte es gesagt, ohne auf seine Taschenuhr zu blicken, er legte überraschend seine Hand auf ihre Stirn und verließ dann, ohne weitere Anweisungen zu geben, das Krankenzimmer. Die Schwestern begannen, miteinander zu flüstern. Eine wandte sich dann an Sabina: »Fühlen Sie sich denn kräftig genug, um selbst zu gehen?«

Sie schwang sich auf die Seite, suchte mit den Füßen den Boden, stand auf und schwankte ein wenig, sodass man ihr helfen wollte, doch dann wurden die Schritte immer sicherer.

»Es ist noch nicht ganz elf«, sagte die Schwester von vorhin, die mit der spitzen Nase, jedenfalls nicht Johanna. »Sie müssen noch zehn Minuten warten, der Herr Doktor Jung hält viel auf Pünktlichkeit.«

»Ich warte nicht«, sagte Sabina. »Führen Sie mich zu ihm, Sie wissen ja, wo er …«, sie suchte nach dem richtigen Wort, ›wohnt‹ passte nicht, ›haust‹ schon gar nicht, endlich fiel es ihr ein: »… wo er praktiziert.«

Ringsum, das nahm sie wahr, wurde gelächelt. »Ach ja«, sagte die Wortführerin, es war wohl die gleiche wie in der Nacht. »Wer zahlt, befiehlt, das wissen wir doch.«

Eine andere brachte sie zu ihm. Sabina versuchte, sich den Weg in diesem Labyrinth einzuprägen, vielleicht musste sie ihn einmal allein finden.

Ihre Begleiterin klopfte an die Tür, die Sabina schon kannte, von innen kam ein gereiztes »Ja!«, die Schwester ließ Sabina stehen, ging hinein, schloss die Tür hinter sich, man vernahm Stimmen, die sich kreuzten, dann erschien die Schwester und sagte mit leisem Triumph zu Sabina: »Ich hab's ja gewusst, er ist jetzt ärgerlich. Sie müssen warten bis

Punkt elf. Sie werden die Anstaltsglocke hören.« Ohne ein weiteres Wort ging sie und ließ Sabina stehen. Sollte sie ihn herausschreien? Nein, sie setzte sich einfach wieder auf den kalten Boden und beschloss zu warten. Und als er nicht kam, streckte sie sich aus und ertrug ihr Frieren.

Die Zeit verging. Niemand kam vorbei, es war wie in einer Sterbehalle. Eine Glocke schlug irgendwo im Gebäude. Sabina blieb liegen, sie selbst würde nicht erneut klopfen, o nein. Dann öffnete sich die Tür, sie schloss die Augen.

»Kommen Sie«, hörte sie die Stimme von Jung, mit einem erstaunten Klang.

Sie schlug die Augen auf: »Sie müssen mir helfen, ich bin noch sehr schwach, das wissen Sie doch.«

Keine Antwort von ihm, aber er grollte ihr, das spürte sie genau. Und dann beugte er sich über sie, seine Bauernhände waren in ihren Achselhöhlen, er stellte sie ungeduldig auf die Füße. »Kommen Sie jetzt, und spielen Sie mir nicht etwas vor«, hörte sie dicht an ihrem Ohr.

»Sie tun mir weh«, behauptete sie. Er wusste doch, wie man eine Patientin in einer solchen Situation sanft anfasst. Sie hatte geschwitzt, das machte sie verlegen. Aber sogleich lockerte er seinen Griff, brachte sie zu ihrem Stuhl und in die übliche sitzende Stellung. Sie umfasste mit den Händen beide Lehnen.

»Geht es so?«, fragte er nun doch mit hörbarer Besorgnis.

»Natürlich«, antwortete sie und straffte sich.

»Dann fangen wir an.« Schon saß er ihr gegenüber. Jetzt würde er wieder schweigen, und das wollte sie nicht.

»Sie sind ein imposanter Mann«, sagte sie.

»Bedroht Sie das?«, fragte er, nun wieder sehr ruhig; er

war ein Mann, der zweifellos, ganz im Gegensatz zu ihrem Vater, gelernt hatte, sich zu zügeln.

Sie schwieg; schweigen konnte auch sie, das hatten sie ja schon geübt.

Dann entfuhr ihr ein Satz, den sie innerlich überhaupt nicht vorbereitet hatte: »Manchmal gleichen Sie einem Frosch, so wie Sie dasitzen.«

Bei ihm regte sich nichts, er zeigte keine Überraschung, nichts. Würde er das aufschreiben? Er schien es zu tun.

»Dem Frosch aus dem Märchen?«, fragte er nun doch, indem er den Stift wieder absetzte.

»Mag sein«, sagte sie.

»Mögen Sie Frösche?«, fragte er.

»Nein, sie sind mir zu kalt und zu glitschig.«

Nun schien er doch interessiert zu sein. »Hatten Sie schon einmal einen in der Hand?«

Sie schüttelte den Kopf. »Mir graust vor ihnen.«

Er verbarg ein kleines Lächeln. »Die Prinzessin wirft ihn an die Wand, und er verwandelt sich in einen Prinzen, das wissen Sie doch.«

Sie schüttelte den Kopf, obwohl es ihr jetzt wieder einfiel. »Eigentlich mag ich Märchen gar nicht«, sagte sie. »Ich habe mich immer gefürchtet, wenn die Großmutter uns abends eines erzählte. All die Dämonen, Hexen, Riesen, die Menschenfresser. Ich konnte nachher lange nicht einschlafen.«

Er reagierte nicht darauf, schaute sie nur aufmerksam an, als ob er über ihre Bemerkungen nachdenke. Dann machte er wieder eine Notiz.

»Ihre Schrift ist wohl sehr klein«, sagte sie. »Ich könnte sie gewiss nur mit einer Lupe lesen.«

Aber nun beharrte er auf seinem Schweigen, neigte den Kopf leicht nach links und nach rechts, als ob er abwägen müsse, wer sie wirklich sei. Das wusste sie ja selber nicht, und deshalb war es auch für sie klüger, jetzt zu schweigen. Sie spürte, dass ihr Hals rot und heiß wurde, dann auch die Brust. Aber sie sagte nichts mehr und er auch nicht, und dann war die Stunde wieder um.

Ein Tag nach dem anderen verging auf ähnliche Weise. Ob diese Gespräche und diese Art des Schweigens Sabina voranbrachten, wusste sie nicht. Ihre »Zustände«, wie sie es nannte, traten immer wieder auf, stets in neuer und überraschender Form, die sie sich nicht erklären konnte, obschon Doktor Jung sie dazu aufforderte; er selbst trug allerdings zur Enträtselung kaum etwas bei, lieferte nur Stichworte, die sie meist erzürnten. Und ihre Assoziationen – das Wort lernte sie von ihm – führten sie nicht weiter. Aber sie hatte ja keine Ahnung, wohin sie wollte. Sie strebte nach seinem Schutz und seinem Rat, das war alles, und das enthielt er ihr vor. Die Eltern waren abgereist, zurück nach Rostow oder vielleicht in einen Höhenkurort, denn der Vater war schwach auf der Lunge. Sie bekam dann auch wirklich eine Postkarte aus Davos, die Mutter schrieb, indem sie wie gewohnt in kleinster Schrift jede Lücke auf der Kartenrückseite füllte, dass sie dem Rat von Doktor Jung gefolgt seien, nämlich die Tochter ihren eigenen Weg gehen zu lassen, sie sei ja alt genug, ihn zu finden. Woran sie (das hatte sie winzig in Klammern darüber gesetzt) doch ein wenig zu zweifeln wage. Aber sie wünsche der Tochter in ihrer schwierigen Situation das Allerbeste, und dann folgte in der letzten verbleibenden Lücke ein Gruß des Vaters. Sabina netzte mit der Zunge ihren Zeigefinger und verschmierte seine Schrift, danach zerriss sie die Karte in kleine Stücke, was nicht leicht war, und warf sie in den Papierkorb. Dazu kamen ihr ein paar Tränen, sie heulte eine Zeit lang richtig, und sie war froh, dass der Doktor sie dabei nicht sah, sie erzählte ihm am andern Tag auch nichts davon. Trotz allem hatte sie ein wenig Sehnsucht nach ihrem Zuhause, und gleichzeitig machte sie die Vorstellung, wieder dort sein zu müssen, beklommen. An die Brüder dachte sie kaum. Und die Schwester war viel zu früh gestorben, mit sechs Jahren, da nützte es wenig, reich zu sein und die besten Ärzte von Rostow ans Krankenbett zu rufen. So wie es vielleicht auf die Dauer auch nicht nützen würde, sie nach Zürich zu verfrachten und sie vom baumlangen Dr. Jung, der allerdings erst Assistenzarzt war, therapieren zu lassen.

Baumlang, so komme er ihr vor, das sagte sie ihm gleich zu Anfang der nächsten Sitzung. Es war ein Bild, und ihm war es ja wichtig, dass sie ihm innere Bilder beschrieb.

»Dann stört Sie also mein Anblick«, stellte er fest.

»Ich weiß nicht«, wich sie aus. War er doch ein wenig beleidigt?

»Wir ändern das Arrangement«, sagte er nach längerem Nachdenken. »Ich werde Ihnen jetzt näher kommen, aber seien Sie unbesorgt, ich tue Ihnen nichts.«

Er stand auf, packte mit Bärenkräften, so schien es ihr, seinen schweren Stuhl, hob ihn über den Schreibtisch hinweg und schob ihn neben ihren, im Teppich entstanden ein paar Falten. »Sie müssen etwas zur Seite rutschen«, sagte er. »Richtung Schreibtisch.« Sie gehorchte und ärgerte sich gleichzeitig über ihren Gehorsam, es kostete sie Kraft, den

Sessel zu verschieben. Zu ihrem Erstaunen installierte er sich knapp hinter ihr, sodass sie ihn nicht mehr sah, den Kopf drehen musste, um wahrzunehmen, was seine Miene ausdrückte.

»Das hätten wir geschafft«, hörte sie seine Stimme von hinten, nahe an ihrem linken Ohr. Sein Deutsch kam aus dem Dialekt, es war langsam, aber klangvoll.

»So habe ich es nicht gemeint«, wollte sie sagen und verbot sich diesen Satz, sie war neugierig, was nun weiter geschehen würde. Gleichzeitig wuchs die Angst in ihr, die sie sich wie ein stummes fremdes Wesen vorstellte, zusammengekugelt und behaart. Nein, es war nicht stumm, es plapperte unverständlich vor sich hin, und manchmal glaubte sie ein einzelnes Wort zu verstehen: Schlampe, Schlampe! Ein Beschwichtigungslaut entfuhr ihr: Schscht! Hatte sie das nicht von ihrer Mutter übernommen? Sabina war ihr ja als Kind zu laut, zu ungestüm gewesen. Aber das Wort »Schlampe« wäre ihr nie über die Lippen gekommen, das war »Gassensprache«.

»Wollten Sie etwas sagen?«, hörte sie Jungs Stimme von hinten.

Sie schüttelte den Kopf und schwieg. Er atmete hörbar, sie glaubte, seine Nähe als Wärmefeld zu spüren. Aber er hatte nicht unrecht, sein Rückzug befreite sie vom Zwang, seinen Gesichtsausdruck zu deuten. Dass sie nun umso stärker an ihre Familie dachte, war nicht zu vermeiden, obwohl sie es eigentlich überhaupt nicht wollte.

Es dauerte lange bis zu seinem nächsten Satz: »Sagen Sie jetzt doch einfach, was Ihnen gerade einfällt.«

Ihr Auflachen erschreckte sie selbst und vielleicht auch ihn, den Herrn im hellen Sommerveston. »Wenn ich ein Hund wäre, würde ich Sie jetzt anbellen und in die Wade beißen.«

Sie glaubte, von hinten ein unterdrücktes Lachen zu hören. »Was für ein Hund denn?«

Ohne zu überlegen, sagte sie: »Ein schmutziger Straßenköter.« Das war auch ein ungewöhnliches deutsches Wort, das ihr gefiel; es schien ihn zu verblüffen, das las sie aus der langen Pause, die folgte.

Dann aber reagierte er beinahe grobianisch: »Die scheißen überallhin, nicht wahr? Gerade, wie es ihnen gefällt.«

Sie erschrak. Konnte er Gedanken lesen? »So reden wir zu Hause nicht.«

»Anderswo aber schon, wie?«

Sie dachte nach; er versuchte, in ihr Inneres vorzudringen, und sie war unschlüssig, ob sie dies zulassen wollte. Sie atmete, sie hörte es selbst, ein wenig schneller, während seine Atemzüge ruhig blieben. Bald einmal, nahm sie sich vor, würde sie in heiklen Situationen auch so ruhig bleiben.

Plötzlich fiel ihr ein, ihn anzubellen, es klang täuschend echt.

Nun lachte er einen Moment lang unverstellt und so laut, dass sie zusammenzuckte.

»Es ist Ihnen gelungen, mich zu erschrecken«, sagte er.

Sie schwieg und wusste, dass sie diesem Mann gegenüber voller Überraschungen war. Einfallsreich sei sie zwar, so hatte ein Lehrer sie beschrieben, aber sie könne sich leider nur ungenügend zügeln.

»Man kann die Zügel straffen«, sagte sie in ihrer kleinen Wanderung durch die deutsche Sprache. »Das ist anstrengend, und darum mag ich es nicht.«

Sie stellte sich vor, dass er in ihrem Rücken verständnisvoll nickte, aber das Nicken konnte man nicht hören wie sein kurzes Räuspern.

»Auch den Handstand kann man nicht hören«, sagte sie.

»Gelingt er Ihnen, der Handstand?«, fragte er.

Sie nickte, was er vielleicht gar nicht sah. »Ja, ich habe ihn als Kind geübt, ich kann ihn besser als meine Brüder. Aber es ist ungebührlich für eine junge Frau, ihn vorzuführen. Dann sieht man ihre Beine.«

»Außer«, entgegnete er, »sie trägt Hosen wie eine Zirkusartistin.«

»Dann jongliere ich aber doch lieber mit Bällen. Ich habe nämlich unschöne Beine.« Den letzten Satz hatte sie gar nicht sagen wollen, er stimmte ja nur halb.

»Finden Sie selber, Sie seien nicht schön genug?«

All diese Fragen. Sie nickte. »Ich halte mich physisch für sehr gewöhnlich. Von Tanzanlässen halte ich mich fern.« Auch das hatte sie nicht gestehen wollen.

»Und die jungen Männer?«

»Die schauen mich kaum an. Oder ich weiche ihnen aus. Drei Brüder genügen mir vollauf.« Sie versuchte ein kleines Lachen, das ihr misslang.

»Ich denke, Sie schüchtern sie mit Ihrer Intelligenz ein.«

Verstand er sie wirklich, so wie er redete? »Ja, auch meine Mutter findet, ich sei ein Blaustrumpf.«

»Ihre Strümpfe sieht man gar nicht.« Lächelte er wohl jetzt?

Sie hob in einem Anflug von Koketterie ihren Rock leicht in die Höhe, sodass ihre schwarz bestrumpften Knöchel zum Vorschein kamen, ließ ihn gleich wieder fallen.

»Ich musste lernen, sie selber aus Baumwolle zu stricken. Mit Doppelsohle. Ich wurde dazu gezwungen.« Nun war sie den Tränen nahe und erschrak darüber.

»Wer zwang Sie denn dazu?«

»Die Gouvernante.«

»Sie hatte den Auftrag von der Mutter, ja?«

Sie nickte und versuchte sich daran zu hindern, in Tränen auszubrechen. Wohin wollte dieser Mann sie treiben?

»Und der Vater?«

Diesem Wort war sie ausgeliefert. »Er … er hat mich ja nie wirklich verteidigt.« Nun flossen die Tränen gegen ihren Widerstand, sie schluchzte haltlos, und er schwieg einfach, versuchte nicht im Geringsten, sie zu trösten. »Sie …«, brachte sie hervor, »Sie sind ja auch so, Sie quälen mich, das will ich nicht … Das verbiete ich Ihnen …« Das Schluchzen wurde nun beinahe zum Geheul, am liebsten hätte sie sich auf den Boden geworfen und mit den Fäusten auf den Teppich eingeschlagen, wie sie es in ihrem Zimmer einige Male getan hatte und dann von der Gouvernante eingesperrt worden war.

Als sie endlich ein Taschentuch hervorgenestelt hatte, sagte er sehr sanft: »Ich will Sie in keiner Weise quälen, Fräulein Spielrein, ich versuche nur, Sie zu sich selbst und Ihren Stärken zu führen. Das betrachte ich als meine Aufgabe.«

Eigentlich war das ein schöner Satz, sie konnte ihn nur so schwer annehmen.

Aber das Spiel zwischen ihnen begann ihr zu gefallen, es glich ein wenig dem Hin und Her des Tennisballs, wenn sie ihren Brüdern bei diesem Sport zuschaute. Sie spielten sich in einen Eifer hinein, der ihr übertrieben schien. Ihre Gesichter wurden vor Anstrengung beinahe so rot wie der Sandbelag. Sie zählten ihre Punkte laut, schrien die Zahlen, wenn sie in Führung lagen, triumphierend hinaus, auf Russisch. Sie wusste nie, wen von ihnen sie anspornen sollte. Am besten keinen. Seit sie als junge Dame galt, ab fünfzehn, war ihr untersagt, selbst zu spielen, das gebührte sich nicht in ihren Kreisen, wie alle Frauen behaupteten, die im Haushalt der Spielreins eine Rolle spielten. Es war aber gar nicht wahr, Sabina wusste doch, dass die gleichaltrigen Töchter englischer Kaufleute, die in Rostow ansässig waren, dem Tennisclub beigetreten waren.

»Wer bestimmt eigentlich die Regeln?«, fragte sie den Mann, der hinter ihr saß.

»Der Gesetzgeber«, sagte er. »Oder die Allgemeinheit. Oder diejenigen, die den Ton angeben.«

Er sprach von Männern, nur von Männern. Sie gab einen hohen und langgezogenen Gesangston von sich. »Den hier?«

»Ich glaube, er müsste wesentlich tiefer sein«, sagte Jung. Aber er sang keinen. Sie hätte gerne gehört, wie das in ihrem linken Ohr klang. Darum schwieg sie wieder, aus Enttäuschung und ein wenig aus Trotz.

Der Ball hüpfte noch eine Weile hin und her, dann war auch diese Stunde zu Ende. Und es war seltsam: Sie fühlte sich allein durch seine aufmerksame Präsenz gestärkt.

5
Fritz Platten im Straflager Lipowo, Sowjetunion, November 1941

Schindeln, Schindeln. Noch eine und noch eine. Seit Wochen, seit Monaten. Es hört nicht auf. Immerhin weiß er jetzt, wie es geht. Schindeln schwindeln nicht, der sinnlose Satz geht ihm dauernd durch den Kopf. Von Weitem die Sägegeräusche des Zimmermannstrupps. Der Genosse Igor Lasteniskow – endlich kann er sich den Nachnamen merken – bringt die Rundhölzer aus Lärche in den Schuppen, Rugel hat er sie als Kind in seinem Dialekt genannt, ein schönes rundes Wort; die kleineren trägt Igor schnaufend, die größeren rollt er. Wie lange kennt Fritz Platten ihn schon? Zwei Jahre sind es wohl bald. Aber man weiß hier nichts übereinander, nur ungenau, aus welchen Gründen man ins Straflager verbannt worden ist. Es gibt viel größere Werkstätten im Außenbereich. Manchmal sind sie wie heute nur zu zweit in diesem Schuppen, einmal waren sie zu fünft, mit einem, der dann zusammenbrach und im Lazarett starb, woran, weiß keiner. Trotzkist war er nicht, sehr jung noch, offenbar ein gläubiger Christ. Das hat, wahrscheinlich über einen Denunzianten, zu seiner Verhaftung geführt, samt den darauffolgenden Misshandlungen in der berüchtigten Lagerbaracke vier. Verletzungen an ihm waren schon vorher zu sehen, Blutergüsse im Gesicht, eine auffällige Zahnlücke, gesprochen hat er kaum. Er erinnerte ihn an seinen jüngeren Sohn, Fritz Nicolaus, der bei einem Parteigenossen in der Schweiz aufgewachsen ist.

Fritz Platten, Häftling, schält mit dem Ziehmesser das armlange Stammstück, sieht, wie die Rinde sich zu seinen Füßen ringelt. Dann spaltet er es mit der Axt in vier Teile, trennt mit dem Spaltbeil, auf die Jahrringe achtend, die fingerdicken Bretter ab, putzt sie mit dem Schindeleisen, bevor er sie auf den wachsenden Stapel legt. Und schon rollt der Genosse Igor schwer atmend den nächsten Rugel herein. Es hört nicht auf, manchmal scheint ihm, dass es nie mehr aufhören wird. Fritz ist schon nach zwei, drei Stunden erschöpft und muss sich zwingen, die Arbeit fortzusetzen, die Überwachung durch die Aufseher ist oft streng. Was als Faulheit und Arbeitsverweigerung gilt, wird mit Essensentzug bestraft. Immerhin riecht es im Schuppen, durch dessen Dach es ununterbrochen tropft, nach Sägespänen.

Am frühen Morgen jeweils der schlammige Weg zur Essbaracke, direkt neben der Küche, aus der durch den Kamin und zu viele Ritzen der Rauch steigt. Die ruppigen Gesprächsfetzen zwischen den Sträflingen. Hastiges Trinken des lauwarmen Tees. Kauen des Brotstücks, das einem zusteht, es ist durch den verbotenen Tauschhandel zwischen Büro und Schlafbaracken – Brot gegen Schnaps oder Zigaretten – fast immer kleiner als vorgeschrieben. 150 statt 200 Gramm, die Grenze zum Heißhunger. Dann die Besammlung in Viererkolonnen, die grellen Pfiffe der Wärter, die die Kolonnen antreiben, im Gleichschritt hinaus durchs Haupttor, ins Freie, in die Taiga. Wer zu flüchten versucht, kann von den Wärtern auf den Türmen nach dem zweiten Zuruf erschossen werden. Dann doch lieber der Arbeitsschuppen, dem Fritz Platten zugeteilt ist. Aber wieso hängt man, als fast Sechzigjähriger, noch derart an diesem lausigen Leben? Er weiß schon, dass er auf Anweisung von oben schonender behandelt wird als andere; es bleibt trotzdem eine Plackerei.

Immerhin ist es hier, im Bereich der Holzbearbeitung, ein wenig wärmer als weiter draußen, wo ein neuer Kornspeicher entstehen soll.

Der Geruch von Sägemehl, der Holzstaub in der Nase führt Fritz zurück in seine Kinderjahre im Sankt-Gallischen. Das geschieht immer häufiger mit ihm. Damals stand er oft beim Vater, der Wirt und zugleich Schreiner war, wenn er Tannenbretter hobelte, um für die Wirtsstube einen neuen Tisch zu zimmern. Es war bloß ein überdachter Hinterhof, eine kleine Werkstatt hinter der Wirtschaft, in der sich die Kinder, wenn sie sich alle hineindrängten, auf den Füßen standen. Fritz, der Viertgeborene, half nur ungern mit, wurde vom Vater, an dessen Schnurrbart oft der Bierschaum haftete, wegen seiner Ungeschicklichkeit gescholten oder mit der flachen Hand auf den Nacken geschlagen. Es schmerzte nicht, war aber unangenehm. Dafür hörte er dem Vater gebannt zu, wenn er dem Sohn eine gerechtere Zukunft ausmalte. Das würde die Welt und auch das eigene Land, die Schweiz, dem Sozialismus zu verdanken haben. Den Tausenden, die sich für ihn einsetzten. Die zwei jüngeren Brüder, Anton und Florian, zeigten sich anstelliger und flinker. Fritz schaute lieber zu, geriet dabei ins Träumen, die Mutter neckte ihn, er stecke mit dem

Kopf wieder in den Wolken. Er konnte schon früh mit Worten überzeugen, besser als mit den Händen, obwohl er bei Schlägereien wütend wurde und seine Fäuste wie von selbst die Gegner fanden. Seine Gesichtszüge waren weich, beinahe mädchenhaft, auch das sorgte für Spott unter den Geschwistern, erst recht, wenn die Mutter ihn in Schutz nahm. Er habe, hielt ihm Barbara, die Älteste, gerne vor, als ganz Kleiner bei Gefahr unter dem Rock der Mutter Schutz gesucht. Das glaubte er nicht, sie wollte ihn bloß beleidigen, weil sein Mundwerk geölter war als ihres. Auch in der Wirtsstube, wo die Mutter servierte, war er ungern. Dieses Hin und Her, das Getrampel der Holzschuhe, das Geschrei und Gelächter der Männer. Später gelang es ihm, sie alle zu übertönen, wenn er seine Stimmbänder strapazierte. Er hatte ja schon früh zu wissen geglaubt, was Gerechtigkeit war, und gerecht zugegangen war es hinten und vorne nicht bei der Firma Escher und Wyss, bei der er eine Schlosserlehre machte. Vor Sägespänen und Sägemehlstaub wollte er damals flüchten, auch vor dem Geruch nach altem Öl, der in der Wirtsstube hing. Eisen und Stahl, Bohren und Schrauben, das zog ihn an. Dem Jugendlichen aus armen Verhältnissen, der so gerne las, blieb das Gymnasium ohnehin verwehrt. Und nun, als hätte die Vergangenheit ihn höhnisch eingeholt, beschränkt sich seine Arbeit ausgerechnet auf Holzbearbeitung unter Zwang.

Ja, es hat ihn weggetrieben, weit weg, und nun ist er hier im unwegsamen und morastigen Sowjetreich gelandet, Tausende Kilometer vom Sankt-Gallischen entfernt, auf den Spuren des großen Lenin, dem er das Leben gerettet hat. Wie lange ist das her? Zwanzig Jahre, nein, noch länger, vierundzwanzig. Seine innere Straffheit ist dahin, er wirkt aufgedunsen, müde, frühzeitig gealtert, wenn er sich einmal in einem Taschenspiegel anschauen kann, er selbst besitzt keinen mehr, sein eigener, der erlaubt wäre, ist ihm vor Jahren abhandengekommen. Beinahe wie ein Greis sieht er aus, Fritz Platten, ehemaliger Nationalrat im Schweizer Parlament, Streikführer, Auswanderer. Jetzt muss er Holz mit Axthieben und dem Spalteisen in Schindeln verwandeln, und die Schindeln aus seinen Händen verwandeln nicht die Welt, aber sie bedecken später Dächer und Fassaden bis Archangelsk am Weißen Meer und weiter südlich bis Moskau. Sie werden an Kolchosen und Kollektivbetriebe verkauft, an Stadtverwaltungen, und der Ertrag verbessert das Leben der Sträflinge, so wird zumindest behauptet, genau wie die Fensterrahmen, die zweihundert Meter weiter entfernt in der Schreinerei angefertigt werden, wo die einzige Motorsäge lärmt und immer wieder streikt.

Schindeln, das ist wohl alles, was von seinen Mühen übrig bleiben wird. Er hätte lieber Ställe oder Futterkrippen fürs Vieh schreinern wollen. Nun gut, Schindeln, immerhin. Wie lange schon beschäftigt er sich damit? Er weiß es nicht, er hat aufgehört, die Tage zu zählen. Die Briefe, die er mit Verspätung bekommt, beantwortet er kaum noch. Früher hat er sich vor dem Postbüro innerhalb des Lagerzauns angestellt, jetzt ist ihm das lange Warten in der Kälte zuwider, er weiß ja, dass er in den Briefen der Geschwister kaum mehr als Floskeln finden wird. Auch Georg, der ältere Sohn, verrät kaum etwas über sich, Georg – nun schon über dreißig –, der mitkam nach Russland in die Kolchose Nova Lava und stolz darauf ist, jetzt ein sowjetischer Feldvermesser zu sein. Anderes als solche Sätze würde die Zensur gar nicht durchlassen. Und wenn er, der Vater, zurückschreibt, nachts, im Kerzenschein, gekrümmt auf seiner Pritsche sitzend, zwingt er sich zum Lügen, die Zuversicht, die er seinen Sätzen abnötigt, fehlt ihm schon lange. Auf seinem Grabstein könnte stehen: Fritz Platten, Revolutionär und Schindelmacher, geboren im Sommer 1883. Oder auch: Fritz Platten, Elternbeschwatzer, denn hätte er die Eltern nicht dazu gebracht, ihn nach Nova Lava in die landwirtschaftliche Kommune zu begleiten, wäre der Vater noch ein paar Jahre am Leben geblieben, statt zu verenden wie ein ausgesetztes Haustier, und die Mutter wäre nicht in Lumpen in die Heimat zurückgekehrt. Aber um Ausdauer bemüht er sich noch immer, der Genosse Platten, auch wenn er im Lauf des Tages langsamer wird. Nur noch zu zweit arbeiten sie im Schuppen beim Schindelmachen, die andern liegen seit Tagen in der Krankenbaracke. Woher nimmt der Kamerad Igor, der die neuen Rugel aus dem Trocknungslager herbeiholt, diese Zähigkeit?

Die Pfiffe dann, der Weg zurück in der Dämmerung, Versammlung vor dem Haupttor, wieder in Viererkolonnen, die Scheinwerfer auf den beiden Wachttürmen leuchten schon, das Licht streift über die frierenden Sträflinge, die auf einen verspäteten Trupp warten müssen. Beeilung!, heißt es, ein paar Hunde bellen bei jedem Geschrei. Unweigerlich gerät man ins Stolpern. Wieder durch die Tore, das erste und das zweite, die sich hinter einem schließen. Die Kohlsuppe stillt den Hunger kaum, und sie ist meist schon kalt, wenn er sich übermüdet in die Schlange vor der Feldküche stellt.

Lipowo ist ein kleines Lager, etwa siebenhundert Sträflinge verbüßen hier ihre Strafe, die meisten aus Gründen, die sie, wie Fritz Platten, nicht kennen oder, selbst wenn sie die Abweichung von der Parteilinie öffentlich bereut haben, nicht wirklich einsehen. Man hat sie aufgeteilt auf zehn kleine Baracken, die Sträflinge liegen übereinander auf doppelstöckigen Pritschen, daneben der spärliche Besitz, sorgsam geschichtet, mit einem Tuch bedeckt, das gibt wenigstens kein Gedränge wie vorher in der Untersuchungshaft, auch weniger Gestank.

Es wäre nicht nötig, dass die Wärter sie früh am Morgen mit Geschrei wecken und auf Sträflinge, die sich zu langsam aufrappeln, mit Haselruten einschlagen, nie richtig stark, aber doch schmerzhaft. Wobei, es gibt solche und andere Wärter, so ist es eben im Strafvollzug, so war es im Zürcher Gefängnis, in dem Fritz Platten seine sechs Monate absaß als einer der Anführer des Landesstreiks, der die Schweiz im November 1918 an den Rand eines Bürgerkriegs brachte. Die sechs Monate waren, im Vergleich mit dem sowjetischen Straflager, ein Erholungsheim. In der Sowjetunion, das hat er gelernt, regiert die Partei. Sie macht kurzen Prozess mit Abweichlern und Verrätern. Wie will man sonst revolutionäre Umwälzungen zustande bringen? Hat er, Platten, nicht einmal in die Menge gerufen: Was bedeuten schon Tausende von Toten im Namen des Proletariats? Den Satz, der ihm im Überschwang über die Lippen kam, hat er später bereut. Er wurde von den bürgerlichen Gegnern oft genug als Waffe gegen ihn verwendet. Sie brandmarkten ihn, den roten Fritz, als Gewalttäter, sahen in ihm einen schweizerischen Lenin; dessen kalte Entschlossenheit war aber nie wirklich in ihm. Er konnte diese Rhetorik bei seinen Reden abrufen wie ein Schauspieler und wich zugleich innerlich vor ihr zurück.

Als der Landesstreik nach drei Tagen aus Vernunftgründen, wie sein Nebenbuhler Grimm beteuerte, abgebrochen wurde, entbrannte Fritz Plattens Zorn gegen die Drückeberger in der Partei mit aller Heftigkeit, er beschimpfte die Kompromissler als Schwächlinge und behielt für sich, wie froh er trotzdem war, dass das befürchtete Blutbad ausblieb.

Wieder ein Rugel und wieder einer. Es ist Ende 1941, das hat er mit Mühe nachgerechnet, der Landesstreik mehr als zwei Jahrzehnte zurück, die Schweiz, aus der er doch kommt, ist weit weg. Die unteren Stücke vom entrindeten Stamm entasten, vierteilen, aufspalten. Am Anfang der Strafzeit hat er noch Bretter für Tische gehobelt, das hat ihm mehr Raum für seine schweifenden Gedanken gelassen als jetzt, wo er die Werkzeuge millimetergenau ansetzen muss, er ist schon einmal ausgerutscht und hat sich an der Hand verletzt, sie tagelang mit einem sauberen Lappen umwickelt. Die Wunde verheilte zum Glück rasch, ohne zu eitern. Der Lagersanitäter riet ihm, sie abends in einem Johanniskrautsud, den er ihm brachte, zu baden und dann wieder zu verbinden. Da dachte er an die Mutter, die Ähnliches gewusst hatte, aber ungeduldig gewesen war, fordernd gegenüber dem klugen und wortreichen Fritz, der sich aus allem, was ihm misslang, herauszureden verstand. Der schweigsame Vater nahm auf Verletzungen keine Rücksicht, der Nachwuchs musste mithelfen, wie er es anordnete. So verhielt es sich auch in der Kolchose Nova Lava, wo der neue Mensch heranwachsen sollte. Der Vater war mitgekommen, es war schwierig gewesen, ihn von diesem Schritt zu überzeugen, denn er bedeutete den Bruch mit seiner Vergangenheit. Doch es war dem alten Mann nicht gelungen, in der fremden Umgebung Fuß zu fassen, die Reste seines revolutionären Elans hatten sich verflüchtigt, dann war er krank geworden, er hatte sich, auf eigenen Wunsch hin, isoliert von den Arbeitsfähigen, und der Sohn vermied es, ihn im Zimmerchen, in dem er lag, aufzusuchen. Fritz ertrug Krankheit und Siechtum bei anderen schlecht, vor den Gerüchen, die solche Räume erfüllten, ekelte ihm.

Aber er hatte damals Berta gehabt, seine Berta, die nachts bei ihm lag und gut roch, selbst wenn sie hart auf den Feldern gearbeitet und sich kaum gewaschen hatte, denn auf dem Gut gab es stets zu wenig sauberes Wasser. Wie hatte er auch so kurzsichtig sein können, sich von dieser kargen Erde das Paradies zu erträumen! Um Berta zu schonen, befahl er ihr, die komplizierte Buchhaltung für den ganzen Betrieb zu führen und die Feldarbeit bei Wind und Wetter zu reduzieren, auch er selbst saß nebenan im kaum geheizten Büro und schrieb Briefe, Tag für Tag, Briefe an die Partei, an die Funktionäre in Moskau, die sich vom Landgut bessere Erträge, mehr Gewinn erhofft hatten, Briefe an die zurückgebliebenen Geschwister und Genossen.

Und nun, im Straflager Lipowo, vermisst er Berta Nacht um Nacht, vermisst ihre manchmal dunkle, in sich gekehrte Art, ihren Übermut, wenn sie zusammen ein wenig getrunken hatten. Sie war, nach Olga und Lisa, mit denen er sich nach kurzer Zeit zerstritten hatte, seine längste Beziehung gewesen. Die Liebe wurde ihm immer wieder zum Rätsel.

Warum ausgerechnet sie, Berta, selbst noch, als sein Begehren abnahm? Warum nicht eine der anderen, die seine Nähe suchten, die des Anführers, sagte er sich manchmal mit einem kleinen Erregungsschauer, den er, als lupenreiner Kommunist, eigentlich verachtete. Waren Mann und Frau nicht gleichberechtigte Partner, wie es Trotzki verordnet hatte? Berta schaute ihn lange aus ihren dunklen Augen an, wandte den Blick nicht ab, er senkte seinen und ärgerte sich darüber. Wenn sie sich aber sonntags mit den Genossen zur Wochenversammlung im großen Beratungszimmer versammelten, dann redete er, und sie schwieg, zumindest am Anfang, fast immer. Die Blicke anderer Männer, die an ihr haften blieben, beachtete sie nicht, darauf war er stolz. Sie war die Tochter eines Architekten, sie wollte, dass auf ihrem Pult stets ein kleiner, selbst gepflückter Blumenstrauß stand, im Frühling waren es vor allem Primeln. Er pflegte mit forciertem Lachen zu sagen, Menschen könnten sich aus ihren Fesseln befreien, Blumen aber nicht aus ihrer Verwurzelung, außer man reiße sie aus dem Boden oder schneide sie ab. Doch an ihrem Blumenschmuck hielt sie fest, sie trocknete die Blumen sogar zwischen Löschblättern, damit sie in den strengen Wintermonaten wenigstens Strohblumen in die kleine Vase stellen konnte. Manchmal hatte sie rotgeränderte Augen, und er wusste nicht warum, und manchmal bot sie sich ihm mit ihren schlanken Gliedern unverhohlen an, wenn er sich zu ihr ins Bett legte. Sie gab aber kaum einen Laut von sich, wenn sie sich liebten. Im Nebenzimmer hatte er die Eltern untergebracht, sie durften, das flüsterte Berta ihm ins Ohr, nichts hören, und doch musste sie selbst ein wenig lachen, als er sie fragte, wie die zwei da drüben denn wohl ihre sieben Kinder zustande gebracht hätten.

Er bereute es bald, seine Eltern von diesem späten Neuanfang überzeugt zu haben, und er hatte ein schlechtes Gewissen, weil er mit Berta kein eigenes Kind zu zeugen vermochte. Georg, der aus der wilden Ehe mit der Lettin Lina Chait stammte, war als Fünfzehnjähriger dem Vater nach Russland gefolgt, und nun hatte er ein Zimmer im selben Stock, mit zwei Gleichaltrigen zusammen. Er war ein ebenso überzeugter Kommunist wie der Vater, der auf ihn stolz war, weniger darauf, dass er den jüngeren, nach ihm benannten Sohn Fritz Nicolaus vor seiner Abreise dem Kommunistenfreund Willi Trestel und seiner Familie zur Pflege überlassen hatte. Fritzens Mutter, Olga, hatte sich in ihrem Selbsthader mit einer Überdosis Schlaftabletten 1918 selbst getötet. Danach den gemeinsamen Sohn wegzugeben war gewiss ein Unrecht, aber Berta war nicht bereit gewesen, den Sohn einer anderen aufzuziehen, sie wollte ohnehin ihre ganze Kraft dem Fortschritt der Gesellschaft, dem unvermeidlichen Sieg des Proletariats widmen. Georg war ja schon beinahe erwachsen und brauchte keinen Mutterersatz.

Berta Zimmermann, fast zwanzig Jahre jünger als Fritz, hatte nach einem seiner Vorträge, die in überfüllten, von Rauchwolken durchzogenen Sälen stattfanden, seine Nähe gesucht, sie schaute ihn auf ihre intensive Weise an und fragte ihn, ob denn der Sozialismus wirklich ins Glück der arbeitenden Menschheit führe. Er bejahte, mit voller Überzeugung, das wurde von ihm erwartet, und von sich selbst erwartete er, dass er die gelegentlich aufsteigenden Zweifel verbarg, nein, erstickte wie tückische Flammen.

»Und du hältst«, fragte sie skeptisch, »die klassenlose Gesellschaft wirklich für unsere Zukunft?«

»Es ist unsere Aufgabe, für sie zu kämpfen.«

»Selbst wenn es große Opfer fordert? Selbst wenn Kinder darunter sind?«

Er nickte, beinahe feierlich, ihr Gesicht schien im schlechten Saallicht aufzuglühen.

An diese erste Begegnung erinnerte er sich, als wäre es gestern gewesen. Sie nickte zurück, nicht wie ein Schulmädchen, sondern verschwörerisch, als Kampfgefährtin. Der dreitägige Landesstreik war damals seit zwei Jahren vorbei, Fritz hatte seine Strafe abgesessen, abends mit der Lektüre von Marx, tagsüber mit dem Kleben von Papiertüten. Er sei eine Art sozialistischer Wanderprediger geworden, erzählte er Berta. Sie stand da in ihrer herben Schönheit und ging nicht weg. Er lud sie zu einem Glas Wein ein. Die Gäste rückten zusammen, um Platz zu machen, sie saßen beengt nebeneinander, berührten sich an den Hüften.

So begann es mit ihnen. Er warb ausdauernd um sie. Es dauerte lange, bis sie zusammen im Bett lagen. Bertas Umarmung war kräftig, beinahe schmerzhaft, aber nichts Lautes kam über ihre Lippen. Es gelang ihm, sie davon zu überzeugen, dass sie mitkam ins gelobte Land, gegen den Willen ihrer bürgerlichen Eltern. Was hielt sie denn noch in diesem morschen Staat? Einem Staat, dessen regierender Geldelite im November 1918 nichts anderes eingefallen war, als das Militär auf die streikenden Arbeiter zu hetzen?

Seine Antwort war die Auswanderung, der Neubeginn, im Kern ein utopisches Unterfangen, überglänzt von geradezu paradiesischen Hoffnungen, bei allem Wissen um die harte Arbeit, die ihnen bevorstand. Es war, wie er in Nova Lava einsah, eine Plackerei, die er kaum ertrug.

Aber damals sagte er: »Den Wohlstand müssen wir der russischen Erde abringen.« Er liebte solche pathetischen Formulierungen. Wenn er seinen Schlapphut, seinen weit geschnittenen Mantel trug, der im Wind flatterte, war nichts Bäuerliches an ihm, aber er wollte das Bäuerliche in anderen, auch in seiner Geliebten, wecken, ja, er selbst hatte den Drang, es vorzuführen wie ein Schauspieler.

6
Der Weg nach Russland, Ankunft in
Nova Lava, 1923

Die Reise der Auswanderer in dieses unwegsame Land, das nun die Sowjetunion war, erwies sich als mühsam und weit langwieriger, als sich die meisten vorgestellt hatten. Mit der Bahn war Fritz Platten schon mehrere Male nach Moskau gefahren, durchaus komfortabel samt Samowar und Schinkenbroten. Im Sonderzug mit Lenin war er dann an der finnisch-russischen Grenze zurückgewiesen worden, eine bittere Niederlage. 1917 war es, im Jahr der Revolution. Dennoch schaffte er es über Umwege nach Sankt Petersburg und schloss sich dort wieder Lenin und seinem Tross an. Jahre später, zusammen mit den Auswanderern, war es wieder ganz anders. Fast hundert waren sie, die kleinen Kinder klagten oft, wollten nach Hause, getragen werden, es gab Schwächlinge unter den Erwachsenen, die nicht nur die Fußstrecken hinter den schwer beladenen Pferdewagen, sondern auch die langen Eisenbahnfahrten beinahe nicht durchstanden. In den größeren Siedlungen gab es betrügerische Wirtshäuser, das Wetter war schlecht in diesem Frühling, alle Wege wurden morastig, die Schuhe schwer und nass vom Dreck. Sie durchquerten zu Fuß die Stadt Sysran, folgten eine Weile der Wolga, deren Fluten sich braun dahinwälzten. Immer wieder roch es übel nach Exkrementen und toten Tieren. Berta blieb hart bei allen Anstrengungen, sie ermunterte die Erkälteten, die Dauerhuster, die sogar Blut spuckten, und schalt Genossen, die den Regen, die sumpfigen Wege nicht mehr ertrugen. Fritz, der gegen seine körperliche Schwäche kämpfte, bewunderte seine junge und überaus zähe Frau, die auch ihn, den Anführer, zurechtwies, wenn es sein musste. Er schuldete es sich aufzubrausen, sie dann aber verzeihend zu umarmen. Er kannte ja die Beschwernisse, er war mit dem Vortrupp, bei weit besserem Wetter, schon einige Tage auf dem Gut Nova Lava gewesen, hatte alles in die Wege geleitet, damit die Auswanderer genügend Schlafmöglichkeiten und vor allem eine brauchbare Großküche vorfinden würden. Dann war er zurückgekehrt, um die fast hundert anderen in Zürich abzuholen, die sich am Bahnhof inmitten einer Schar von Verwandten und Bekannten zum Abschied versammelt hatten. Dass seine eigenen Eltern mitkamen, vergass er manchmal; sie fügten sich in alles, sogar die Mutter, die sonst so aufsässig gewesen war, sie gehörten nun zur Kolchose, und ihr Sohn war deren Leiter. Von jetzt an war es seine wichtigste Aufgabe, Vorbild zu sein, Ratgeber, der Wegweiser und Türöffner in eine hoffnungsvolle Zukunft, wo sich im Sommerwind die schweren Weizenähren neigen würden. Die Formalitäten mit den neu gebildeten sowjetischen Behörden, den Kauf von Land und Gebäuden hatte er schnellstmöglich erledigt, obwohl er nur schlecht Russisch sprach; von weit oben war der Befehl gekommen, man solle den Einwanderern die Einreise und die Eingewöhnung erleichtern. Und nun waren also auch Berta und sein erstgeborener Sohn Georg dabei.

Immer wieder wandern im Straflager seine Gedanken zurück. Er lebt oft mehr in seinen fragmentarischen Erinnerungen als im eintönigen Lageralltag. Das Staunen, als sie in Nova Lava ankamen. Er rechnet nach: Achtzehn Jahre ist das her, und manchmal scheint ihm, er habe damals zweiund dreifach gelebt. Was sahen sie bei der Ankunft? Das große Herrschaftsgebäude mit dem Säuleneingang, den gemauerten Wasserturm mit großem Reservoir, eine Mühle, allerlei Wirtschaftsgebäude, darunter etliche Stallungen, etwa zwanzig kleine Wohnhäuser aus Holz, teils mit Lehm und Stroh gedeckt, all dies unordentlich ums Gutsgebäude gruppiert und das meiste, wie sich dann herausstellte, kaum benutzbar, vor allem die Ställe, in denen noch ein paar verdreckte Kühe und Pferde standen. Fritz Platten wusste: Man würde renovieren müssen, neue Gebäude errichten. Hatte er die richtigen Leute dafür, die richtigen Werkzeuge dabei? Er zweifelte schon damals, verbreitete aber Zuversicht. »Es kommt gut«, sagte er mit jenem rhetorischen Elan, der beim Landesstreik viele Zögerer zum Mitmachen bewegt hatte. »Es kommt gut, Genossen. Aber wir müssen uns anstrengen, jeder Einzelne von uns!«

Der Empfang durch die Dörfler war keinesfalls so feindselig wie befürchtet. Sie brachten Schnaps in Korbflaschen, man prostete sich zu, trank aus der Flasche, reichte sie herum, schlug sich gegenseitig auf die Schultern. Kleine Kinder krochen zwischen den Beinen der Erwachsenen herum, die Größeren hüpften mit schrillen Rufen durch die Pfützen. Platten behandelte man mit Respekt, ihm wurde vom bärtigen Dorfvorsteher als Erstem nachgeschenkt. Einer, der gebrochen Deutsch sprach, der Dorflehrer, übersetzte:

Wie froh sei man, dass nun Hilfe und Unterstützung von weit her komme. Der vorherige Besitzer, ein Baron, sei durch die Revolution vertrieben worden, er habe das Gut in miserablem Zustand hinterlassen. Von den Einwanderern aus der Schweiz konnte sich keiner wirklich auf Russisch verständigen, sie hatten gelobt, die Sprache so bald wie möglich zu erlernen. Auf der Reise hatten einige aus einem Lehrbuch Wörter und Alltagswendungen gebüffelt, dies in einer Lautschrift, die sie lesen konnten, im Unterschied zum Kyrillischen. Aber jetzt schienen sie das Wenige schon wieder vergessen zu haben, genau wie Platten selbst. Der Wodka löste die Zungen, man redete durcheinander, doch sobald der Anführer die Stimme erhob, verstummte der Lärm.

Alles in Nova Lava schien am Anfang gut zu laufen. Man hörte schon am frühen Morgen Hammerschläge, das Wiehern der Pferde, aufmunternde Zurufe, sogar Gesang. Aber es gab dauernd unterschiedliche Meinungen, die zu erbitterten Streitigkeiten – bis hin zu Schlägereien – führten. Wo konnten Vorräte aufbewahrt werden? Wie tief war der Boden zu pflügen? Was galt als Unkraut, was nicht? Wann sollte der Hafer ausgesät werden? Fritz musste schlichten, war aber nicht immer dazu imstande; ihm fehlten die landwirtschaftlichen Kenntnisse, und jene, die sie hatten, widersprachen einander. Die schwarze Erde war fruchtbar, das nützte aber nichts, wenn der Regen ausblieb. Und er blieb schon im zweiten Jahr aus, als die beiden Motorpflüge aus der Schweiz endlich eingetroffen waren. Der Boden war unter der Augustsonne steinhart geworden. Die ersten Schweine, die man zugekauft hatte, krepierten, warum genau, wusste keiner. Der Wasserspiegel im Reservoir sank stetig, es ging nicht anders, als den Wasserverbrauch streng zu rationieren. Die paar Kleinkinder der Kommune litten unter Durst, obwohl Fritz, von Berta beeinflusst, angeordnet hatte, sie bei der Zuteilung zu bevorzugen. Die Ernte von Korn, Kartoffeln, Obst betrug im zweiten Jahr bloß noch ein Fünftel der durchschnittlichen Erträge. Fritz begann, das Gut, zusammen mit der zögernden Berta, immer wieder für Wochen zu verlassen, um in der Moskauer Parteizentrale Absolventinnen der Landwirtschaftsschule mit den Grundsätzen des Kommunismus und des Ackerbaus vertraut zu machen. Es war ein ehrenvoller Auftrag der Partei und zugleich eine Möglichkeit, der Realität der Kolchose auszuweichen. In theoretischen Fragen kannte er sich besser aus als mit den Schwierigkeiten der Schweinezucht. Wenn er zurückkam, hatte sich die Lage nicht verbessert; er hatte Hemmungen, nach den Eltern zu fragen, mittlerweile verwünschte er sich, dass er sie derart gedrängt hatte, mit ihm zusammen ein neues Leben weit weg von der Heimat zu suchen. Dass der Vater ernsthaft krank war und allmählich erlosch, bedrückte ihn tief, er ließ es sich aber nicht anmerken und versuchte, auf seine Art Optimismus zu verbreiten. Aus Moskau brachte er Stärkungsmittel mit, die er dem Vater verabreichte, es nützte wenig. Auch die Kräfte der Mutter ließen nach. Einen Arzt gab es in weitem Umkreis nicht; man hätte einen aus der Stadt Sysran benachrichtigen müssen.

Fritz schlief schlecht neben Berta im kleinen stickigen Zimmer, sie seufzte manchmal, wimmerte sogar im Schlaf, sodass er sie bei tiefer Dunkelheit an sich drückte und ihre beiden Herzen in unterschiedlichem Takt schlagen spürte, ihres viel zu rasch, seines unruhig, mal schnell, mal langsam. Der Schweiß nässte seine Brust, es war heißer als je in der Schweiz. Tagsüber versuchte er, die Kommunarden aufzumuntern, stellte die Dürre als vorübergehendes Phänomen dar, mit dem man leider sporadisch rechnen müsse. Es war ja noch genug Geld vorhanden, um Lebensmittel von weit her einzukaufen, und man hatte eine Sägerei in Betrieb genommen, mit der sich zusätzliche Einkünfte erzielen ließen. Ein einziges Mal gab es, nach gewaltigem Donnern, einen Gewitterregen, aber das half zu wenig, schon am nächsten Tag war das Wasser verdunstet und aufgesaugt, ohne anhaltende Wirkung auf die Vegetation. Es wunderte Fritz nicht, dass die Auseinandersetzungen in der Kommune zunahmen, die Kinder aufsässig wurden, auch nicht, dass erste Auswanderer Nova Lava verließen und Lohnarbeit in nahe gelegenen Fabriken suchten. Das sei eine notwendige Blutreinigung, behauptete Platten; umso stärker müssten die Zurückgebliebenen zusammenhalten.

Aber jetzt ist er im Straflager, verrichtet seine monotone Arbeit. Und dennoch schaut er nicht gern zurück in diese Zeit des vermeintlichen Aufbruchs und der schmerzhaften Niederlagen. Er weiß ja, dass er sich selbst und die anderen belog über ihre Zukunftsaussichten bei anhaltenden Ernteausfällen. Schlimm war es, dass sein Vater, Peter Platten, dann Ende April 1925 starb. Der Sohn hatte in Moskau zu tun und war nicht dabei, die Mutter schon, verhärmt und kraftlos war auch sie in der »russischen Verbannung« geworden, wie Berta es im Streit mit Fritz formulierte.

»Das ist eine maßlose Übertreibung«, grollte er. »Mein Vater wirkte älter, als er war, er hatte keine Abwehrkraft mehr. Und vielleicht war es besser, dass er friedlich einschlief, als dass er noch lange gelitten hätte.«

»Das sind Ausreden«, entgegnete Berta heftig. »In Zürich wäre er besser betreut worden. Es hätte Arzneien gegen seine Herzschwäche gegeben. Warum hast du gewollt, dass er in seinem geschwächten Zustand mitkam?« Sie begann zu weinen, sie hatte den schweigsamen alten Mann gemocht; nie hatte er in dieser Zeit des Schwächerwerdens gejammert. Fritz musste sich zusammenreißen, um nicht auch in Tränen auszubrechen.

7
Das Begräbnis, Kolchose Nova Lava

Er legte die Beisetzung des Vaters in Nova Lava auf den 1. Mai, den Ehrentag der Sozialisten, fest. Fast alle aus der Kommune, auch die Russen aus dem Dorf fanden sich zusammen, um dabei zu sein, als der Sarg unter rasch dahinziehenden Frühlingswolken ins Grab gelegt wurde, das man auf dem Gutsgelände geschaufelt hatte. Es gab kein Gebet, wie die Mutter es gewünscht hätte, dafür wurde vom russischen Kirchenchor ein revolutionäres Lied gesungen; die Dorfbewohner hatten es hastig eingeübt, und die Stimmen klangen dünn. Aber es war klüger, dem Anführer der Schweizer Kommunarden nachzugeben, statt ihn und die Partei gegen sich aufzubringen. Berta hielt das Lied für unangemessen, denn Peter Platten war kein überzeugter Kommunist gewesen, aber der Sohn ließ sich nicht beirren, dem Vater einen letzten Aufruf zum Kampf hinterherzuschicken. Wenige Monate vor dem Vater war ja auch Lenin, viel zu jung noch, in Gorki gestorben, und dieser Tod hatte Fritz Platten ebenso stark getroffen wie das Ableben des Vaters, der in seiner Wahrnehmung immer stärker geschrumpft war, der Alte hatte auf ihn gewirkt wie einer, der aus Schwäche und zugleich aus Eigensinn das Essen verweigert.

Von diesem 1. Mai an, so scheint es ihm heute, war es mit

der Kommune stetig abwärtsgegangen, mit kleinen Auf-
wärtsbewegungen ab und zu, wie das Zucken eines todge-
weihten Tiers, das schon am Boden liegt. Und die prekäre
Lage hatte ihn, der das Projekt überhaupt angestoßen hatte,
immer häufiger weggetrieben zu den fernen Studentinnen
in Moskau, die seine Kompetenz, anders als die Siedler in
Nova Lava, nicht anzweifelten. Berta, die ab und zu mit in
der Vorlesung saß, belächelte die jungen Mädchen wegen
dieser Verehrung. Hatte nicht auch sie ihn in ihren Anfängen, die noch gar nicht so weit zurücklagen, auf einen So-
ckel gestellt? Sie liebte ihn gewiss nach wie vor, wie er sie,
aber ihre Bilder voneinander hatten Flecken bekommen. So
war es mit der Liebe, sie ließ sich nicht konservieren.

Dass die Gemeinschaft von Nova Lava ihrer Auflösung
entgegenging, wollte er lange nicht wahrhaben. Er war immer gut darin gewesen, der Wirklichkeit seine Wünsche
überzustülpen. Berta hingegen erkannte den Niedergang
ohne Beschönigung. Im Ehebett stritten sie halblaut darüber, bis sie einander grollend den Rücken zukehrten.

Wo sie jetzt ist, seine Berta, Ende 1941, das weiß er nicht.
Und ob es noch seine wäre, weiß er auch nicht. Sie hat
ihm oft genug vorgehalten, er behandle sie wie seinen Besitz. Das hat ihn jedes Mal getroffen, zuerst zu wütendem
Widerspruch gereizt und dann, als sie verstockt schwieg,
zum Verstummen. Sie konnte ja auch, wenn es ihr passte,
wieder anhänglich sein wie in ihrer ersten Zeit. Doch das
Lager ist inzwischen zu seiner engen Welt geworden. Seit
fast vier Jahren hat er Berta nicht mehr gesehen. Sie verschwand, als er selbst schon verhaftet war. Man klagte ihn

wegen Abweichung von der Parteilinie an, was er bestritt. Für ein paar Tage wurde er nach der ersten Verhaftung freigelassen (und vermutlich überwacht), Bertas Zimmer in der Moskauer Wohnung, die sie nun teilten, sah aus, als würde sie jeden Augenblick zurückkommen. Niemand gab Auskunft, die Angst, etwas Falsches zu sagen, war inzwischen umfassend. Berta war ja, ein paar Monate zuvor, zur Leiterin des Kurierdienstes des OMS, der Abteilung für internationale Verbindungen, aufgestiegen, hatte eng und auf höchster Geheimhaltungsstufe mit der Baslerin Lydia Dübi in Paris zusammengearbeitet. Der Grund dafür, das sagt er sich heute, war wohl gewesen, dass ihre herbe Schönheit die Männer beeindruckte und sie äußerst verschwiegen war. Über ihre Aufgabe durfte sie mit ihm nicht sprechen, sie machte trotzdem hin und wieder Andeutungen. Die Schweizer Abende, Zusammenkünfte unter Parteifreunden, hatten Verdacht erregt, galten bei der Zentrale als konspirativ. Dass er, nach der ersten Verhaftung, Angst um Berta und auch um sich selbst hatte, wollte er sich nicht eingestehen. Der Genosse Stalin würde es doch nicht zulassen, dass eine unschuldige und zutiefst redliche Kommunistin wie Berta ins Gefängnis wanderte. Aber bis solche Nachrichten über alle Stufen zur Höhe des großen Führers gelangten, würde es lange dauern, es blieb ihm nichts anderes übrig, als sich in sein vorübergehendes hartes Schicksal zu fügen. Er zwang sich, an seine baldige Rehabilitation zu glauben und am Rest Zuversicht festzuhalten, dass alles ein Irrtum sei. Wobei er doch allmählich einsehen musste, dass das gegenseitige Misstrauen unter den Genossen ständig wuchs. Er wurde nach den paar Tagen in Freiheit erneut verhaftet, seine Erkundigungen nach Berta Zimmermann, immerhin seiner Ehefrau, blieben unbeantwortet, höchstens, dass einer der Verhörspezialisten, die auch Lügen aus ihm hinauspressten, die Augen senkte oder sagte, er wisse nichts über sie, außer dass sie auch im Gefängnis sitze und, wie er, wegen konspirativer Beziehungen scharf befragt werde. Er litt an der Situation, aber hatte nicht auch in ihm ein Verdacht gegen seine Frau zu glimmen begonnen, traute er ihr nicht Geheimnisverrat zu? Er versuchte stets von Neuem, belastende Momente in ihrem Zusammenleben zu entdecken. Oder war er, das fragte er sich hundertfach, inzwischen angesteckt von dieser angsterregenden Paranoia, die das ganze Land wie ein Schimmelpilz zu überwuchern schien? Und die von denen ausging, die Stalin um jeden Preis beschützen wollten, denn natürlich hatte der große Mann viel zu viele erbitterte Feinde.

Wo bist du, Berta?, fragt er sich nachts, wenn er auf seiner Pritsche im Straflager liegt und sich nach ihr sehnt, nach ihren schlanken Gliedern, der bräunlichen Haut, die er so gerne liebkost hat. Er verbietet sich die Vorstellung, dass sie inzwischen nicht mehr am Leben ist. Ja, er verbietet sich, erzürnt über sich selbst, solche Bilder: Berta, zusammenbrechend unter Schüssen oder erhängt, obwohl er weiß, dass in der Sowjetunion Tausende verschwinden, Tausende getötet worden sind, Opfer des Fortschritts, wie die Partei es nennt, wie er es selbst einst nannte, wenn er für die notwendige Grausamkeit beim Erreichen der großen Ziele plädiert hat. Und nun, wo es ihn selbst trifft, zweifelt er an dieser Notwendigkeit immer mehr.

Nachts besucht sie ihn manchmal in der Sträflingsbara-cke. Er schlägt die Augen auf, ganz finster ist es nicht, er sieht sie deutlich vor sich, ihr Körper schimmert leicht, er kann sein Sehnsuchtsseufzen nicht unterdrücken, aber den Genossen nebenan, der verschlafen fragt, was ihm fehle, bringt er mit einem barschen »Gar nichts!« zum Schwei-gen. Ja, sie bleibt eine Weile bei ihm, wärmt ihn, so nah ist sie, dass er ihren Geruch erkennt, die Mischung ist unver-kennbar, er saugt den Duft nach Seife und frischem Schweiß begierig in sich auf.

»Liebst du mich?«, fragt er ins Dunkle hinein, das ihre Präsenz staunenswert aufgehellt hat.

»Immer wieder, trotz allem«, sagt sie fast unhörbar, nah an seinem Ohr, und beinahe spürt er, dass ihn ihre Worte kitzeln. »Du machst es mir nicht leicht.«

»Ich weiß«, flüstert er zurück. »Ich bin ein Luftibus in der Liebe. Und dir doch treuer, als du meinst.«

»Luftikus, meinst du«, sagt sie, und er glaubt, sie lächeln zu sehen; sie, die Sekretärin und Stenographin, hat sein mundartlich gefärbtes Deutsch oft genug verbessert. Das mag er eigentlich, und ihr Lächeln ist ihm alles Gold der Welt wert. Alles Gold: Zu so pathetischen Vergleichen kann sie ihn hinreißen, und das lässt auch ihn lächeln, mitten in der Nacht.

»Entbehrst du vieles?«, fragt sie.

»Dich vor allem«, antwortet er und weiß, dass sie auf diese Antwort gehofft hat.

»Ich vermisse dich auch«, sagt sie und fährt mit dem Zeigefinger über seine Nase, die er unschön findet, sie aber nicht. Deshalb hat er ja so oft den Kopf gedreht, wenn er fotografiert wurde, im Profil wirkt die Nase edler. Er fragt, wo sie sei. Da schweigt sie, scheint sich zu entfernen, er möchte sie wieder näher locken, weiß nicht, wie, und unterdrückt mit aller Macht seine sehnsüchtigen Worte, damit die Umliegenden nicht wach werden.

Dass Berta mitkam nach Nova Lava, war ein Vertrauensbeweis. Er versuchte ihre wachsende Enttäuschung zu verscheuchen, mit Scherzen manchmal, mit tröstenden Schwindeleien, als das Unternehmen schon nach anderthalb Jahren mit dem Weggang tüchtiger Leute zu bröckeln begann. Es nützte wenig, Einheimische, die auf den Feldern arbeiteten, im Tageslohn anzustellen; die Rubel gingen der Kolchose bald aus. Fritz war dafür, anderswo einen neuen Versuch zu wagen, in Tjoplovka, nur zwanzig Kilometer von Nova Lava entfernt, aber umgeben von großen Getreidefeldern, durchströmt von einem Nebenfluss der Wolga, der trotz der anhaltenden Dürre genügend Wasser führte. Gegen zwanzig Auswanderer zogen dorthin. In Moskau kam es Fritz zu Ohren. Aber einige Wochen später war Tjoplovka schon wieder entvölkert, die Schweizer hatten sich untereinander zerstritten und waren entweder nach Nova Lava zurückgekehrt oder hatten anderswo Arbeit und Unterkommen gesucht. Zwei Familien mit Kindern hatten sich nach all den abschreckenden Erfahrungen entschlossen, in die Schweiz heimzukehren; über ihr Schicksal erfuhren die Zurückgebliebenen nichts. Nova Lava fiel zurück in russischen Besitz, Fritz brachte es nicht mehr zustande, sich dort blicken zu lassen. So vieles, was er in seinem Leben begonnen hatte, ließ er liegen. Sobald seine Pläne sich als undurchführbar erwiesen, setzte

er seine Hoffnungen lieber auf Neues. Ein anderes Landgut, Vas'kino, das von Schweizern übernommen worden
war, entwickelte sich weit erfolgreicher, er übernahm dort
den Vorsitz. Allerdings wusste er nun endgültig, dass seine
Stärke in keiner Weise die Landwirtschaft war, das behielt
er aber lieber für sich. Er zeigte sich nur selten dort, und
irgendwann überhaupt nicht mehr. Berta war schon nach
ein paar Monaten Nova Lava untreu geworden, vielleicht
auch – das war sein Verdacht – ihm selbst. Sie wusste Männern zu gefallen und nutzte sie, wenn es sein musste, für
ihren Aufstieg und ihre Erkundungen aus.

In Moskau übernahm Berta Zimmermann Schreibarbei-
ten, von denen Fritz nichts wissen durfte, sie schottete sich
in der verwinkelten Wohnung an der Tverskaja Jamskaja,
die ihnen die Partei zur Verfügung stellte, zunehmend von
ihm ab. Und er widmete sich dem Unterricht im Agrarinstitut.

Berta, ach Berta. Es gab so viele Geheimnisse um sie
herum. Sie war wochenlang weg, und hinterher stellte sich
heraus, dass das Komintern sie nach Paris geschickt hatte.
Auch in Prag war sie gewesen; beinahe zufällig erfuhr es
Fritz, aber nicht, worum es dort gegangen war. Ja, so fremd
konnte einem die geliebte Frau werden, so verschwiegen
unter dem Druck der Partei, es war schwer zu ertragen.
Manchmal sehnte er sich nach Olga, der früheren Geliebten, zurück, die ihn gebraucht und die er verlassen hatte
und die dann am Leben verzweifelte. Was sie in ihren letzten Tagen durchgemacht haben musste, ging ihm erst viel
später auf. Und es war neu, dass er sich häufig fragte, wie es
ihrem und seinem zurückgelassenen Sohn, Fritz Nicolaus,

in der Familie von Willi Trestel ging. Er bekam keine Briefe vom Kind, selbst schrieb er auch keine. Wie vieles hatte er unterlassen, vor wie vielem war er zurückgescheut!

Eine Aufgabe zu Ende zu bringen fällt ihm noch heute schwer, obwohl es im Straflager immer die gleichen Handgriffe sind, die von ihm verlangt werden. Er wollte damals den Aufbruch, die Begeisterung, das Neue, es sollte ihn von Kopf bis Fuß ausfüllen. Darum ist es ja eine nützliche Übung, das Einerlei des Schindelmachens zu ertragen. Vielleicht hätte ihm auch Lenin, der sich jahrelang in Bibliotheken aufgehalten hatte, den Rat gegeben: Bleib dabei, lass nicht locker, sei auch dann zielstrebig und genau, wenn es um Simples geht!

Die Spaziergänge mit Berta am Anfang in Nova Lava. Viel zu lange ist das her. Da waren sie noch voller Hoffnung, ineinander verliebt. Sie bewunderte die Natur ringsum. Er achtete wenig auf Wolkenbilder, auf die Schönheit junger Birken, das Glänzen ihrer silbergrauen Rinde. Sie wies ihn darauf hin, nannte Pflanzennamen, die er gleich wieder vergaß, aber er spielte ihr vor, von ihren Kenntnissen beeindruckt zu sein. Kleine flammend rote Tulpen wuchsen nahe am Bachlauf, er steckte Berta zwei, drei ins schwarze Haar, das sie nun kurz trug, mit Seitenscheitel. Er gab sich Mühe, dass die zarten Stängel nicht zerbrachen, sie lachte, schaute ihn an wie eine Primadonna. Daran zu denken, lässt ihn heftiger atmen, so heftig, dass er die Arbeit unterbricht, die Hand aufs unruhige Herz legt. Aber dieser Frühling ist längst vorbei, nun biegen sich die Wände des Schuppens in Novemberstürmen, eisige Schauer wehen durch die Dachritzen; die Kälte beginnt, sich in einem festzubeißen. Die

Frage, wo Berta sei, meldet sich jeden Tag, aber vor allem nachts, das ist wie ein hartes Pulsen in ihm drin, das er nicht vertreiben kann. »Du darfst nicht tot sein«, sagt er ihr mitten in der Nacht, wenn sie ihn besucht und ein paar Augenblicke lächelnd auf dem Matratzenrand sitzt. Er glaubt nicht an ihr Verschwinden, und was sollte sie denn verbrochen haben? Nicht mehr als er, ihr Mann, eine leichtsinnige Bemerkung vielleicht hier oder dort, ein spöttisches Wort. Man verurteilt deswegen doch niemanden zum Tode, das würde der Genosse Stalin, der die Gerechtigkeit hochhält, nicht zulassen. Nach solchen Halbträumen kann er schwer wieder einschlafen, erstarrt bleibt er liegen, bis der Morgen graut, es ist nicht die Kälte, die ihn lähmt, sondern der innere Schrecken.

Ist Berta, so viele Jahre jünger als er, doch seine große Liebe geworden? Das fragt er sich in manchen Nächten, nachdem sie nach ihrem Besuch wieder verschwunden ist wie ein Luftgeist. Die Antworten, die er sich gibt, schwanken. Ein Ja am einen Tag kann am nächsten ein Nein sein. Und was Liebe wirklich ist, weiß er immer noch nicht.

8

Die Ornithologen in Zimmerwald, mit Lenin nach Russland

So vieles fällt ihm wieder ein, auch weit zurückliegende Episoden, vor allem nachts in der Baracke, wenn er auf der Pritsche liegt. Berta ist ihm fast immer gegenwärtig. Aber auch Lenin, der ja klein gewachsen war und in seiner Erinnerung beinahe riesenhaft wird. Keiner hat ihn je so in Bann geschlagen wie Wladimir Iljitsch Uljanow. Er war in überraschend kurzer Zeit zum unbestrittenen Anführer des radikalen Flügels der russischen Kommunisten aufgestiegen. Seine kalte Entschlossenheit stand in schroffem Gegensatz zu Plattens Zweifeln, seinem inneren Hin und Her. Lenin sagte ganz offen, dass es im Klassenkampf nicht anders gehe, als humanistische Gegengründe auszuschalten. Robert Grimm, lange Plattens Nebenbuhler bei der Führung der Schweizer Sozialdemokraten, wollte mitten im Krieg die Internationale erneuern und lud sozialistische Wortführer aus ganz Europa zu einer Konferenz ein. Die Teilnehmer fanden zuerst in Bern zusammen, fuhren dann aber, zur besseren Tarnung, im September 1915 mit vier Fuhrwerken ins nahe gelegene Dorf Zimmerwald. Sie gaben sich als Tagung von Ornithologen aus und logierten während fünf Tagen im Gasthof Beau Séjour. Fast vierzig waren sie, nur wenige Frauen darunter.

Rasch zeigte sich die Spaltung in eine Mehrheit, die den »Burgfrieden« anstrebte, das heißt einen Verhandlungsfrieden zwischen den kriegführenden Nationen, um weitere Opfer zu vermeiden, und auf der anderen Seite die Linken, die den sofortigen Frieden forderten und damit den Klassenkampf anfachen wollten. Platten stand von Anfang an auf der Seite Lenins, der wenig sagte, aber alle Kompromisse mit der bürgerlichen Seite und den nationalistischen Kriegshetzern ablehnte. Er hatte in Kauf genommen, aus der russischen Heimat vertrieben zu werden, und Zuflucht in der sicheren Schweiz gefunden. Der lauteste Wortführer war Bronstein, der sich Trotzki nannte, aber Platten weniger beeindruckte. Platten versuchte, sich in den Kaffeepausen mit Lenin anzufreunden, fühlte sich aber zunächst von ihm zurückgewiesen, denn Wladimir Iljitsch diskutierte lieber mit Grimm, den er als Organisator der Konferenz achtete, oder mit Sinowjew, den er auf seine Seite zu ziehen versuchte. Grimm wollte soziale Reformen, keinen Bürgerkrieg, den Lenin hingegen als unvermeidlich ansah. Man sprach im Allgemeinen Deutsch, mehr schlecht als recht, durchmischt mit russischen und französischen Brocken. Als Platten hartnäckig Lenins Nähe suchte und dessen Ansichten präzisiert haben wollte, lud der ihn ein, ihn doch in Bern in seiner Wohnung aufzusuchen, wo er mit der Emigrantin Krupskaja zusammenlebte, oder in der Berner Stadtbibliothek; in der Nähe gebe es ein Kaffeehaus, dort hätten sie Zeit für einen ausführlichen Austausch. Platten nahm sich schon damals vor, Russisch zu lernen, wurde aber im Lauf der Jahre diesem Vorsatz immer wieder untreu. Der Abschied von Lenin war, gegen Plattens Erwartung, geradezu freundschaftlich. Es war ihm klar geworden, dass Grimm den redegewandten Konkurrenten Fritz Platten, der mit ihm um größeren Einfluss in der Schweizer Sozialdemokratie kämpfte, aus kühler Berechnung ablehnte.

Trotz aller politischen Gegensätze und menschlichen Intrigen einigte man sich am Schluss auf ein Manifest, dessen Schlussabschnitt durchaus in Plattens Sinn war, er hatte ja auch einzelne Sätze daraus vorgeschlagen: »Arbeiter und Arbeiterinnen! Mütter und Väter! Witwen und Waisen! Verwundete und Verkrüppelte! Euch allen, die ihr vom Kriege und durch den Krieg leidet, rufen wir zu: Über die Grenzen, über die dampfenden Schlachtfelder, über die zerstörten Städte und Dörfer hinweg, Proletarier aller Länder vereinigt euch!«

Was weiter geschah mit Lenin, das hätte sich Platten damals in kühnsten Träumen nicht auszumalen gewagt. Ein paar Monate später erfuhr er, dass Uljanow, wie es auf seinem Pass stand, nach Zürich umgezogen sei, wo es die besseren Bibliotheken gebe. Sie trafen sich in Kaffeehäusern, die Aufenthaltsbewilligung für die Stadt erhielt Lenin dank einer Bürgschaft Plattens, der in Wahrheit nicht sicher war, ob er bei Bedarf die Summe, für die er auf dem Papier geradestand, überhaupt aufbringen könnte. Über den Weg der Revolution war er sich mit Lenin einig, obwohl sie vermutlich für die beiden Länder, das riesige Russland unter dem Zaren und die kleinbürgerliche Schweiz, unterschiedlich verlaufen würde.

Nach einem Vortrag lud Lenin Platten in seine Hinterhofwohnung in der Spiegelgasse ein; Plattens damalige Geliebte, die Russin Olga Koslinski, begleitete ihn. Im Hof, den sie durchqueren mussten, roch es nach Kohl und Unrat. Lenin begrüßte das Paar eher abweisend, mit Olga hatte er nicht gerechnet. Lenins Frau, Nadjeschda Krupskaja, war freundlicher. Sie schenkte den Gästen aus einer halbvollen Flasche Wodka ein, Lenin selbst nippte nur daran, er trinke sonst eigentlich nie Alkohol, sagte er. Man wusste, dass er in allem Maß hielt. Er goss aber Platten mehrmals nach, der Olga seinerseits das Glas reichte und sie aufforderte mitzutrinken, was sie ablehnte, Wodka schmecke ihr nicht, sagte sie mehrmals. Lenin nickte ihr zu, er schien nun doch angetan vom resoluten Habitus der jungen Frau mit der hochgeschlossenen Bluse. Er sollte sich, sagte Lenin halb scherzhaft zu Platten, davon inspirieren lassen. Der Gastgeber, der nicht nur als Asket, sondern zudem als geizig galt, offerierte aus einem Kistchen nun sogar Zigarren, Platten und er ließen auch die Frauen den einen oder anderen Zug nehmen. Die Küche mit dem kleinen, nur spaltbreit geöffneten Fenster, vor dem sie saßen, war erfüllt von Rauch, und ihre Diskussionen waren begleitet von Husten, der sie alle zum Lachen brachte. Lenins Züge, die wie in Stein gemeißelt wirken konnten, verschwammen immer wieder hinter den Tabakschwaden, weichten sich auf; plötzlich sah dieses vom Bärtchen umrahmte Gesicht freundlich, geradezu gütig aus, im nächsten Augenblick gewann es seine harte Kontur zurück. Die Krupskaja hingegen, die unbeweglich neben Lenin saß, schien in diesem hin und her wogenden Nebel immer mehr zu verblassen, beinahe zu verschwinden, das war aber ihrem harten Deutsch überhaupt nicht angemessen.

Hinterher zeigte sich Olga gegenüber Platten wenig überzeugt von diesem Mann. »Wladimir Iljitsch will mehr

sein, als er ist«, sagte sie auf der Gasse, deren Kopfstein-
pflaster sie mehrmals zum Stolpern brachte. »Und er spielt
den Revolutionär mit aller Kraft.«

»Aber die Rolle steht ihm gut«, entgegnete Platten, der
jetzt für Olga nur noch Fritz sein mochte, und lachte auf.
»Beinahe wie mir, oder nicht?«

»Aber du brauchst einen Schlapphut«, sagte sie. »Damit
siehst du gefährlicher aus als mit so einer Schiebermütze.«

Nun lachten sie beide in die Nacht hinaus, und Fritz griff
ein wenig tollpatschig nach ihrer Hand.

Es war selten, dass Olga Scherze machte. Manchmal
wurde er aus seiner Geliebten nicht klug, vor allem dann
nicht, wenn er beim Sprechen einen fast unmerklichen
Spott aus ihrem Gesicht zu lesen glaubte. Sie stritt ab, dass
sie ihn nicht wirklich ernst nahm, hatte seines Tadels wegen
sogar Tränen in den Augen. Ihre Reaktionen konnte er nie
genau abschätzen, und das irritierte ihn mehr, als er gedacht
hätte. Was ihn später mit Berta Zimmermann verband, war
eine andere Liebe, eine weniger rasch vergängliche. Er
wusste selbst nicht, ob er auf Dauer hoffte, seine Frauen-
bekanntschaften waren, trotz Heirat, fast immer schnelllle-
big gewesen. Erst Berta brachte ihn dazu, die Beständigkeit
dem steten Wechsel vorzuziehen.

Er traf Lenin nun öfter und lud ihn ein, seine Eltern in Dietikon, einem Vorort von Zürich, kennenzulernen, er könne
ja versuchen, seinen störrischen Vater, einen unbeugsamen
Sozialdemokraten, von der Berechtigung der kommunistischen Ideen zu überzeugen. Lenin zögerte, nahm dann
die Einladung an. Vielleicht würde es helfen, ihn von sei-

nem inneren Aufruhr abzulenken. Es war der März 1917, in Russland hatten Aufständische in Petersburg den Zaren gestürzt. Eine bürgerliche Regierung unter Kerenski war an die Macht gekommen. Lenin, der die Geschehnisse mit fiebriger Anteilnahme verfolgte, war ungeduldig, dass die Zeitungen erst Tage später darüber berichteten; Kerenski hielt er für einen Schwächling, der nie im Leben die nötigen Veränderungen in Russland durchsetzen werde.

»Das demokratische Ränkespiel hilft ihm nicht weiter«, sagte er zu Platten. »Jeder, der dieses Land verändern will, muss durchgreifen. Ich sollte am besten schon morgen in Russland sein.«

Aber er wusste, dass er die Rückreise, die er sich jahrelang erhofft hatte, mit Sorgfalt planen musste. So nahmen sie die Bahn nach Dietikon, und während sie nebeneinander im Zweitklassabteil saßen, erzählte Platten seinem Freund – er traute sich inzwischen, ihn so zu nennen – von den Versuchen des Vaters, es als Schreiner und Wirt zu etwas Wohlstand zu bringen. Er hatte eine kleine Ziegenzucht aufgebaut, das Gehöft, in dem sie nun wohnten, hieß »Ziergärtli«, diese Verkleinerungsform ärgerte den Sohn, aber sie war, im Blick auf Häuschen und Vorgarten, berechtigt. Die Eltern waren überrascht, als Fritz in Begleitung eines Russen vor ihnen stand. Der benahm sich aber freundlich und sprach passabel Deutsch, wenn auch mit harter Betonung, und nachdem Fritz dem Vater erklärt hatte, dieser Mann sei ein Revolutionär, von dem die Welt noch sprechen werde, taute der schweigsame Peter Platten auf, obwohl er ja, zumindest für die Schweiz, den Weg der Revolution nicht guthieß. Die Mutter servierte selbst gebrannten Kirsch und eine Scheibe Schwarzbrot; sie habe im Moment leider keine Wurst, entschuldigte sie sich, wortreich wie immer, aber Lenin, der auch ein warmes Lächeln aufsetzen konnte, rühmte die einfache Bauernkost, die ihn an seine Heimat erinnere. Das Gespräch, das vor allem sie bestritt, kam auf die Frage der Gerechtigkeit.

»Von gerechten Zuständen sind wir hier weit entfernt«, wiederholte sie mehrmals. Dazu nickte auch ihr Mann. Und Fritz, der Sohn, setzte zu einer längeren Tirade an, in der er als Druckmittel eine längere Arbeitsniederlegung der Werktätigen befürwortete. »Das wird«, sagte er mit Heftigkeit, »unseren Fabrikherren wehtun.«

»Man wird sehen, man wird sehen«, sagte der ältere Platten dazu und trank einen Schluck vom Schnaps, aber nur einen kleinen, wie es seine Art war. Der sei, sagte Lenin, fast so stark wie Wodka. Und die Mutter lachte so laut auf, dass sich Fritz beinahe schämte. Gegen das Lachen der Mutter hatte er sich als Junge gewehrt, indem er sich zum Spaßvogel der Familie machte und selbst Witze riss, die sogar den ernsten Vater zum Schmunzeln brachten. Er durfte es nur nicht übertreiben, denn wenn der Vater zornig war, konnte eine plötzliche Ohrfeige noch lange schmerzen.

Das wusste Lenin nicht, er fuhr den zwei jüngeren Geschwistern, die noch auf dem Hof lebten, durchs Haar, es sollte Güte markieren, schüchterte sie aber ein.

Auf der Rückfahrt rühmte Lenin die Schlichtheit dieses ländlichen Lebens, wo keiner hungern müsse, er wünsche sich das auch für die Armen und Ausgebeuteten in Russland. Von diesem Thema kam er nicht los. »Es wird mir immer klarer«, sagte er, »dass ich jetzt, wo alles in Bewegung geraten ist, nach Russland zurückkehren muss.«

Platten nickte. »Ja, Genosse Wladimir, das Land wartet auf dich und darauf, dass du mit deiner Energie die Revolution voranbringst.«

»Es wird aber«, sagte Lenin, »schwierig oder unmöglich sein, durch Länder zurückzukehren, die Krieg gegen Russland führen.«

Der Entschluss, den Platten in diesem Moment fasste, überraschte ihn selbst. »Ich werde die Rückfahrt für dich einfädeln«, versprach er.

Lenin wiegte zögernd den Kopf. »Ob du das schaffst?«, fragte er. »Ob das überhaupt jemand in dieser Lage zustande bringt? Ich bin Russe, Kommunist, ich bin berüchtigt bei den Klassenfeinden. Die Fahrt durch kriegführende Länder zu organisieren, ohne dass ich verhaftet werde, dürfte ein Ding der Unmöglichkeit sein.« Immer, wenn Lenin innerlich aufgeregt war, wurde sein Deutsch komplizierter, und es konnte sein, dass er sich verhedderte. Dieses Mal aber nicht.

Platten lehnte sich zurück und spürte die hölzerne Sitzwand, die wie eine Mahnung gegen die Wirbelsäule drückte. »Lass es mich versuchen«, sagte er. Ein dünnes, aber misstrauisches Lächeln zeigte sich in Lenins Gesicht, das sonst so gut seine Gefühle verbarg.

Damit übernahm Fritz Platten eine Aufgabe, die sein Leben in eine Höhe hob, wie er sie sich von klein auf erträumt hatte: wichtig sein, ein Anführer mit internationalem Ruf. Vielleicht würde man ihm ja auch einen *nom de guerre* verleihen, wie Wladimir Iljitsch einen hatte, der mit Bewunderung von Mund zu Mund ginge. Wobei Platten als Name ja eigentlich kurz genug war, und noch kürzer war Fritz, den er dem gestelzten Friedrich vorzog.

Noch am selben Tag begann er mit den Vorbereitungen. Er nahm per Telegramm mit dem deutschen Gesandten von Romberg in Bern Verhandlungen auf, er diskutierte mit ihm über die Bedingungen einer Zugfahrt durch Deutschland. Das Land stand immer noch, stark geschwächt, im Krieg mit Frankreich und Russland. Die Republik Frankreich war mit Kerenski, dem Chef der provisorischen russischen Regierung, verbündet, der strikt dagegen war, russische Revolutionäre durch französisches Hoheitsgebiet fahren zu lassen.

Der deutsche Gesandte empfing Platten, leicht abschätzig, im Botschaftsgarten. Der merkte aber bald, dass sein Plan auf fruchtbaren Boden fiel. Lenin mit seinen Getreuen, redete er dem Adligen ein, werde Russland destabilisieren. Er sei bereit, mit dem Kriegsgegner einen bedingungslosen Frieden zu schließen, sofern er – woran Platten nicht zweifle – an die Macht gelange. Das werde die deutsche Armee von ihrem Zweifrontenkrieg entlasten und die westliche Flanke gegen Frankreich stärken. Plattens Beredsamkeit schien dem überaus beherrscht, ja kalt wirkenden Gesandten zu gefallen, er hörte zu, er nickte. Telegramme gingen an die deutsche Regierung, an General Ludendorff, sie wurden umgehend beantwortet. Platten schickte seinerseits ein Telegramm nach Zürich, in die Spiegelgasse, und bekam ein lakonisches Lob. Zwei Tage später war die Sachlage klar: Das Deutsche Reich gewährte die Durchfahrt der kommunistischen Passagiere in einem Sonderzug, der auf deutschem Hoheitsgebiet nicht kontrolliert werden würde; der Zug sollte als unantastbares Hoheitsgebiet gelten, genau wie das Territorium ausländischer Botschaften. Platten zeigte seinen Triumph nicht, aber er wusste, dass dieser Verhandlungserfolg ihm enormen Respekt einbringen würde. Er hätte sich gerne in der Bewunderung der schwangeren Olga gesonnt, sie warnte aber Platten mehrfach vor einem Misserfolg und davor, wie Lenins Feinde ihn ausschlachten würden. Sie sei eine Schwarzmalerin, herrschte Fritz sie an; sie lachte unglücklich und hielt ihm vor, er spiele mit dem Leben der Russen. Was, wenn die deutsche Heeresleitung, mit Einwilligung des Kaisers, beschließe, den Zug zu konfiszieren und die Passagiere – russische Feinde! – gefangen zu nehmen? Er schlug ihre Worte in den Wind, verabschiedete sich kurz angebunden, rief ihr noch ein knappes »Du wirst sehen!« nach. Um das Kind würde sie sich kümmern müssen, es ging nicht anders.

Die Russen hatten ihre Abreise und vor allem deren Zweck möglichst geheim halten wollen. Aber nun versammelten sich an diesem 9. April 1917 auf dem Perron 8 des Hauptbahnhofs von Zürich immer mehr Leute, vorwiegend Verwandte und Freunde, die sich verabschieden wollten. Es herrschte ein Gedränge, ein Stimmengewirr, als gebe man einer Festgesellschaft Geleit. In die Gepäckwagen wurden Koffer gewuchtet, Kleidersäcke; viele der mitfahrenden Russen hatten Rucksäcke bei sich, die mit haltbarem Proviant gefüllt waren, Dutzende von Schokoladeriegeln, die als überaus nahrhaft galten, waren dabei, wie es Platten empfohlen hatte, der von Romberg zum Transportführer mit Befehlsgewalt ernannt worden war. Er fürchtete, dass die Tarnung von Schweizer Beamten durchschaut und jeden Moment die Polizei auftauchen würde, um abzuklären, was das hier für eine Gesellschaft sei. Aber nichts wirkte im

Gedränge konspirativ oder gefahrdrohend, es handelte sich ja um einen fahrplanmäßigen Lokalzug, der nur bis Schaffhausen fahren würde. Ein paar eingeweihte Zürcher Sozialisten hatten sich versammelt, die, eher schief, zur Tarnung ein Volkslied im Schweizer Dialekt sangen: *Es Buurebüebli mahn i nid.*

In einer heftig diskutierenden Gruppe erkannte er den Genossen Brupbacher, einen Arzt, der allerdings Lenins Ideen ablehnte, sie nickten einander zu, vermieden ein Gespräch, bis Platten einstieg. Grimm war nicht gekommen. Platten war froh, dass sein Widersacher in der Partei sich von dieser Szene fernhielt. Lenin schüttelte ihm die Hand, auch Sinowjew, den er aus Riga kannte; dessen kleiner Sohn sagte ihm auf Deutsch, wie er hieß: Grigori, so wie der Vater.

Drinnen, im Zug, kniete Platten nieder und zog mit Kreide einen Querstrich durch den Waggon. Das war eine Abmachung mit dem Botschafter: Russen und Angehörige anderer Nationen sollten sich nicht vermischen. Es roch nach Wurst, nach Schnaps, nach dem aufdringlichen Parfum der Inessa Armand, Lenins Sekretärin, die er, zum Unwillen der Krupskaja, unbedingt dabeihaben wollte. Inessa sei unentbehrlich, hatte er laut gesagt und Platten beinahe wütend angestarrt. Für ihn und die zwei Frauen war ein ganzes Abteil reserviert, die anderen Russen, gegen dreißig, verteilten sich auf drei Abteile, sie saßen beengt, winkten nun, als der Pfiff zur Abfahrt ertönte, aus den Fenstern mit heruntergekurbelter Scheibe der Menge zu; einige lehnten sich weit hinaus, wurden lachend zurückgehalten. Draußen rief man ermunternde Parolen, man winkte, der Zug fuhr an, die Reise begann. Es war eine Fahrt in eine vermeintlich goldene Zukunft.

Die Schweizer Behörden waren über diese Passagiere nur ungenügend informiert, die Zollkontrolle in Schaffhausen durch pedantische Beamte empfanden die Russen als schikanös, die Beschlagnahmung der mitgeführten Essensvorräte als geradezu räuberisch. Man schrie, man lamentierte, Platten tat alles, um die Aufregung zu dämpfen und körperliche Übergriffe von beiden Seiten zu verhindern.

Jenseits der Grenze, im kleinen Bahnhof von Gottmadingen, wurde umgestiegen. Die ganze lärmige Gesellschaft hatte sich ins Zollgebäude zu begeben und die Formalitäten von deutscher Seite zu erledigen, was allerdings, auf Befehl von oben, nur flüchtig geschah, obschon einige Deutsche aus der näheren Umgebung heftig gegen die Durchfahrt von Kriegsfeinden wetterten. Einer, ein Haudegen mit zu großer Schirmmütze, musste mit Gewalt daran gehindert werden, seine Pistole zu zücken. Da half auch der kräftige junge Safarow mit, ihn zu bändigen und zu entwaffnen. Fritz kannte ihn von früher, einen so großen Kopf mit dieser wilden Frisur vergisst man nicht. Ebenso wenig wie das Gesicht der schönen Inessa Armand, sie konnte sich offenbar in fünf oder sechs Sprachen fließend ausdrücken.

Oder war alles ganz anders? Haben sich so viele Jahre später, im Straflager, die Erinnerungen miteinander vermischt? Dabei nahm Platten sich damals vor, nichts zu vergessen von der tagelangen mühseligen Fahrt, die geradewegs in die Erlösung aus der Knechtschaft der Kapitalisten zu führen schien und die, wie er jetzt als Sträfling weiß, im Schrecken endet, in Qual und Kälte.

Der Zug hielt, als es dunkel wurde, im deutschen Singen an. Einige Hotelzimmer waren reserviert, dafür hatte telefonisch Platten gesorgt. Aber sie waren nur für die deutschen Begleiter bestimmt, die Russen blieben im Zug wie Platten auch, sie versuchten zu schlafen. Das Weinen der zwei Kinder wurde zeitweilig laut und peinigend; es erinnerte Platten daran, dass er Olgas ungeborenes Kind schmählich im Stich gelassen hatte. Nein, bei seiner unsteten Lebensweise und im politischen Dauerkampf sah er keine Möglichkeit, sich um ein kleines Kind zu kümmern. Georg, den Erstgeborenen, das Kind der Lettin Lina Chait, hatte er hin und wieder besucht, später, als Erwachsenen, sogar nach Russland mitgenommen.

Wann sie an diesem ersten Reisetag durch Karlsruhe fuhren, wo sie ein zweites Mal übernachteten, das weiß er nicht mehr genau. Er hat es aufgeschrieben und halb vergessen. War es in Frankfurt? Oder schon in Berlin? Im Ohr hat er noch das Dauergerede im Wagen, die nutz- und endlosen Diskussionen während der Nachtstunden, begleitet von Räderrollen, vom Ächzen der Achsen. Die Gerüche menschlicher Ausscheidungen begleiteten das Stimmengewirr, von dem er kaum etwas verstand, außer dem schrillen Lachen und den Protestrufen von Sarra, der Frau Sinowjews. Von Lenin indessen kaum ein lautes Wort, doch sobald seine Stimme mit den scharfen Betonungen vernehmbar wurde, verstummten die anderen, er forderte Disziplin, Einmütigkeit, Durchhaltewillen, so viel hörte Platten und wünschte sich, dass auch ihm, dem Transportführer, wie die Deutschen ihn nannten, mit gleicher Aufmerksamkeit zugehört würde. Der Tag ging vorbei, die Nacht kam, irgendwann graute der Morgen, das Wetter draußen war unwichtig, man kam voran, ertrug das Gerumpel, das Rucken beim Fahren über Weichen, man wartete im Irgendwo, kreuzte andere Züge, hörte Pfiffe. Dieses Deutschland war Platten unbekannt, so viel flaches Land mit Pappelalleen. Die nächste Nacht zeigte sich wie ein finsterer Fürst, man wurde satt von Büchsenhering und Schokolade mit Wodka, einer widersinnigen Kombination. Die Insel Rügen wurde bis zur Nordspitze durchfahren. Gegen Abend endlich ein wenig Bewegung, der Name der Stadt, Sassnitz, stand draußen in Großbuchstaben. Umsteigen auf die Fähre, das Glitzern des Wassers, einige schliefen fast im Stehen ein. Die deutschen Begleitoffiziere, die Neugierige wegscheuchten, hielten sich straff aufrecht, kämmten mit den Fingern ihre Schnurrbärte, mit denen sie gewiss dem Kaiser gleichen wollten. Man war in Trelleborg, in Schweden, Verzicht auf Grenzformalitäten aufgrund höherer Befehle, wie es hieß, Schwedisch verstand Platten einigermaßen dem Klang nach. Wieder ein Zug, die Stadt Malmö, Nacht, schwankende Petrollampen, Lenin, den Platten alle paar Stunden in seinem Abteil aufsuchte, schien unerschütterlich, er bewegte sich kaum, seine Augen waren offen, wenn auch verengt, die zwei Frauen bewachten ihn, als wäre er eine schützenswerte Trophäe. In keiner Situation beobachtete Platten an ihm einen Gähnreflex.

Von Stockholm aus endlich Liegewagen, wahrscheinlich von den Deutschen bezahlt. Irgendwann, wieder nach langer Dunkelheit, eine Grenzstelle, Haparanda, jenseits der Barriere war das finnische Russland. Eine strenge Kontrolle, Platten hatte plötzlich die Kraft, sich aufzuspielen gegenüber den Grenzposten, Vertretern der Kerenski-Regierung, aber seine Papiere halfen ihm nicht, ihm wurde mit aller Entschiedenheit die Einreise verwehrt, während die Russen, die gültige Pässe hatten, weiterfahren durften. Hätte er sich widersetzt, hätten sie ihn wohl verhaftet. Er hatte keine Wahl, er musste zurück, immerhin war ihm erlaubt, den Revolutionären zum Abschied die Hand zu drücken. Fast alle dankten ihm, einige überschwänglich.

»Gib nicht auf«, wies Lenin ihn an, »wir brauchen dich.« Inessa umarmte ihn kurz, die Krupskaja nickte ihm zu. Oder bildet er sich das alles nachträglich ein, während er, Jahre später, im Straflager Lärchenholz spaltet?

9
Fritz Platten als Lebensretter

Trotz der Einreisesperre setzte Platten alles daran, ins Epizentrum der Revolution zu gelangen. Dass der russische Zoll ihn beim ersten Versuch an der Grenze zurückschickte, war für ihn eine Kränkung wie in seiner Kindheit die Hänseleien der Gleichaltrigen, als er darauf bestand, die Sekundarschule zu besuchen. Beim zweiten Versuch stellte er es geschickter an, der Grenzübertritt gelang dank einer diskreten Bestechung. Er kam nach Sankt Petersburg, holte Lenin, den großen Lenin, und seine Entourage ein, er wurde eine Zeit lang zu dessen Vertrautem, begleitete ihn auf seinen Propagandafahrten. Es muss im Winter 1918 gewesen sein. Er, Platten, neben Lenin im Auto, die Spannung überall in der Luft, Schüsse von draußen, Platten warf sich instinktiv über den Mann, der getötet werden sollte, seine Hand wurde von einer Kugel getroffen, er habe Lenin das Leben gerettet, so geht die Legende, und das vergisst man Platten nicht. Auch Stalin hat nicht den Mut, ihn hinrichten zu lassen wie so viele andere. Der große Stalin duldet schlechte und eifersüchtige Berater um sich, die einander beargwöhnen, und wer dem innersten Kreis gefährlich werden könnte, wird von ihnen in die Lager geschickt, ohne dass Stalin alles genau weiß. So ist auch Fritz Platten unter Verdacht geraten.

Doch seine Stunde wird kommen, die Stunde der Befreiung. Da ist sogar nach zwei Jahren Haft noch eine Sicherheit in ihm, die ihn durch die Wintertage trägt. Was bliebe ihm sonst? Ihm, der einmal glaubte, sein Vaterland, die kleine, tief bürgerliche Schweiz, revolutionieren zu können? Der zu den Anführern der Linken gehörte, der von vielen aus der Arbeiterschaft verehrt wurde? Sie sahen ihn als ihresgleichen an, aber zuinnerst zweifelte er trotz seiner Herkunft daran, glaubte manchmal zu durchschauen, wie sehr er eine Rolle spielte. Wanderte er nach Russland aus, um sich zu beweisen, dass er kein selbstzufriedener Bourgeois war? An der Revolution, am Umsturz schreiend ungerechter sozialer Verhältnisse hatte er schon teilgenommen, als er ein erstes Mal, 1905, nach Russland ging. Kaum über zwanzig war er, ein glühender Kämpfer für die Gerechtigkeit, er stand auf der Seite der Aufständischen gegen das Zarenreich. In Riga wurde er verhaftet, ins Gefängnis gesteckt. In einem revolutionären Zirkel hatte er die schöne Lina Chait kennengelernt, sie stammte aus vermögendem jüdischem Hause, nie wird er vergessen, dass sie ihre Mitgift als Kaution für seine Freilassung gab. Er reiste auf abenteuerlichen Wegen zurück in die Schweiz, Lina gelang es, ihm zu folgen und als seine Geliebte mit ihm in Zürich zusammenzuleben. Ihren Sohn nannten sie Georg. Was für eine wilde Zeit! Alles in ihm war in manchmal geradezu festlichem Aufruhr, die Welt, die Menschen, die Verhältnisse schienen formbar.

In einen ähnlichen Aufruhr geriet er wieder Jahre später, im regnerischen November 1918, an den drei Streiktagen, als die Schweiz am Rand des Chaos stand und nur wenig fehlte zum Ausbruch eines Bürgerkriegs. In den Nachbarländern schien ja nach dem Waffenstillstand alles zusammenzubrechen. In Russland brachten die zunehmenden Wirren Lenins Kommunisten in Vorteil. Aus Russland war Platten, noch vor dem Streikbeginn, zurückgekehrt, nachdem er ein paar Wochen an der Seite Lenins geblieben war. Warum er zwischen der Schweiz und dem revolutionären Russland so oft hin und her reiste, konnte er nicht erklären. War er am einen Ort, trieb es ihn zurück zum anderen.

Platten war eine wesentliche Stimme im Oltener Komitee, das sich aus allen Gremien der Sozialdemokratie gebildet hatte, er war eine Zeit lang zusammen mit Grimm Ko-Präsident des Streikkomitees, und er galt bei den bürgerlichen Blättern als Feuerkopf und Umstürzler. 250 000 folgten dem Aufruf des Komitees, die Arbeit niederzulegen. Den Forderungen hatte Platten seinen Stempel aufgedrückt: Neuwahl des Parlaments nach den wahren Kräfteverhältnissen, 48-Stunden-Woche in den Fabriken, Frauenstimmrecht, eine Alters- und Invalidenversicherung. Er war an den Streiktagen in dauernder Bewegung, die Müdigkeit überfiel ihn erst hinterher. Berta kannte er noch nicht, viel später gestand sie ihm, sie habe sich damals gefürchtet vor den lauten Demonstrationen, sei dann trotzdem ganz allein, ohne Wissen der Eltern, als Sechzehnjährige mitgelaufen. Schon nach drei Tagen war der Widerstand abgeflaut, daran denkt Fritz ungern. Die Landesregierung hatte Truppen vom Land aufgeboten, um, wie es hieß, die Ordnung aufrechtzuerhalten, die Bürgerlichen forderten in scharfen Worten die Rückkehr der Streikenden an ihre Arbeitsplätze. Es kam zu Feindseligkeiten, zu Handgemengen zwischen den Gegnern, das Gerücht ging um, es seien Schüsse gefallen. Das Oltener Komitee tagte beinahe ununterbrochen in verräucherten Berner Lokalen, die Sitzungen verliefen turbulent. Man schrie, fiel sich gegenseitig ins Wort. Doch am dritten Tag wurde von Stunde zu Stunde deutlicher, dass sich eine Mehrheit zugunsten des Streikabbruchs zu bilden begann. Das Militär drohte mit dem Einsatz von Gewalt, man fürchtete ein Blutbad. Auch Grimm, der sich lange bedeckt gehalten und geschwiegen hatte, neigte nun zur Kapitulation. Er könne es, sagte er, nicht mit seinem Gewissen vereinbaren, so viele Menschenleben zu opfern für Ziele, die die Arbeiterschaft auch durch hartnäckiges Verhandeln erreichen würde. Karl Dürr, der streikerprobte Gewerkschaftssekretär, und Konrad Ilg, der ehemalige Schlosser, stimmten ihm zu, zögernd zunächst, dann, als Divisionär Sonderegger ein Drohtelegramm schickte, immer deutlicher. Abbruch, ja, sagten sie, was wollen wir gegen Gewehre, wir sind nicht bewaffnet. Platten lehnte sich leidenschaftlich dagegen auf und hatte nur noch Rosa Bloch, die einzige Frau im Komitee, an seiner Seite. Es sei feige, sich jetzt der Gewalt zu fügen, rief er, heiser vom langen Gerede, es sei der Moment, den Herrschenden die Stirn zu bieten, da müsse man Verluste in Kauf nehmen, die Arbeiterschaft werde den längeren Atem haben. Er berief sich auf das Beispiel Russlands, wo es Lenin inzwischen gelungen sei, die revolutionären Kräfte hinter sich zu scharen und gegen die Reaktionäre zu kämpfen. Ob er das rückschrittliche Zarenreich mit der schweizerischen Demokratie vergleichen wolle, fertigte Grimm ihn ab, die sei in einem ganz anderen Zustand, die Schweiz sei immerhin durch Druck und Mehrheitsbeschlüsse reformierbar.

»Du verrätst das Proletariat!«, schrie Platten ihn an.

Aber in Grimms Gesicht regte sich nichts; er hatte sich, so empfand es Platten, in diesem Moment auf die Seite der Mächtigen geschlagen, die die Regeln der Demokratie stets zu ihren Gunsten auszunützen verstanden. Er verstummte, war ohnehin so heiser, dass er sich kaum noch verständlich machen konnte. Der Streikabbruch wurde beschlossen, ohne Gegenstimme, bei mattem Applaus der Weichgewordenen. Platten leerte sein Glas, warf beim Aufstehen den Stuhl um, verließ den Saal.

»Fritz«, rief ihm einer nach (es war nicht Grimm), »bleib doch, du wirst gebraucht.«

Er ging die Treppe hinunter und hielt sich am Geländer fest. Drei Bier, dachte er, sind doch nicht so viel, er vertrug sonst mehr. Draußen war später Nachmittag, ein trüber, schon eindunkelnder Himmel, erregt diskutierende Gruppen von Männern in den Gassen. Sollte er sie ansprechen, zum Widerstand ermutigen? Er hatte die Kraft nicht dazu, ging weiter über den Kornhausplatz Richtung Bundeshaus. Keiner erkannte ihn, ein Pferdefuhrwerk überfuhr ihn fast. Platten fluchte, wischte sich Tränen aus den Augen. Das Bundeshaus war bewacht, ein Kordon von Soldaten umgab es, mit aufgepflanzten Bajonetten, Gewehr bei Fuß. Innen brannten ein paar Lichter, draußen schon die Gaslaternen. Die jungen Soldaten kamen vom Land, sie hassten die Städter, das wusste man, deswegen waren sie aufgeboten.

Wohin wollte Fritz denn? Zu Olga, zu seiner schwangeren Frau? Sie war schwermütig geworden, tagelang blieb sie im Bett, versunken in halblauten Selbstgesprächen, viel zu weit von ihrer Heimat. Olga würde ihn nicht trösten. Und was sollte aus dem Kind bloß werden, das sie bald gebären würde? Zum Glück kümmerte sich die Frau des Genossen Trostel um Olga.

»Du hast nie Zeit für mich«, warf sie ihm mit matter Stimme vor, wenn er sie besuchte, »du hast nur Zeit für die Revolution.«

Er stritt es ab, doch sie hatte ja recht. Nein, zu Olga wollte er nicht, es fiel ihm zu schwer. Da grüßte ihn jemand, der ihn erkannte, verstreut standen einige herum, Streikende wohl vor dem protzigen Parlamentspalast. Platten grüßte nicht zurück, drückte den Schlapphut tiefer in die Stirn. Zu denken, dass er selber seit einem Jahr regelmäßig da drin saß, als Nationalrat der Sozialdemokraten, es war ein Triumph gewesen, das Bundeshaus nach seiner Wahl erstmals zu betreten. Dabei hätte er jetzt dieses Gebäude am liebsten in die Luft gesprengt. Zu früh hatten sie nachgegeben, seine Genossen, aus Angst, aus Rücksicht. Es fehlte ihnen Lenins eiserne Entschlossenheit. Ihm selbst, dem Nationalrat Fritz Platten, vielleicht auch, das war der kompromissbereite Zug in ihm. Aber wohin gerät man, wenn man vor dem Äußersten zurückschreckt? Auf die Verliererstraße, so wie jetzt. Dieser Grimm mit seiner versteinerten Miene. In Wahrheit ein trauriger Opportunist. Im letzten Moment schlüpft so einer auf die richtige Seite und wird gelobt von den Vermögenden, die ihn listig für ihre Zwecke einsetzen.

So hält sich der Sträfling und Schindelmacher Fritz Platten zwanzig Jahre später, im Straflager Lipowo, vor Augen, was aus dem ehemaligen Kampfgenossen Grimm geworden ist: ein Politiker der Mitte, würdig und angesehen, ungefährdet und nicht mehr zu unterscheiden von einem bürgerlichen Großverdiener. Ja, er hat es weit gebracht, der Grimm, sagt sich Fritz Platten mit einem kurzen Lachen. In Moskau hat er von Durchreisenden gehört, er sei bernischer Regierungsrat geworden, die letzte Treppenstufe vor dem höchsten Amt im Land, dem des Bundesrats. Er habe der Vernunft gehorcht, hat Grimm dem Widersacher bei einer ihrer Diskussionen in den Couloirs des Bundeshauses gesagt, der Vernunft und der Mäßigung. Den berechnenden Ehrgeiz, den hat er nicht erwähnt, und Platten hat sich umgedreht und Grimm stehen gelassen. Es muss 1920 gewesen sein, beide waren, nach der Wahlreform, in den Nationalrat gewählt worden, beide zum zweiten Mal. Sie gehörten immer noch zur gleichen Partei und waren längst erbitterte Gegner.

Und was ist er jetzt, der Revolutionär Fritz Platten, zwanzig Jahre später? Ein Sträfling irgendwo im russischen Norden, sozusagen auf der untersten Stufe der Zivilisation. Zumindest hat er nicht Verrat an sich selbst begangen. Dafür, das sagt er sich später in der Nacht, hat er Olga verraten, Berta vielleicht auch. Dass Olga sich, einen Monat nach dem Generalstreik, mit Tabletten umbrachte, davon hat er erst später erfahren, als er seine Strafe als Streikführer absaß, auch wer das neugeborene Kind dann bei sich aufnahm. Zweimal ging er, nach seiner Freilassung aus dem Gefängnis, bei den Trestels vorbei, hielt den Säugling kurz in den Armen, gab ihn Frau Trestel zurück, als er zu schreien begann. Was muss man alles ertragen, um sich treu zu bleiben?

Er denkt an die Frauen, die ihn vor langer Zeit nachts

wärmten. An Lina, Olga, Berta. Keine ist bei ihm geblieben, er hat sie mit seiner Rastlosigkeit vertrieben, sie glaubten, er wolle sie nicht mehr, aber sie waren es, die sich von ihm abwandten. Diese flatterhafte Liebe zu den Russinnen, ihrem gebrochenen Deutsch, sie gingen weg, sie verschwanden. Die Welt verändern, sie bewohnbar machen für alle, darum ging es doch. Gerade auch für Kinder, nicht bloß für die eigenen. Und dann trat Berta in sein Leben, keine Russin, aber sie hatte die bräunliche Haut, die er so mochte, etwas Stolzes und Exotisches umgab sie. Sie blieb lange an seiner Seite, ertrug die Mühsal der langen Reise nach Nova Lava, war freundlich zu seinem älteren Sohn, Georg, der nicht ihr eigener war.

Immer noch versteht er nicht, weshalb Berta sich von ihm getrennt hat, ihr Vertrauen anderen schenkte, den Vorgesetzten der Komintern, einflussreichen Männern.

»Du bist ja eigentlich ein Luftibus«, sagte sie ihm, wie schon oft, bei einem ihrer Abschiede. Dieses Mal schwieg er und verzichtete auf die übliche Korrektur.

In ihrer gemeinsamen Moskauer Wohnung schien es ihm manchmal, die Schlinge der Überwachung, der Verdächtigungen gegen alle, die nicht streng auf stalinistischer Linie waren, ziehe sich immer enger um sie zusammen, vor allem um die paar Schweizer, die sich öfter hier versammelten. Aber Berta war nicht mehr dabei, sie wich ihm aus, empfing in ihrem Zimmer Besucher, die er nicht kannte, hatte Aufträge der Partei, von denen er nichts wusste, war wochenlang abwesend und plötzlich wieder da, mit knappem Gruß nur, einem belanglosen Kurzgespräch. Eine Geheimagentin sei sie geworden, sagte der Genosse Vollmer, der in der Schweiz Gärtner gewesen war, die Komintern setze sie gezielt ein; Fritz glaubte es lange nicht. Einmal, bei einer ihrer kurzen Begegnungen, fragte er Berta, wie sie eigentlich ihre Tage verbringe. Sie lächelte kurz, legte ihre Hand auf seinen Unterarm, fast wie früher, schüttelte dann den Kopf, wandte sich von ihm ab. Keine Umarmungen mehr, die gemeinsame Zeit in Nova Lava schien sie vergessen zu haben. Er vermisse sie, sagte er ihr einmal, und sie antwortete ihm mit halber Ironie, er solle sich doch den jungen Studentinnen zuwenden, die er im Landwirtschaftsinstitut unterrichte; für die Liebe fehle ihr die Zeit, es gebe Wichtigeres im Leben. Das hatte er während ihrer Anfangszeit oft auch gesagt.

Und dann blieb Berta eines Tages verschwunden, kam nicht wieder. Daran erinnert er sich im Straflager nur ungern. Seine vorsichtigen Erkundigungen bei vertrauenswürdigen Genossen führten zu keinen Antworten; niemand schien etwas über sie zu wissen. Aber wem konnte man noch vertrauen? War Berta damals verhaftet worden, so wie dann er selbst ein halbes Jahr später? Oder erst danach?

Ob sie nun noch lebt oder nicht, er trauert schon lange um sie hier im Lager Lipowo, wo die Erinnerungen ihn bedrängen. Zuinnerst ahnt er, dass Berta tot ist, erschossen vermutlich wie so viele im Zuge der Säuberungen, aber er verbietet sich, dies als Gewissheit hinzunehmen, bewahrt einen Schimmer Hoffnung, der er nachts ihre Gestalt gibt, als Wachtraum, den er so gerne für Wirklichkeit hielte.

10
Sabinas Ausgang mit Jung, Burghölzli, Frühling 1905

Draußen war es angenehm warm, aber im Konsultationszimmer, für Sabina inzwischen eine Art begrenzter Heimat, blieb es kühl. Es lag auf der Schattenseite, nur gegen Mittag durchquerte ein Lichtbalken den Raum, dann stand die Sonne einige Minuten zwischen zwei hohen Pappeln, bis sie hinter dem dichten Gezweig wieder verschwand.

»Ich mag grelles Licht nicht«, sagte sie irgendwann in der zweiten oder dritten Woche und fügte hinzu: »Auch wenn sich das reimt.«

Er fragte nicht nach den Gründen, aber sie nannte sie ihm: »In solchem Licht bin ich ausgesetzt, man sieht jede Unebenheit, es ist so hell, dass meine dunklen Haare schon weiß scheinen. Und das ist doch viel zu früh.«

Sie stellte sich vor, dass er nickte, er blieb aber reglos, schwieg, und das kam ihr entgegen, weil ihr die Phantasie erlaubte, sich als ältere Frau zu sehen, die drei erwachsene Kinder hatte. Hier in dieser Stadt, und am liebsten von ihm. Die Vorstellung erschreckte sie. Er war ja noch nicht lange verheiratet, seine Frau – sie hieß Emma – erwartete ein Kind, das wusste sie von halblauten Gesprächen zwischen den Pflegerinnen. Davon würde sie ihm nichts sagen, kein

Wort. Einmal fielen die Sitzungen für ein paar Tage aus, es gab keine Begründung dafür. Sabina vermutete, dass es wegen der Geburt war. Sie vermisste den gewohnten Tagesablauf, ihn selbst am meisten. Als er wiederkam, wirkte er müder und zerstreuter als sonst. Sie wagte nicht, ihn darauf anzusprechen, überhaupt staunte sie selbst über ihre zunehmende Selbstkontrolle. Die Sitzungen verliefen nun ruhiger als zuvor, sogar ihr heftiges und unkontrollierbares Weinen, das sie so lange begleitet hatte, wurde seltener, es gab ganze Wochen, in denen sie ihm nicht ausgeliefert war.

Die Müdigkeit, die sich in seinen Zügen gezeigt hatte, verschwand. Er machte ihr klar, dass er ihre Klugheit und ihren Wissensdurst schätzte. Manchmal erklärte er ihr, abweichend vom üblichen Gesprächsverlauf, was ihn gerade beschäftigte, dabei erwähnte er sein neues häusliches Leben nie. Er versuche, sagte er, seine eigenen Träume zu deuten, und dabei helfe ihm das Buch eines Wiener Psychiaters, Sigmund Freud, der neue und umstrittene Deutungsmöglichkeiten vertrete. Sabina selbst hatte wenig Träume, die sie ihm anbieten konnte, oder dann schienen ihm ihre Assoziationsketten, wie er es nannte, interessanter als der Trauminhalt, außer wenn der Vater auftrat, dessen Prügelstrafen er als Schlüsselerlebnisse sah. Es gab einen Traum, in dem der Vater sie hochhob, dann hochwarf – er, der kränkliche Mann –, sie aber nicht auffing, und wohin sie fiel, ins Weiche oder auf harten Grund, wusste sie nicht, sie phantasierte einen Sturz ins Meer, das sie fortriss zu einer Insel, auf der sie fortan leben wollte.

Schon nach fünf Monaten fand er, sie sei von ihren hysterischen Symptomen weitgehend frei, er wollte sie aber noch nicht entlassen und sie ihn, das sagte sie zu sich selbst, auch nicht. Er schlug vor, ihre Gespräche in freierer Form weiterzuführen, auf gemeinsamen Spaziergängen, wenn die Witterung es erlaube. Natürlich würden sie in der Nähe der Anstalt bleiben, aber es gebe viele Wege ringsum. Das Reden an der frischen Luft würde ihnen guttun; und sie, Sabina, sei so wissbegierig und habe so spannende Fragen, dass ein Austausch ihm lohnender erscheine als die starre Ordnung der Konsultationen, die ja durchaus ihren Sinn gehabt und vieles zum Vorschein gebracht und verbessert hätten. Er schien sich dabei selber zu loben, klang selbstzufrieden, und das störte sie ein wenig. Doch Sabina musste nicht lange überlegen; sie stimmte zu, sie freute sich auf lange Spaziergänge an seiner Seite. Er hatte es bisher immer vermieden, sie zu berühren. Aber als er dieses Mal aufstand, ruhte seine Hand einen Moment auf ihrer Schulter, es war wie ein Zeichen der Ermutigung, das sie durch mehrere Stoffbahnen wahrnahm, sie glaubte, seine Finger auf der bloßen Haut zu spüren. Es hatte nur sehr kurz gedauert, wirkte in ihr aber nach, bis sie wieder allein im Zimmer war, sie überprüfte im Spiegel, ob da nicht eine rötliche Druckspur auf der linken Schulter zu sehen war. Es gab sie nicht, und sie schalt sich für ihre Einbildung und dafür, dass sie sich offensichtlich in einen verheirateten Mann verliebt hatte.

Jung hatte den Klinikdirektor, Bleuler, offenbar in sein Vorhaben eingeweiht, vermutlich brauchte er von ihm die Erlaubnis, etwas so Ungewöhnliches mit einer Patientin zu wagen. Denn schon am übernächsten Tag wurde sie von Johanna nach dem Mittagessen zu Bleuler gerufen. Er war bärtig, mit grauen Stellen im schwarzen Haar, er schien ihr wesentlich älter als Jung zu sein, trat aber schwungvoll – mit einem Gruß im Dialekt – auf sie zu und schüttelte ausgiebig ihre Hand. Sabina war vorher angehalten worden, ihn als Herrn Professor anzusprechen, versprach sich aber dabei, indem sie das Pro in Po verwandelte, sie verbesserte sich rasch und schämte sich über den anzüglichen Lapsus. Er überhörte es, wies ihr mit leicht nasaler Stimme den Besucherstuhl zu, blieb aber selbst im Schrittabstand vor ihr stehen. »Mein Kollege Jung hat mir von Ihnen erzählt. Sie machen ungewöhnlich rasche Fortschritte. Das ist erfreulich.« Er begleitete seine Worte sozusagen im Takt mit einem schnellen, flüchtigen Nicken. »Sehen Sie das auch so, Fräulein Spielrein?«

Dass sie nun ebenfalls nickte, wie eine Schülerin, brachte sie einen Moment lang gegen sich auf. Sie drückte ihre Knie zusammen, das war ein Mittel, sich im Zaum zu halten. »Ja, Herr Doktor Jung gibt mir neues Vertrauen in mich selbst und meine Kräfte. Ich spüre, wie gut mir das tut.«

»Ihre Attacken hätten sich wesentlich abgeschwächt, meint er.«

»Ja, sie quälen mich weniger.« Sie zögerte. »Ich verliere mich nicht mehr in ihnen.«

Er lächelte wohlwollend. »Das drücken Sie präzise aus. Und was sagen Sie zu seiner Idee, mit ihm ins Freie zu gehen? Wir haben ja erst Ende März, es ist draußen noch kühl.«

»Das macht nichts. In Rostow, wo ich aufgewachsen bin, gibt es weit tiefere Temperaturen. Und ich werde auf die Witterung achten und mich warm genug anziehen.«

Er schaute sie, von oben her, aufmerksam an, er machte keine Anstalten, sich ebenfalls zu setzen, womit er bedeutete, dass das Gespräch kurz sein werde.

»Haben Sie eine Pelzmütze dabei?«, fragte er. »Und einen Schal?«

»Das ist in meinem Gepäck.« Sie wusste, dass es nicht stimmte, sie war ja Ende August in die Klinik gekommen, und in den Wochen seither war sie nur wenige Male im Park gewesen, einmal sogar bei Schneefall, unter Aufsicht, man hatte ihr einen zu großen Mantel und eine Wollmütze ausgeliehen.

»Bestens«, sagte der Direktor, »ich wünsche Ihnen alles Gute.« Das Misstrauen, das in seinem Blick aufgeflackert war, konnte sie nicht mehr entdecken.

Sie stand auf, er verabschiedete sich beinahe galant.

Schon am nächsten Tag holte Jung sie persönlich zum ersten Spaziergang ab. Johanna, die offenbar nicht informiert worden war, wollte die beiden begleiten, doch der Herr Doktor wies sie an, im Haus zu bleiben. Sabina merkte, dass man ihnen nachschaute, es waren ja immer Personal und Patienten in den Gängen. Man tuschelte wohl bereits über Jungs neuartige Behandlungsformen.

Draußen schien die Frühlingssonne, Sabina trug den leichten Mantel, der ihr für den Aufenthalt mit unbekannter Dauer vom Kammermädchen in Rostow mitgegeben worden war, darunter aber doppelte Unterwäsche, und eine modische Damenmütze, die Ohren waren von ihren dichten Haaren bedeckt.

Er hingegen wirkte geradezu vermummt in seinem Cape, er trug Lederhandschuhe und einen Hut mit Ohrenklappen. Er gab mit langen Schritten die Richtung vor. Sie folgte ihm und dachte unwillkürlich, er sehe aus wie ein böser Geist, der aus dem Grab steigt. Nein, wie ein guter, verbesserte sie sich, mit dem Anflug eines schlechten Gewissens.

»Sie frieren wohl recht schnell«, sagte sie zu ihm, um ihre Befangenheit zu verstecken, und bemühte sich, an seiner Seite zu bleiben. Sie schlugen einen Weg ein, der rund um den Hügel führte, auf dem die Anstalt starrsinnig Wache hielt.

»Leider ja«, antwortete er, »ich bin nicht so robust, wie ich wirke.« Ihr schien, es fröstle ihn bei diesen Worten ein wenig, aber vielleicht täuschte sie sich.

Sie kamen durch eine weitläufige Gartenanlage, die nicht eingezäunt war. Das gefiel ihr. Auf diesem ersten Rundgang führte das Gespräch, das sie begannen, nicht in die Tiefe; es drehte sich um das Wetter, die Vorboten des Frühlings hier und in Russland, um ihre und seine Kälteempfindlichkeit, die er, wie er gestand, zu bekämpfen versuche, indem er einen Liegestuhl auf den kleinen Balkon trage, sich in eine Wolldecke hülle und die Wärme in sich selbst suche. Was für jeden verweichlichten Menschen, der in geheizten Räumen wohne, eine Herausforderung sei. Diese Situation beeinflusse seine Träume, sie würden bildhafter.

»Was sagt denn Ihre Frau dazu?« Der Satz entfuhr ihr, bevor sie es sich überlegt hatte, es war ein Zeichen, dass sie aufpassen musste, nicht ins alte Fahrwasser mit provokativen Äußerungen oder Spontanhandlungen zu geraten.

»Ach, Emma, die Arme.« Er blieb stehen, schien in die Ferne zu blicken. »Sie muss mich erdulden wie ich sie.«

Er ging weiter, sie folgte ihm mit kleineren Schritten, er merkte es, passte sich ihrem Tempo an. Eine Weile schwieg er, während über ihren Köpfen ein paar Vögel zwitscherten, sagte dann: »Die Geburt hat sie geschwächt.«

Von dieser Geburt hatte Sabina ja nur hinter vorgehaltener Hand gehört. Wollte er sie in der Klinik verheimlichen? Oder hatte er das Personal angewiesen, die Nachricht nicht unter den Patienten zu verbreiten? Die Vorstellung von ihm mit einem Kind auf dem Arm befremdete sie plötzlich. Aber sie sagte nichts, fragte auch nicht, wie das Kind heiße, ob er, der Vater, sich gefreut habe. Später erfuhr sie den Namen: Agathe. Sie war sicher, dass nicht der Vater ihn ausgewählt hatte.

Im Gehen fühlte sie sich freier, ihm von ihren Ängsten, zunächst nur in Andeutungen, dann ausführlicher zu erzählen. Er hörte aufmerksam zu, schien sein neugeborenes Kind schon von sich weggeschoben zu haben. Sie erfand den Traum von einem Pferd, einem Rappen, der ihr Angst mache mit lautem Schnaufen, sie wolle sich trotzdem unbedingt auf ihn schwingen, aber sie fürchte, von ihm abgeworfen und zertrampelt zu werden.

»Wohin wollen Sie denn reiten?« Die plötzliche Frage traf sie, als habe er ihr eine Wunde mit einem scharfen Gegenstand zugefügt.

»Ich weiß es nicht«, sagte sie nach vielen Schritten, die sie zurück zum Anstaltsgebäude führten.

»Suchen Sie die Antwort«, sagte er, beinahe barsch.

Sie fand keine, bis sie vor dem großen Anstaltstor auseinandergingen.

»Morgen wieder«, sagte er und schritt ihr ohne Abschiedsgruß voraus, er wollte offenbar bekunden, dass zwischen ihnen nichts Privates entstanden sei. Und doch hatte er etwas von sich preisgegeben, was er jetzt vielleicht bereute. Warum denn? Sie grübelte über dieser Frage noch im Badezimmer, wo Johanna sie mit heißen Wassergüssen aufwärmte, bis ihr Oberkörper rot angelaufen war. Wohl auf Anweisung des Herrn Doktor. Aber danach fragte Sabina nicht, wie sie ihn überhaupt dem Personal gegenüber nicht erwähnte; sie wollte ihn für sich haben.

Er gewann, weil er nun auch mit einem anderen Patienten ins Freie ging, seine Sicherheit zurück, verhielt sich zugewandt und einfühlsam ihr gegenüber, nicht ohne sie allmählich – und wahrscheinlich sehr bewusst – stärker herauszufordern. Sie schritt ihr Familienpanorama ab, stets von Neuem und mit neuen Einsichten und wärmte sich an seiner Aufmerksamkeit. Dann begann er, sie vorsichtig nach ihren Zukunftsplänen zu fragen. Das brachte sie zum Verstummen. Aber die Temperatur wurde nun milder, das Blühen ringsum machte sie zugänglicher. Als sie endlich vorbrachte, sie wolle studieren, etwas anderes komme für sie nicht infrage, wurde sie von solchen Schamgefühlen überwältigt, dass sie mitten auf dem Weg zu schwanken begann. Er sah es, wohl aus dem Augenwinkel, und hielt sie in einer raschen Reaktion fest. Dazu habe er sie ohnehin ermuntern wollen, sagte er sehr freundlich.

Sie lehnte sich einen Augenblick an seine Schulter, nahm den Geruch des Pfeifentabaks wahr, der an ihm haftete und ihr würziger und verlockender vorkam als im geschlossenen Raum, wo er sie oft gestört, sogar zum Husten gebracht hatte (worüber er sich, zu ihrem Verdruss, zu mokieren schien).

Sie tat, als ob ihr immer noch schwindlig sei, doch seine stützende Hand entfernte sich von ihrem Oberarm. »Sie müssen auf eigenen Beinen stehen, Fräulein Spielrein«, sagte er, nicht streng oder befehlend, aber doch so bestimmt, dass sie sich entschuldigte und weiter auf dem Weg voranging, eine Zeit lang, ohne nach links oder rechts zu schauen.

Was für eine Studienrichtung denn für sie am ehesten infrage komme, wollte er wissen.

Am ehesten Sprachen und Literatur, sagte sie nach einer Überlegungszeit, in der ihr hundert Gedanken durch den Kopf geflogen waren. Wie kleine Vögel, dachte sie, wie Kolibris, denn sie hatte auf einem erlaubten Ausflug mit Johanna, ihrer Wärterin, in einer Tierhandlung Kolibris in Käfigen gesehen, vielleicht hießen sie anders, aber der Name Kolibri hatte sie schon als Kind fasziniert, und sie hatte die Vögelchen auf farbigen Abbildungen bestaunt.

»Sprachen und Literatur«, sagte Jung, »das ist begreiflich für junge Frauen aus Ihrer Gesellschaftsschicht. Aber haben Sie schon an ein Medizinstudium gedacht?«

Sabina erstarrte, manchmal schien ihr, Jung könne in der Tat, wie man ihm nachsagte, Gedanken lesen. »Warum? Dazu eigne ich mich doch gar nicht. Mir widerstrebt es, an Menschen herumzuschneiden. Und ich ekle mich vor den Gerüchen.«

Sie schaute ihn nicht an, aber sie hatte den Eindruck, dass er lächelte, als er sagte: »Ja, daran muss man sich gewöhnen. Aber warum nicht? Das kann auch eine Frau. Ich finde, Sie wären für ein solches Studium geeignet. Und Sie könnten es als Vorstufe zur Psychiatrie anschauen, die ja auch in vielem mit körperlichen Reaktionen zu tun hat. Ich glaube aber, das wissen Sie selbst sehr wohl.«

Ja, sie wusste es und hätte sich nicht getraut, es offen zu sagen. Wie elektrische Schläge durchfuhren sie Jungs Sätze. Meinte er es ernst? Glaubte er wirklich an sie, eine Neunzehnjährige, in seinen Augen sicherlich noch ein halbes Kind? Gewiss, man konnte davon träumen, Ärztin zu werden und sich danach der Psychiatrie zuzuwenden, aber dies in Angriff zu nehmen, gegen alle Widerstände, das wäre eine andere Sache. Sie antwortete nicht, beschleunigte ihre Schritte; und er hielt sich an ihrer Seite. Sie trat mit ihren halbhohen Stiefeln absichtlich in eine Pfütze, die das Frühlingswetter noch übrig gelassen hatte. Das Wasser spritzte auf, durchnässte auch Jungs Hosenschöße.

»Entschuldigung«, sagte sie schroff. »Das trocknet sicher schnell.«

Er lachte verhalten. »So können Sie das Thema nicht erledigen«, sagte er ohne Groll.

Sie atmete rascher, brachte sich bewusst außer Atem, und er hielt ohne sichtbare Anstrengung weiter mit ihr Schritt. Kein Wunder, seine Beine waren erheblich länger als ihre.

»Jaja, Sie haben recht«, sagte sie beinahe aggressiv und hinderte sich mit Mühe am Stottern, »das wäre mein Wunsch, aber ich fürchte, dass ich dazu nicht tauge.«

»Dann müssen Sie es zumindest versuchen.« Er legte einen Moment wieder seine Hand auf ihre Schulter, sie empfand es als Ermutigung und fast als Liebkosung. Und nun war sie wieder den Tränen nahe, also doch eine unreife Person, eine Heulsuse.

»Denken Sie darüber nach«, sagte Jung, als sie schon fast

beim Anstaltstor angekommen waren. »Und trauen Sie sich zu, genau das anzustreben, was Sie wirklich wollen.« Den letzten Satz sagte er mit einer besonderen Betonung, die sie im Innersten traf.

Aber wenn er sie schon derart aufwühlte und bei ihren Widersprüchen packte, dann wollte sie bei ihm eine ebenso starke Reaktion hervorrufen, sonst fügte sie sich zu schnell seinen Ansichten. Das war ein Lieblingssatz ihres Englischlehrers gewesen, der sie in einigem an Jung erinnerte: »Suchen Sie Ihre Argumente!«, hatte er sie bei einem Interpretationsversuch aufgefordert und ihre Argumente dann mit professoraler Überlegenheit zerpflückt, und Sabina war nichts anderes übrig geblieben, als sich zu schämen und ihre eigene Einfalt zu bedauern. Überraschend fragte sie: »Wie geht es eigentlich Ihrer Frau und dem Neugeborenen?«

Sie spürte genau, wie ihn ihre Neugier einen Augenblick förmlich lähmte, denn er blieb stehen und ließ zuerst lange nichts, dann sein charakteristisches tiefes Einatmen hören.

Auch Sabina ging nicht weiter und bereute schon ihre Frage.

»Das ist nicht unser Thema, Fräulein Spielrein.« Er zögerte, entschloss sich aber zu einer Antwort: »Das Kind heißt Agathe, es geht ihm gut, wie auch meiner Frau. Aber was soll das? Wollen Sie mich in Verlegenheit bringen?«

Es war einer der spärlich gewordenen Momente, wo sie sich ihres Verhaltens schämte. Aber sie konnte sich nicht daran hindern, das Spiel noch weiterzutreiben. »Agathe? Der Name gefällt mir nicht. Ich nehme an, das war nicht Ihre Wahl.« Und schon wieder hätte sie sich die Zunge abschneiden mögen. Wobei er ja selbst bei ihrem ersten Spaziergang die Geburt erwähnt und dabei etwas von sich offenbart hatte. Das versuchte sie zu sagen, verhedderte sich aber dabei und verstummte.

Zum Abschied gab er ihr die Hand und sagte: »Was Ihnen widerfahren ist, nennt Herr Freud Widerstand.« Nun lächelte er doch wieder. »Wir wollen dieses Intermezzo vergessen, oder nicht?« Die Sonne beschien sein Gesicht geradezu festlich.

Sie nickte, verbot sich aber, sein Lächeln zu erwidern, sie sah im harten Licht die feinen, sonst nahezu unsichtbaren Fältchen, die seine Augen umgaben. Krähenfüße hatte man das in ihrer Familie genannt. Beinahe hätte sie es gesagt. Aber sie hatte den Impuls nicht mehr, ihn weiter herauszufordern. Sie mochte ihn ja. Viel zu sehr, das wusste sie inzwischen genau.

11
Die Unzufriedenen, Zürich, Seefeld, 1905

Die Spaziergänge wurden länger, führten sie bis ins Seefeld, wie das Viertel nahe der Klinik genannt wurde. Sie forschte sein Privatleben nicht weiter aus, es war ihr klar geworden, dass sie da willentlich eine Grenze überschritten hatte, und sie versuchte es zu bereuen, was ihr nicht ganz gelang. Aber der Wunsch, Medizin und anschließend Psychologie zu studieren, wurde immer deutlicher in ihr. Natürlich war es auch Jungs Einfluss, der sie daran festhalten ließ. Wollte sie werden wie er? Nein, nicht wie er, es ging doch darum, ihr Eigenes zu finden, ihren Kern zu entdecken, den sie so lange vor sich selbst verborgen hatte. Manchmal vergaß sie im Gespräch ganz, wo sie waren. Wenn allerdings bei schönem Wetter der See in ihr Blickfeld geriet, hätte sie sich an keinen anderen Ort gewünscht. Auf die Leute, denen sie begegneten, auf die Fuhrwerke, die wenigen Automobile achtete sie kaum. Aber der See übte einen Zauber auf sie aus, wie sie es nicht erwartet hatte. Die unterschiedlichen Farben, die er je nach Bewölkung und Sonnenlicht annahm, von dunklem Grünblau an schlammigen Uferstellen bis zur fast schmerzhaften Helligkeit drüben auf der anderen Seite, in die blausilberne Fäden hineingewoben schienen, machten sie glücklich. Es war ein Spiel von Licht und Farben, das mit ihr selbst zu tun hatte, mit ihren rätselhaft wechselnden Stimmungen, dem viel zu häufigen Flirren, das aber doch einen eigenen Grund hatte.

Bei einem dieser Gänge kamen sie weiter als sonst. Sie müsse ihre Kondition noch stärken, redete Jung ihr zu, als sie sich beschwerte, jetzt sei es genug, sie wolle zurück. Sie waren am See gewesen, gingen zurück, sie erinnerte sich, dass sie sich als kleines Kind, wenn das Kindermädchen sie zum Weitergehen zwingen wollte, hingesetzt und einfach losgeschrien hatte, mörderisch laut. So hatte sie den Zweikampf jedes Mal gewonnen. Aber jetzt, neben Jung, schrie sie nicht, sondern dachte, das sei eine Übung, die er ihr auferlege, und widersetzte sich nicht, obwohl ihr linkes Bein ein wenig lahmte. Sie näherten sich der Stadt, hörten auf einmal von Weitem Rufe, Geschrei, sie sahen einen Umzug, der ihnen mit Fahnen entgegenkam. Jung wollte von der Straße abbiegen, zurück zum Burghölzli. Aber Sabina wollte wissen, worum es hier ging, und wartete am Straßenrand. Jung fügte sich widerwillig, blieb stehen, rieb mit dem Taschentuch seine Brille sauber; vielleicht schützte er sich damit, dachte sie manchmal. Vor wem? Vor sich selbst? Vor ihr, der jungen Frau? Sie war ja bestimmt sehr anders als seine Gemahlin, die nun ein Kind stillte.

Man sah Jung und Sabina wohl an, dass sie zu einer besseren Gesellschaftsschicht gehörten. Laute Zurufe der Entgegenkommenden bannten sie beide fest. Dann verstand sie eine der Parolen: »Mehr Rechte für die Arbeiterschaft!« Und anderswo stand auf einem Transparent: »Solidarität mit den Genossen in Russland!« Nicht Rostow war gemeint, aber

Moskau und Sankt Petersburg, das wusste Sabina aus der *Neuen Zürcher Zeitung,* die sie nun im Bibliothekszimmer regelmäßig lesen durfte. Diese Lektüre gestand man sogenannt fortgeschrittenen Privatpatienten unter diskreter Aufsicht zu. Die Aufstände, die ausgebrochen waren, wurden von den zaristischen Truppen erbarmungslos niedergeschlagen, es gab viele Tote. Was da geschah, schob man in der NZZ den Sozialisten zu. Und Jung war bestimmt keiner. Er beobachtete die Vorüberziehenden mit einer Körperspannung, die Sabina als Abneigung deutete. Sie selbst empfand bloß Neugier, wer diese hauptsächlich jungen Leute, teils in ärmlicher Kleidung, waren. Aber auch Ältere gingen mit, sogar einige Frauen, die ihre eingeübten Parolen noch lauter schrien als die Männer. Einer, der zuvorderst ging, fiel ihr besonders ins Auge. Er trug einen weit geschnittenen Mantel, sein ungewöhnlich langes Haar wehte im Wind. Er war noch sehr jung, hatte weiche Züge, schien ergriffen zu sein vom Anliegen der Demonstration, skandierte mit einer Stimme, die einem Sänger hätte gehören können: »Russland, unsere Zukunft!« Andere fielen mit ein, und Sabina überlief ein kleiner Erregungsschauder. War das etwas, was sie, als Russin, persönlich anging? Sie kannte ja das Elend der Armen, es war ihr auch in Rostow oft genug auf der Straße aufgefallen. Einige, die nun zusammengelaufen waren, klatschten am Straßenrand. Ein Demonstrant rief Sabina, auf den Anführer deutend, zu: »Schau nur, das ist unser Fritz. Du wirst noch von ihm hören.« Dann waren sie schon weiter. Einzelne Passanten pfiffen oder schrien Beschimpfungen, es wäre wohl zu Prügeleien gekommen, hätten die mit roten Armbinden gekennzeichneten Ordner unter den Demonstrierenden sie nicht zurückgehalten. Dann war der Zug vorbei. Sabinas Puls verlangsamte sich, sie wusste, dass sich draußen in der Welt etwas abspielte, was auch sie anging. Aber Jung reagierte anders. Er wischte sich mit seinem Taschentuch über die Stirn, nahm dazu für einen Augenblick sogar die Brille ab.

»Das gefällt mir nicht«, sagte er. »Das wird bald ausarten. In solchen Umzügen riecht es immer nach Gewalt. In Russland ist sie jetzt ausgebrochen.« Er seufzte. »So sind wir eben, wir Menschen.«

Nun war es Sabina, die tief ein- und wieder ausatmete. »Sind Sie dagegen«, sagte sie mit Schärfe, »dass junge Leute sich für Gerechtigkeit in ihren Lebensumständen einsetzen?«

Er legte ihr wieder einen Moment lang seine Hand auf die Schulter. »Nein, ich möchte ja auch eine gerechte Gesellschaft. Aber es wird sie nie geben, vor allem, wenn man versucht, sie mit Gewalt durchzusetzen. Menschen sind und bleiben unterschiedlich. Man kann sie zu Gutem erziehen, aber nicht gleichmäßig zurechtstutzen wie Nutzpflanzen.« Das klang ungewohnt leidenschaftlich aus seinem Mund.

Auch Sabina wurde heftig: »Man muss doch die gesellschaftlichen Verhältnisse mit ins Auge fassen. Wie die Armen bei uns leben, habe ich oft genug gesehen und zu wenig darauf geachtet, weil in meiner Umgebung niemand etwas tat, um ihre Lage zu verbessern.«

»Sind Sie sicher«, fragte Jung, »dass es von Nutzen ist, wenn sich die politischen Gegner ineinander verbeißen wie streitende Hunde und die Toten zu Hunderten herumliegen?«

Sabina stemmte ihre Schuhe auf den Boden. Beinahe stockte ihr die Stimme. »Dann ändert sich nie etwas im Großen, Herr Doktor Jung. Die Mächtigen werden Veränderungen, die ihre Macht beschneiden, nie zulassen.«

»Vielleicht doch, Fräulein Spielrein. Wenn Menschen, die sich selbst genügend kennen, miteinander verhandeln, dann werden sie das Wohl der ganzen Gesellschaft anstreben ... Und diesem Weg zur wachsenden Selbsterkenntnis habe ich mich verschrieben.« Er brach plötzlich ab, schaute sie forschend, nein, betrübt an. »Sind Sie bei uns etwa zu einer Kommunistin geworden?«

Sie schüttelte empört den Kopf. »Das bin ich nicht. Aber ich erlaube mir, nicht nur über mich nachzudenken, sondern auch über die Ursachen der Armut.«

»Nun ja, Sie sind jung genug, um so radikal zu sein.« Zu diesen versöhnlich gemeinten Worten strengte er sich an, das gütige Lächeln zurückzugewinnen, das wohl seine Überlegenheit zeigen sollte. Das brachte sie besonders gegen ihn auf. Sie verlor, zum ersten Mal seit Wochen wieder, ihre Fassung, maßregelte ihn mit lauter Stimme: »Spielen Sie sich doch nicht als allwissend auf, Herr Doktor!« Mit diesen Worten setzte sie sich in Bewegung und lief vor ihm davon, einfach weiter, mitten auf der Straße, mit klappernden Absätzen. Sie hörte seine Schritte hinter sich, beschleunigte, er rief etwas, das sie nicht verstand. Dann war er dicht bei ihr, sie spürte seinen Atem in ihrem Nacken, er versuchte, sie an den Schultern zurückzuhalten, sie wehrte sich vergeblich, fügte sich schließlich, und hinterher warf sie sich, Atem holend, vor, dass sie wohl gerade seine Stärke hatte fühlen wollen.

»So geht das nicht«, hörte sie an ihrem Ohr, »so geht das überhaupt nicht!«

Es kam ihr mit den scharfen S-Lauten wie ein Zischen vor, dennoch tröstlich, und sie schämte sich, erschlaffte, begann zu weinen und hing einen Augenblick lang wie eine übergroße Puppe in seinen Armen. Er stellte sie gerade hin, sie wäre beinahe eingeknickt. Dann ließ er sie los, beide atmeten laut.

»Wir sollten«, brachte Jung hervor, »keine politischen Diskussionen führen. Das bringt uns nicht weiter. Es geht nicht um einen gemeinsamen Standpunkt, es geht um Ihre Heilung.« Er trat einen Schritt zurück. Sie schaute ihn nicht an und merkte dennoch, dass er nach weiteren Worten suchte. »Mein Verhalten war unprofessionell. Bitte sehen Sie mir das nach.« Er versuchte, auf neutraleres Terrain zu gelangen. »Und bitte kündigen Sie mir Ihr Vertrauen nicht auf. Sie werden sehen, dass …« Nun schien ihm die Stimme nicht mehr zu gehorchen, und beinahe hätte jetzt sie ihn auf irgendeine Weise trösten wollen.

»Schon gut«, sagte sie. »Wir werden uns also beide bemühen, den Therapiepfad nicht zu verlassen.«

Sie ging weiter, geradeaus, an Bäumen, an Häusern vorbei, er hielt sich neben ihr. Nun waren sie auf einer ungeteerten und löchrigen Straße. Stimmen von irgendwo, aber keine Menschen in Sichtweite, auch der See nicht mehr.

Nach einer Weile sagte er: »Das ist der falsche Weg, Fräulein Spielrein. Wir müssen abzweigen, um zur Klinik zurückzukommen.«

Sie nickte. »Dann zeigen Sie mir den richtigen. Das ist ja ohnehin Ihre Aufgabe.«

Ihr Zorn war abgeklungen. Sie freute sich zu ihrem Erstaunen, nun wieder sein kurzes, leicht gutturales Lachen zu vernehmen. »Ja, sehen Sie es ruhig so symbolisch, wenn Sie wollen.«

Viele weitere Worte gab es nicht mehr zwischen ihnen. Es dauerte allerdings eine Weile, bis sie wieder, nach einem kurzen Anstieg, die Klinik erreichten.

Später dachte sie, dass sie ihren Standpunkt länger und hartnäckiger hätte verteidigen müssen. Aber mit welchen Argumenten? Sie brauchte mehr Erfahrung, sie brauchte ein größeres Wissen, um ihm gewachsen zu sein. Und das bestätigte sie darin, dass die Universität das Richtige für sie sein würde. Und Jung, der Therapeut, der ihr weiter beistehen würde. Sie wusste, dass sie sich an ihn schon gebunden hatte, sie konnte es nicht ändern.

12
Universität Zürich, medizinische Fakultät

Je besser es Sabina ging, desto mehr Freiheiten wurden ihr innerhalb der Klinik eingeräumt. Das geschah in Absprache mit Doktor Jung und dem Klinikdirektor Bleuler, der auch noch andere Ärzte einbezogen hatte, wie Sabina später erfuhr. Ihr Fall hatte eine Wichtigkeit, die ihr schmeichelte. Sie durfte sich nun in der kleinen Bibliothek aufhalten und sich dort, sogar ohne Aufsicht, mit anderen schon fast als gesund geltenden Patientinnen unterhalten, meist waren es Frauen um die zwanzig herum. Eine dieser Frauen fiel Sabina besonders auf. Sie hieß Louise, war ein wenig jünger als sie und kam aus beengten Verhältnissen, einem kinderreichen Haushalt am Zürichsee. Louise war bei einer Besorgung auf unglückliche Weise unter ein Pferd geraten, sie wurde danach mit mittelschweren Verletzungen hospitalisiert, litt aber seither an Krämpfen und starken Schwindelgefühlen, sodass sie ins Burghölzli kam. Die beiden jungen Frauen schlossen sich einander bald an, entdeckten frappierende Ähnlichkeiten: strenge Eltern, Geschwister als Quälgeister, ihre Intelligenz als Hemmschuh in der näheren Umgebung. Sie durften sich bald auch außerhalb des Klinikareals bewegen, begleitet von einer etwas älteren Russin, Feiga, sie studierte, war bereits Unterassis-

tentin in der Klinik, und sie wurde in den Freundschafts-
bund der beiden Jüngeren aufgenommen. Diese Form von
ungehindertem Austausch unter Frauen war neu für Sabina, sie schrieb auch ihm eine heilende Wirkung zu.

Gleichzeitig setzte sich Jung bei Bleuler dafür ein, dass
Sabina sich als Studentin der Medizin immatrikulieren
konnte. Die Analyse, wie er die Therapie jetzt nannte, setzte
er fort, nicht mehr täglich, aber zweimal wöchentlich, und
Sabina betrat sein Zimmer stets mit der Zuversicht, dass ihr
durch seine Interventionen wieder ein neuer Zusammen-
hang klar würde. Der Raum war ihr allerdings zu dunkel
getäfelt, er hatte für ihr Gefühl etwas Feierliches an sich, sie
hätte mehr Helligkeit, vielleicht sogar eine gelbe, das Sonnenlicht imitierende Tapete vorgezogen. Aber darauf ging
Jung nicht ein, er sei daran gewöhnt, sagte er, an die Farben,
an den Geruch; diese Atmosphäre animiere ihn. Sie lachte
ein wenig, schüttelte den Kopf, sodass ihr länger geworde-
nes Haar sich bewegte wie im Wind. Er möge ihre Haare,
sie seien ja beinahe südländisch, hatte er ihr einmal gesagt.
Von da an trug sie die Haare häufig offen, nicht immer nur
als Zopf gebunden.

Sie hatte inzwischen einiges gelernt, hauptsächlich durch
Jung, aber auch durch die Lektüre der Aufsätze, die er ihr
gab, nicht nur solche aus seiner Feder, das musste sie ihm
zugutehalten. Sie wusste, dass sie als fortgeschrittene Patientin der wachsenden Verliebtheit in diesen Mann misstrauen sollte. Aber konnte sie nicht auch echt sein? Und
was, wenn es ihm gleich erging? Wenn er die Gefühle für
seine Patientin nicht einfach als sogenannte Gegenüber-
tragung abtun konnte? Sie kamen ja stets von Neuem auf

Sabinas Gefühlswelt zu sprechen, die mit ihrer Rostower Vergangenheit zusammenhing. Und er durchleuchtete mit seinem Scharfsinn ihre Formen des Selbstbetrugs, mit denen sie sich aus dem Netz der Familienbande lösen wollte, ohne es wirklich zu können. Aber erkannte sie, sobald er über Zuneigung sprach, nicht ein kleines Zittern in seiner Stimme? Und wich er nicht ihrem Blick aus, sobald sie ihn suchte? Eigentlich wollte sie gar nicht darüber reden, tat es dann trotzdem mit einer Stimme, die vor Verlegenheit beinahe erstarb. Er hörte zu, er sagte nichts, senkte nur, fast demütig, wie ihr schien, den Kopf. Dachte er jetzt wohl an seine Frau und das kleine Kind mit dem Namen Agathe? Noch vor wenigen Wochen hätte sie ihn offen danach gefragt. Wenn sie es jetzt nicht tat, war es eher Scheu als Unvermögen. Ohnehin empfand sie eine brennende Eifersucht auf seine Frau, obwohl sie sie erst einmal von Weitem gesehen hatte, Emma, ein profaner Name, obwohl er eigentlich klangvoll war, eine unauffällige, aber propere Erscheinung. So ließen sie das Thema der möglichen gegenseitigen Liebe – oder Verliebtheit? – beiseite, als wäre es ein gemeinsamer Entscheid.

Nach weiteren Spaziergängen – der Frühling zeigte sich draußen überall – sagte er in einer Sitzung ganz unerwartet, er halte nun ihre eigentliche Therapie für abgeschlossen. Ob ihre Entscheidung, sich dem Medizinstudium zuzuwenden, endgültig und unwiderruflich sei. Ja! Das hatte sie ihm schon mehrmals gesagt, sie wiederholte es mit klarer Stimme. Dann könne sie, sagte er, Doktor Bleuler oder ihn von jetzt an gelegentlich auf einer Arztvisite begleiten, sich innerhalb der Schar der Immatrikulierten im Hintergrund

halten, aber seinen Ausführungen und den Gesprächen zuhören.

Das machte sie. Sie hatte sich inzwischen daran gewöhnt,
sich so diskret zu verhalten, dass sie glaubte, beinahe unsichtbar zu sein. Sie war ja klein, trug weit geschnittene
Kleider, die ihr Frausein keineswegs betonten. Das hatte sie
schon in Rostow gelernt, wenn sie sich nach ihren Anfällen
zu zügeln versuchte, bis dann doch der Damm brach und
sie plötzlich mitten in einer Schulstunde loslachen oder
losschreien musste. Hinterher sah sie ein, dass es so nicht
weiterging, vor allem unter dem Einfluss der Mutter, die
Sabina mit ihrem zügellosen Verhalten tief beschämte und
zugleich gegen sich aufbrachte. Der Vater allerdings wagte
in dieser Phase nicht mehr, sie auf seine Weise zu züchtigen.

Bei den Visiten winkte ihr die Freundin Feiga, die Unterassistentin, die Jung für Handreichungen einsetzte, verstohlen zu, Jung selbst hob, ihr zugewandt, lediglich einen
Moment die Augenbrauen; sie verstand sehr wohl, was er
ihr zu verstehen gab: Gut, dass Sie da sind! Sie spürte, wie
der Stolz sie durchglühte, und zeigte nichts davon, ihre
Gefühle zu verbergen, hatte sie lange genug eingeübt. Sie
glaubte sich daran zu erinnern, wie sie in den ersten Tagen
ihres Aufenthalts, als sie getobt hatte und dann zusammengebrochen war, machtlos dalag – gebunden! – und dann ein
Schwarm von Leuten sie umringt hatte, in ihrer Mitte Jung,
er hatte sie sanft an der Stirn berührt – oh, so sanft! –, und
sie hatte ihre Scham vergessen und nur ihn angeschaut, und
dann war die Gruppe, mit ihm an der Spitze, schon weg.
Und jetzt gehörte sie selber zum Schwarm, der ihm folgte,
und Feiga hatte erklärt, dass er ihr, Sabina, gerade erst noch

Patientin, das erlaube, sei eine ungewöhnliche Auszeichnung, darauf könne sie stolz sein. Er referierte nun über die Symptome der Patientin, die vor ihm lag, sie wirkte geschwächt wie Sabina vor fast einem Jahr, und sie war neidisch darauf, dass er dieser Frau die Hand wie ihr damals auf die Stirn legte.

Es gab auch Patientinnen, die ansprechbar waren und auf Stühlen saßen. Sabina bewunderte, wie Jung, aber auch Bleuler auf sie eingingen und sie zum Reden brachten, sodass ihre Symptome wie kleine Kostbarkeiten vor den Studierenden ausgebreitet lagen, sie nickten einander zu und notierten, teils in Kurzschrift, was Jung vortrug, auf Blättern, die sie an Bretter geklemmt hatten. Das tat Sabina nun auch. Louise war noch nicht so weit, aber sie durfte sich schon mit anderen in der kleinen Bibliothek aufhalten. Jung war Louises Intelligenz bestimmt nicht entgangen, ihre therapeutische Betreuung hatte er indes nicht übernommen und sie einem Assistenten überlassen. Eigentlich fühlte sich Sabina herausgehoben, dass sie bei ihm selbst in Behandlung gewesen war. In ihren sporadischen Sitzungen ging es jetzt um anderes, um die Festigung ihrer neu gewonnenen Identität, wie Jung sagte, um ihre Zukunft als Studentin. Sie war enttäuscht, als er vorschlug, sie solle sich, da sie ja über genügend Geld verfüge, eine kleine Wohnung in der Stadt suchen, das werde ihre Selbstständigkeit bedeutend fördern. Wollte er wirklich, dass ihre therapeutische Intimität aufhörte? Sie wollte es nur halb und sah dann ein, dass es wohl besser war für sie.

Eine Zeit lang blieb sie noch in der Klinik untergebracht, als Privatpatientin mit vielen Privilegien. Sie hatte aber zunehmend das Bedürfnis, die weitere Umgebung außerhalb der Klinik zu erkunden, und plante, zusammen mit Louise für drei Wochen zu verreisen, in den Kurort Weggis am Vierwaldstättersee. Sie hatte in einer Zeitschrift Bilder von diesem See und den umliegenden Bergen entdeckt und sich davon auf unerklärliche Weise angezogen gefühlt. Bleuler unterstützte sie bei diesem Vorhaben, sie könne so, sagte er, ihre neu erworbene Selbstständigkeit erproben. Er richtete sogar ein Gesuch an den Hilfsverein der Klinik um finanzielle Unterstützung der mittellosen Louise Rähmy. Sabina wäre auch bereit gewesen, die Freundin zu unterstützen; das lehnte Louise kategorisch ab. Jung zeigte sich skeptisch, griff aber nicht ein. Er war sich gewiss im Klaren, dass er jetzt seiner Patientin die allmähliche Loslösung von Arzt und Klinik ermöglichen musste.

Die beiden jungen Frauen mieteten zwei Zimmer in einer billigen Pension, sie ließen sich von der sauertöpfischen Inhaberin zu anständigem Verhalten ermahnen und spotteten heimlich über sie.

Der Tag ihrer Ankunft war der 1. August, der Nationalfeiertag, an dem die Schweizer Mythen, vor allem der vom heldenhaften Tyrannenmörder Tell, zelebriert wurden. Von der kleinen Hotelterrasse aus schauten Sabina und Louise dem Feuerwerk zu, auf das man im Kurort besonders stolz war. Sie bewunderten bengalisches Licht und den bunten Sternenregen von Raketen, sie hielten sich lachend die Ohren zu, wenn in der Nähe Knallkörper explodierten. Als das Feuerwerk gegen halb zehn vorbei war, wagten sie sich sogar hinaus auf die belebten Dorfstraßen, bewegten sich unter Einheimischen und Kurgästen, zuerst zögernd, dann kecker; nur vom Tanzen auf dem Kirchplatz, wo eine Kapelle aufspielte, hielten sie sich gegenseitig ab. Die Wirtin, der Sabina die Miete für zwei Personen im Voraus bezahlt hatte, war der unausgesprochene Tadel anzusehen, als sie ihr überschwänglich von ihrem Gang durchs Dorf erzählten, aber das ältliche Fräulein schwieg, durch die Vorauszahlung milder gestimmt.

Jeden Tag trauten sich die Freundinnen ein wenig mehr zu. Das sei ja, wie Bleuler auf einer Postkarte schrieb, eine begrüßenswerte, aber hoffentlich von genügender Vorsicht begleitete Absicht. So kompliziert drückte er sich aus, der Herr Direktor, dessen offizieller Stellvertreter inzwischen Doktor Jung geworden war.

Sabina wollte unbedingt den Felsenweg am Bürgenstock begehen, sie hatte in einer Zeitschrift darüber gelesen. Gerade dass der Weg nicht ungefährlich sei, zog sie an, und sie überzeugte Louise davon, das Unternehmen bei schönstem Wetter zu wagen, mit zwei Butterbroten und einer Flasche Melissensirup im Rucksack. Der Weg war schmal und steinig, und hier und dort konnte einem schwindlig werden. Aber die Aussicht, so rief Sabina, sei doch berauschend. Sie setzten sich, schwer atmend, an einer flacheren Stelle ein paar Minuten auf große Steine, sie ließen die Flasche hin und her gehen, bewunderten den See, der in unglaublicher Bläue unter ihnen lag, die schroffen Berge gegenüber, die Sabina mit steinernen Leibern verglich. Sie trugen ungeeignete Schuhe mit schlechter Schnürung, das wussten sie und gingen deshalb vorsichtig. Nur einmal geriet Sabina ins Schwanken und übertrieb sogar ein wenig ihr Balancieren,

Louise wurde deswegen richtig böse, sie konnte sich aber problemlos fangen. Nach fast drei Stunden waren sie zurück in der Pension.

Abends, bei Kerzenlicht, sprachen sie über ihre ungewisse Zukunft, das war auch sonst, abgesehen von nebulösen Verliebtheiten, ihr Hauptthema. Louise sah, des Geldes wegen, keine Möglichkeit für ein Studium, sie hatte aber das Schreiben auf der Schreibmaschine gelernt und konnte sich vorstellen, eine Stelle bei einem Notar zu suchen. »Hüte dich vor einem Verführer!«, sagte Sabina halb scherzhaft. Sie wusste ja inzwischen, wie Kinder gezeugt werden, sie würde sich davor hüten, mit einem, der ihr schöne Augen machte, ins Bett oder ins Gebüsch zu gehen, wie es landläufig hieß. Nur beim Gedanken an Jung klopfte ihr Herz schneller, aber das hätte sie auch der besten Freundin gegenüber nicht zugegeben. Sabina, die Reichere, die Gebildetere, würde sich einschreiben an der medizinischen Fakultät und mit ganzer Kraft auf ein Leben als Ärztin hinarbeiten. Das hatte sie auch schon der Mutter geschrieben, und die hatte zu Sabinas großem Ärger geantwortet, ob sich denn die immer noch fragile Tochter ein so strenges Studium zutraue, ob sie sich nicht noch länger festigen müsse – und am Schluss: ob Herr Doktor Jung nicht einen zu großen Einfluss auf sie ausübe! Dieser Brief hatte Sabina derart in Wut versetzt, dass sie ihn gleich zerriss. Das bereute sie danach, sie setzte ihn wieder mühsam zusammen und klebte die Schnipsel mit schlechtem Leim auf einen neuen Bogen. Den schob sie unters Bett und las den Brief nicht wieder. Er hatte sich ihr ohnehin eingeprägt.

Zum Glück versiegten die Geldsendungen aus Rostow

nicht, sie erlaubten Sabina, ein Zimmer in einer einfachen Zürcher Pension als dauerhaften Wohnsitz zu beziehen, und es war ihr eine Freude, dass sich auch Feiga, die als Unterassistentin im Burghölzli einen kleinen Lohn bekam, hier einmietete. Louise jedoch, die Dritte im Bunde, die noch im Elternhaus wohnte, konnte sich diese Ausgabe nicht leisten.

Sabina beteuerte dem Mentor Jung gegenüber bei ihrem nächsten Gespräch, es gelinge ihr immer besser, selbstständig zu werden, und er nickte dazu bedächtig auf seine Weise. Sie versuchte, von ihm abzurücken, und wusste, dass es ihr nicht gelingen würde. Nun verlangte er übrigens kein Honorar mehr, es waren Unterhaltungen zwischen stellvertretendem Klinikleiter und einer Mitarbeiterin, die sich fast ganz vom therapeutischen Hintergrund entfernt hatten; zumindest, so dachte sie später, redeten sie sich das beide ein.

13
Russische Wirren,
Sabinas Familie in Zürich, 1905

Die Ereignisse in Rostow, in ganz Russland über-
stürzten sich. Die Roten, so vernahm Sabina, wollten mehr Gerechtigkeit, versuchten, den Zaren zu stürzen.
Auf der anderen Seite standen Soldaten, die blindlings auf
die Menge einknüppelten und in sie schossen. Man redete
auch in Zürich unter den vielen Russinnen und Russen von
einem Blutsonntag. Es gab schlimme Übergriffe gegenüber
Juden. Sabina wollte es nur halb wissen, obwohl sie ja, zum
Entsetzen der Eltern, mit den Revolutionären sympathisierte. Allerdings war ihr klar, dass ein spontaner und un-
organisierter Aufstand von den regulären Truppen niedergeschlagen werden würde. Die Mutter schrieb aufgeregte
Briefe nach Zürich, die Sabina bloß flüchtig las. Ihr Bruder
Isaak, der sie so oft geplagt und verhöhnt hatte, sei von zu
Hause weggelaufen, um mitzukämpfen gegen die zaristischen Truppen; wenn er gefasst werde, drohe ihm der Tod.
Es sei dringend, dass die Familie ihn wegbringe, sobald er
daheim Schutz suche, am besten nach Zürich. Sabina, die
doch so vernünftig geworden sei, könne ihn dann in ihre
Obhut nehmen, es sei ihre schwesterliche Pflicht. Nein, be-
gehrte Sabina innerlich auf. Nein, da würde sie auf keinen

Fall einwilligen, die Mutter versuchte, sie wieder ins Familiengefängnis hineinzuzwingen, in dem Sabina so lange an den Gitterstäben gerüttelt hatte. Sie brauchte jetzt ihre Freiheit, sie war überzeugt, dass auch Jung dies so sehen würde. Sie schrieb nicht zurück, keine Zeile. Dann aber, kaum eine Woche später, stand ihre Mutter, Eva Markowna, völlig überraschend vor der Tür, als Sabina von der Vorlesung zurück zu ihrer kleine Wohnung kam, die sie inzwischen gemietet hatte. Was blieb der Tochter anderes übrig, als sie zu umarmen? Sie habe, sagte die Mutter, über eine Stunde in der Kälte auf sie gewartet, es war Oktober, noch gar nicht so kalt, aber sie trug einen Pelzmantel wie im schlimmsten russischen Winter, und eine Pelzmütze, unter der Sabina ihre Züge zuerst gar nicht erkannt hatte, so gealtert schienen sie ihr. »Isaak wird in Rostow gesucht«, sagte sie in ihrem gewohnten Ton zwischen Schmeichelei und Anordnung, »da kann er gewiss eine Weile bei dir bleiben, bis sich die Situation wieder beruhigt hat.«

»Nein«, sagte Sabina mit einer Entschlossenheit, die sie selber überraschte. »Ich will Isaak nicht in meiner Nähe haben, das macht mich wieder krank.«

»Wie kannst du so etwas sagen?«, protestierte Eva Markowna, die Zahnärztin, die schon lange vergessen hatte, dass ihr Vater ein chassidischer Rabbiner gewesen und sie in strenger jüdischer Tradition aufgewachsen war. »Fühlst du dich nicht verpflichtet, deinem Bruder in Not zu helfen?«

»Nein«, sagte Sabina, »er soll sich selbst helfen. Oder helft ihr ihm, wenn ihr wollt.«

»Wie grausam du bist!«, klagte die Mutter und weckte damit Sabinas schlechtes Gewissen. Und zugleich ihren

Zorn, Sabina schloss die Tür auf. Sie wollte ins Haus hinein, ohne eine Replik. Aber das brachte sie doch nicht über sich, sie drehte sich um und fragte, wo Isaak sei.

»Er wartet im Hotel auf dich«, sagte Eva Markowna, und um ihren entschlossenen Mund spielte ein Lächeln.

Sabina konnte es nicht fassen, das war eine List der Mutter, die ihre Familie um jeden Preis zusammenzuhalten versuchte, ohne jede Rücksicht auf die Tochter.

Sabina ging ohne ein weiteres Wort hinein. Erpressen ließ sie sich nicht. Wie unscheinbar kam sie sich in ihrem abgetragenen Mantel vor, nach dem Wortwechsel mit der eleganten Dame, die ihre Mutter war. Sabina schaute verstohlen aus dem Fenster ihrer Wohnung. Da stand die Mutter immer noch, sie wartete, bewegungslos. Sabina ertrug die Situation nicht, sie öffnete das Fenster, rief hinaus, sie gehe mit der Mutter auf einen Kaffee in ein Lokal, den Bruder wolle sie nicht sehen. Das Licht war schon fast dämmrig geworden, aber Sabina sah, dass Eva Markowna nickte, keineswegs enthusiastisch.

In einer nahe gelegenen Konditorei hatten sie ein Tischchen für sich. Sie aßen beide eine Meringue, und die Schlagsahne beschmierte auf hässliche Weise die Lippen der Mutter, die es nicht merkte, während Sabina die Spuren, die sie bei sich vermutete, mit dem Ärmel wegwischte, ohne dass die Mutter eingriff. Sie war damit beschäftigt, für Isaak zu plädieren, für den rebellischen Sohn, obwohl er doch seine Herkunft und seinen Stand verraten hatte, und schaute dabei durch Sabina hindurch; ihre Augen füllten sich sogar mit Tränen, und damit erreichte sie, was sie gewiss anstrebte: Die Tochter war gerührt. Und doch so stark, dass sie sich nicht erweichen ließ. Sie werde Isaak, darauf einigten sich die beiden, am nächsten Tag, gemeinsam mit der Mutter, in einem anderen Kaffeehaus treffen, aber nicht bei Sabina und nicht im Hotel. So gingen sie auseinander.

Wie erleichtert, geradezu beschwingt war sie, dass sie nicht in ihre alten Muster zurückgefallen war. Da hätte sie der besorgten Mutter wohl nachgegeben und sie dann mit einem plötzlichen Umschwung in die Enge getrieben.

Sie erschrak, als sie am Tag darauf im Kaffeehaus Isaak sah. Sie erkannte ihn kaum wieder, er war mager, er wirkte abgezehrt und unglücklich, sie hatte ihn ganz anders in Erinnerung, und er benahm sich der Schwester gegenüber nicht anmaßend wie so oft, sondern geradezu demütig, als Bittsteller, dessen große Augen sie anzuflehen schienen, ihm doch zu helfen. Offenbar hatte er sich aus Abenteuerlust und nicht aus politischer Überzeugung in die Situation eines Flüchtlings gebracht. Er trank Bier, als habe er nie etwas anderes getrunken. Die Mutter nahm energisch Partei für ihn, appellierte an Sabinas Familiensinn. Sie dachte an Isaaks Quälereien, als sie Kinder gewesen waren, und stellte fest, dass das neue Bild, das er von sich gab, nicht mit ihrem inneren übereinstimmte. Aber sie blieb dabei, es komme nicht infrage, dass er bei ihr wohne. Mit Jascha, sagte sie, wäre es anders.

»Er ist auch da«, sagte die Mutter, »gestern Abend ist er angekommen, der Vater mit ihm.« Sie sagte es leichthin, aber es traf Sabina wie ein Schlag. Sie zwang sich, langsamer zu atmen. »Was wollt ihr denn hier?«

»Du kennst dich in Zürich aus«, sagte Isaak. »Du kannst uns Personen empfehlen, die uns weiterhelfen.«

»Wir haben ja noch genügend Geld«, sagte die Mutter. »Unsere Konten sind hier in Sicherheit.« Und sie fügte nach einer Pause hinzu. »Ich habe provisorisch eine Wohnung gemietet.«

»Hier?« Sabina versuchte, ihr Entsetzen zu verbergen. »In Zürich?«

»Ja, in der Altstadt, wie man hier sagt. Teuer genug, aber sehr bequem.«

Isaak, der Pseudorevolutionär, nickte kennerhaft.

Die Mutter sah, wie Sabina sich straffte, und wählte einen beschwichtigenden Ton. »Wir bleiben, dein Vater und ich, höchstens ein paar Wochen hier, so lange, bis wir gefahrlos nach Rostow zurückkehren können. Dort geht es jetzt ja auch gegen die Juden, und es spielt keine Rolle, ob sie es, wie wir, nur der Herkunft nach sind. Aber dein Vater und ich sind der Meinung, dass auch Isaak hier studieren sollte. Er interessiert sich ja fürs Ingenieurwesen.«

Das war der nächste Zug in ihrem raffinierten Spiel, die Tochter gefügig zu machen, in der Meinung wohl, die teure Kur in der Privatabteilung der renommierten Klinik habe Sabinas Familiensinn gestärkt.

Sie hatte Lust, den kleinen marmornen Tisch mit dem teuren Porzellangeschirr umzuwerfen, und fast hätte sie es getan, wenn sie nicht mehrere Male tief durchgeatmet hätte. »Mama, du bist ja eine richtige Intrigantin. Das kommt überhaupt nicht infrage.«

Die Mutter nahm ebenso Haltung an wie die Tochter. »Ach ja. Habe ich dich zur Egoistin erzogen? Als Mutter, meine Liebe, habe ich nicht nur dich im Auge zu behalten, ich bin für euch alle da. Ich …«

»Hör auf damit!«, fiel ihr Sabina ins Wort. »Du willst mich ins alte Fahrwasser drängen, wo ich aus lauter Gehorsam nicht mehr ein noch aus weiß.« Jetzt schrie sie schon fast, die Leute an den Nebentischen drehten sich nach der streitenden Familie um. Sabina konnte sich nicht mehr bremsen. »Ich lerne hier, mich euch nicht mehr zu fügen. Merk dir das! Und lasst mich jetzt in Ruhe, geht, geht endlich!«

Es war der Mutter anzusehen, wie sehr sie diese Szene beschämte, sie knetete die Hände, dann stand sie auf, hielt sich dabei an den Seitenlehnen ihres Stuhls fest, um nicht zu schwanken, wandte sich in tief beleidigtem Ton an den Sohn: »Komm, wir gehen.« Und Isaak, ebenfalls beschämt, dennoch mit einem Ausdruck, der belustigt anmutete, gehorchte ihr, er stand auf, während Sabina, die ihren Sieg genoss, sitzen blieb.

Bevor die beiden den Saal verließen, fauchte die Mutter halblaut in Richtung Sabinas: »Ich werde dein Verhalten mit Herrn Doktor Jung erörtern. Noch heute.«

Sabina verstand sie genau, und es machte ihr nichts aus, fast nichts. »Tu das, Mama«, sagte sie mit erzwungener Gelassenheit.

Kein Abschiedskuss, keine Umarmung wie so oft zuvor, in den vielen Jahren ihrer Abhängigkeit. Aber als die beiden gegangen waren, stieg doch in ihr, wie eine übel schmeckende Brühe, eine Art Reue auf. Sabina wollte sie hinunterschlucken, es ging nicht, sie fragte sich zur Toilette durch, die schmutzig und finster war, dort würgte sie und spuckte aus, immer wieder, zum Glück musste sie nicht erbrechen.

Ja, die Eltern bekamen eine Audienz bei Herrn Doktor Jung. Er wollte Sabina nicht dabeihaben, erzählte ihr aber hinterher, dass er vor allem die Mutter habe überzeugen müssen, ihre rückfallgefährdete Tochter noch eine Weile, ein paar Monate mindestens, in Ruhe zu lassen und die eigenen Wünsche zugunsten von Sabinas Gesundung zurückzustecken. Sie – und wohl auch der schweigsame Vater – hätten es schließlich begriffen. Die Brüder seien bei der fast zweistündigen Besprechung in der Klinik nicht dabei gewesen. Am Ende habe Frau Markowna eingewilligt, auf weitere Interventionen zu verzichten. Es sei eines der schwierigsten Gespräche gewesen, die er je geführt habe, sagte Jung am nächsten Tag zu Sabina. Sie war ihm, ein weiteres Mal, unendlich dankbar für den Einsatz zu ihren Gunsten, sie erhob ihn, ohne es auszusprechen, in den Rang eines Drachentöters. Weniger gern nahm sie zur Kenntnis, dass sie nicht mit der Mutter brechen dürfe, sondern, nach einer bewussten Pause, mit ihm daran arbeiten solle, das Verhältnis zu ihr dauerhaft – dieses Wort betonte er – zu verändern, das heißt, Eva Markowna als wirklich Erwachsene zu begegnen. Er hatte gut reden, ihr Jung, dachte sie später; sie liebte inzwischen das besitzanzeigende Pronomen für ihn und nicht nur dieses, und sie wusste, dass er es wusste, es war ja offenbar fast unvermeidlich, dass die Analysierte dem Analytiker gegenüber so empfand.

Es gab später unter den Spielreins im Nobelhotel eine heftige Auseinandersetzung, in die sogar der Vater eingriff. Das erfuhr Sabina viel später von Jascha, mit dem sie mehr verband als mit Isaak. Das Gezänk und Geschrei veranlasste den Hoteldirektor persönlich zum Einschreiten:

Dieses rücksichtslose Benehmen dulde er nicht in seinem Haus, habe er mit einem durchdringenden Falsett die immer lauteren Stimmen zu übertönen versucht, so karikierte Jascha ihn später, als er Sabina auf der Durchreise für eine Stunde im Bahnhofrestaurant traf.

Aber Jung hatte gewonnen. Zwei Tage später fuhr die ganze Familie nach Paris, Isaak sollte sich dort an der Sorbonne einschreiben. Er hatte keine guten Zeugnisse, es gelang trotzdem, dank der Geldscheine, die Eva Markowna als Spenden für Bedürftige deklarierte. Und als die Lage in Rostow sich in der Tat beruhigt hatte, kehrte die Familie ohne Isaak über Umwege dorthin zurück.

Sabina blieb von der Mutter physisch unbehelligt, sie bereute indessen so viel, dass sie ihr Briefe schrieb, die von ihrer Besserung erzählten und zugleich schwärmerische Passagen über Jungs Einfühlungsvermögen enthielten, die wiederum die Mutter in Alarmstimmung versetzten. Sie ermahnte die Tochter, dass sie diese Zuneigung zügeln müsse, zu einer Liebschaft zwischen ihr und Jung dürfe es keinesfalls kommen, sie wisse ja, wie schwach die Männer in Liebesdingen seien, sie wage zu sagen: Auch ein Herr Doktor Jung werde, wie alle Männer, seien sie nun bedeutend oder nicht, von seinem Verlangen gesteuert.

Sabina las die Briefe der Mutter und merkte, dass sie in ihr kaum noch eine Wirkung hatten, trotz eines Rests an Gewissensbissen. Sie fühlte sich mit Macht zu diesem Mann hingezogen, und sie hätte gern gewusst, ob er sie manchmal auch so ungestüm in die Arme schließen wollte wie sie ihn.

14
Die ungleichen Linken,
Platten und Grimm, 1922

Kann ein Mensch wie Berta einfach verschwinden, ohne jede Nachricht? Hat Fritz Platten ihr so viel zuleide getan? Dabei hat er sich doch um sie bemüht wie um keine Zweite. Je länger sie wegbleibt, desto größer wird seine Sehnsucht, sie in die Arme zu schließen wie ganz am Anfang ihrer Liebschaft. Er würde sie lange nicht mehr loslassen, ihren Geruch einatmen, sie beschwören, bei ihm zu bleiben, ihr geloben, sich in allem, was sie sich wünscht, zu bessern. Auch wenn er weiß, wie schwierig das ist, wie vernagelt und selbstgerecht er sein kann. Aber man schuldet es sich, für das, was man liebt, den Kampf gegen sich selbst aufzunehmen. Ebenso wie gegen die ungerechten Verhältnisse, dieser Einsicht möchte er entgehen und kann es nicht.

Berta sehnt er herbei, Grimm dagegen will er verjagen, wenn er sich selbstgerecht vor ihm aufpflanzt, als alternder, behäbig wirkender Mann. Emigranten zeigten ihm in der Moskauer Wohnung, noch bevor er ins Lager kam, ein Zeitungsfoto von ihm. »Das ist Grimm?« Platten konnte es fast nicht glauben. Grimm, der ehemals sein Freund war, zumindest sein Kampfgenosse, dann sein Widersacher und als Fraktionskollege im Nationalrat kaum je auf seiner

Seite. Sie hatten 1917 beide versucht, Lenin in die Position des bolschewistischen Anführers zu bringen, Platten als Organisator der geheimen Bahnfahrt nach Sankt Petersburg, Grimm eine Woche später als Unterhändler, der versuchte, einen Separatfrieden zwischen den Deutschen und der bürgerlichen Kerenski-Regierung zu erwirken. Er wollte sich, in Konkurrenz zu Platten, eine eigene Rolle geben, der Coup mit der Zugfahrt ärgerte ihn heftig. Nun hatte man in Schweden Grimms chiffrierte Telegramme an die Deutschen entziffert, und sie waren verhängnisvollerweise an die Presse gelangt. Ein Skandal! Frankreich war empört, der Schweizer Bundesrat Hoffmann, mit dem sich Grimm heimlich abgesprochen hatte, musste zurücktreten. Auch Hoffmann hatte als bürgerlicher Politiker alles darangesetzt, eine wichtige Rolle zu finden, und war nicht davor zurückgeschreckt, mit dem Klassenfeind zu paktieren, was ihm im konservativen Milieu enorm schadete. Auch Grimms Position als einer der Führer der Internationale wurde dadurch geschwächt, nicht aber seine Rolle in der Schweiz, wo er ein Jahr später maßgeblich den Landesstreik mitorganisierte. Was Grimms Rolle in der Affäre um Bundesrat Hoffmann gewesen war, wusste Platten nur ungefähr, da war er selbst noch zwischen Russland und der Schweiz unterwegs gewesen. Aber das Konspirative, die Heimlichtuerei, schien Grimm doch näher zu liegen als Platten. Sie hatten beide einen Teil ihrer Strafe als Anführer des Landesstreiks verbüßt, sie saßen seit den Parlamentswahlen im Herbst 1920 gemeinsam im Nationalrat als Vertreter der Sozialdemokraten auf ihren gepolsterten Stühlen, und zwar nicht weit voneinander, doch in ihrer Haltung wichen sie in den frühen Zwanzigerjahren immer stärker voneinander ab.

Sooft sie sich im Parlamentsgebäude begegneten, begannen sie zu diskutieren, gerieten meist schon nach kurzer Zeit in eine Auseinandersetzung, die erbittert werden konnte und seltener in Gelächter und gegenseitigem Schulterklopfen endete. Seine undurchsichtige Haltung im Oltener Komitee beim Abbruch des Streiks konnte Platten Grimm, der inzwischen Präsident der sozialdemokratischen Fraktion war, nicht verzeihen.

»Du gibst zu schnell nach, Robert«, warf er ihm einmal, im Frühling 21 mochte es sein, auf dem Weg zum Volkshaus vor. »Oder dann schweigst du einfach.« Es ging gegen Abend, der bedeckte Himmel wurde rasch dunkler.

»Lieber Genosse«, antwortete Grimm in einem belehrenden Ton, den Platten nicht ausstehen konnte, »du willst das Unmögliche. Scheust den Kompromiss. Ich habe, mühsam genug, gelernt, dass wir uns mit einer unnachgiebigen Haltung die Köpfe einrennen. Du bist ein Heißsporn, nicht unsympathisch, du willst alles unverzüglich, aber wenn du Proporzwahlen und die Altersversicherung schon morgen erzwingen willst, verhärtet sich die Gegenseite, das weißt du doch, und wir warten noch viel länger darauf. Wir müssen klüger vorgehen, Fritz, wird dürfen ein taktisches Vorgehen nicht verachten.«

»Ich verachte es nicht«, antwortete Platten, lauter, als er gewollt hatte, und blieb auf dem Trottoir stehen, was auch Grimm zum Stehenbleiben zwang.

»Ach ja? Aber du bist leider, seit ich dich kenne, nicht vernünftiger geworden.«

Platten atmete schneller. »Und du verbiegst dich, damit du deine Karriere nicht gefährdest. Du willst es ja noch weit bringen, nicht wahr. Wie weit eigentlich? Bis in die bürgerliche Regierung?«

Grimm redete scharf und überdeutlich. »So weit, wie ich der Arbeiterschaft nützen kann.«

»Ach ja.« Platten zog ironisch den Hut. »Und auch dir selbst, oder nicht?«

Grimm versteifte sich, in seinem eng geschnittenen Anzug wirkte er viel zu proper. »Wir haben beide für unsere Haltung das Gefängnis in Kauf genommen. Zählt das nicht in deinen Augen?«

Platten setzte den Hut wieder auf und schüttelte sich, als müsse er sich von einem unnützen Gewicht befreien. »Auch das kann man aus Berechnung tun.«

»Das ist infam!« Grimms Stimme wurde durchdringend, wie immer, wenn er in Bedrängnis geriet. »Was willst du mir noch alles unterstellen? Du hältst dich für einen fleckenlosen Idealisten, ja? Und machst offenbar nie einen Fehler.« Er klopfte mit der Schirmspitze auf den Boden. In der Nähe blieben Leute stehen, die der Streit zu amüsieren schien. Vom dunklen Himmel fielen erste Regentropfen.

Platten drehte sich halb um, rief Grimm zu: »So mag ich nicht streiten. Das ist sinnlos. Wir beschimpfen uns, statt Einigkeit unter Gleichgesinnten anzustreben.«

»Genau, ganz deiner Meinung. Kann das dein Lenin? Einigkeit erreichen? Oder will er sie erzwingen?«

»Lenin gehört weder mir noch dir. Er gehört der Welt und ihrer Zukunft.« Platten war sichtlich froh über diese Formulierung, sie hätte in eine Wahlkampfrede gepasst.

Wortlos gingen sie auseinander, Grimm in Richtung des Volkshauses, Platten in die Gegenrichtung. Er wusste nicht genau, wohin er wollte, gelangte auf die Terrasse an der Südseite des Bundeshauses mit seinen protzigen Renaissancekuppeln. Dort wo die Terrasse sich zu einem Halbrund weitete, blieb er stehen, lehnte sich an die Balustrade. Die Nacht hatte begonnen, der Blick, der hier sonst bis zu den Alpen gehen konnte, war auf die nächste Umgebung begrenzt. Hatte es noch einen Sinn, in diesem Land zu bleiben, das sich dem Fortschritt, der Gerechtigkeit verweigerte? War es nicht klüger, seine Kraft anderswo einzusetzen, dort, wo es Gestaltungsraum gab, wo man sich nicht von Anfang an in den engen Maschen von Vorschriften, in den Regeln des Althergebrachten verfing? Ja, es zog ihn dorthin, in die junge Sowjetunion. Einer wie er konnte dort, mit Gleichgesinnten, am Aufbau einer neuen Gesellschaft mitwirken. Das wollte er doch, das hatte er seit Jahren angestrebt. Jenseits der Aare brannten ein paar Lichter, im vornehmen Kirchenfeld-Quartier, wo jetzt die Wohlhabenden in ihren Häusern tafelten und vom Personal aus der Unterstadt bedient wurden. So war das, und so, gefangen in einem mühsamen Kampf, wollte er nicht weiterleben. Noch nie war ihm so klar gewesen, dass es ihn wegtrieb aus der dumpfen Vertrautheit dieses Landes, das so schwer zu verändern war. Ins Offene, noch nicht fertig Gestaltete wollte er, ostwärts, in die russische Weite, dorthin, wo Lenins unnachsichtige Klarheit den Ton angab.

Wie gut erinnert er sich an diese Sehnsucht, diesen Sog hin zum Neuen, zum Entstehenden. Und nun, fast zwanzig Jahre später, darbt er genau hier, der Häftling Platten, in der Sowjetunion, in einem Straflager. Alles ist anders gekommen, als er sich einmal erhofft hat. Damals war er ein immer noch jugendlich wirkender Feuergeist, das Gegenbild zum verbürgerlichten Grimm im korrekten Anzug, Plattens weit geschnittene Hosen flatterten um seine Beine. Etwas hatten sie gemeinsam: Auch Grimm liebte russische Frauen. Es kamen damals viele Russinnen zum Studieren in die Schweiz. Rosa hieß sie, Grimms erste Frau, so hießen viele, doch Rosa Schlain kam aus Odessa, ihre Temperamente vertrugen sich nicht, sie ließen sich scheiden, trotz der zwei gemeinsamen Kinder. Fritz ging ebenso weg von seinen Russinnen, und beide landeten sie danach bei Schweizerinnen, Grimm bei Jenny Kuhn, einer Arzttochter, Platten bei Berta Zimmermann, Tochter eines Landschaftsgärtners. Darin hatten sie sich näher gestanden als in ihrer politischen Haltung. Bei dem Gedanken muss Platten lächeln und kann beinahe die beißende Kälte vergessen. Rosa hat dann mit Fritz Platten und anderen die Kommunistische Partei der Schweiz, als Abspaltung von den Sozialdemokraten, gegründet. Rosa war radikaler und beharrlicher als ihr ehemaliger Mann, wohl auch gescheiter. Grimm, der so hoch Aufgestiegene, war so berechnend wie ungebildet. Die Bildung brachte ihm Rosa bei, bis er sie fallen ließ.

Dass Berta Fritz Platten 1923 in den Osten begleitete, war ein kleines Wunder; mit ihrer Anhänglichkeit hatte er nicht gerechnet. Sie zeigte sich erst, als der Plan, das Land zu verlassen, Gestalt annahm und Platten mit Inseraten in der Parteipresse nach Auswanderungswilligen für eine Schweizer Kolonie in Russland suchte. Einige Hundert Russlandschweizer waren, als der Zar gestürzt wurde, in ihr Heimatland zurückgekommen, aus Angst vor Repressalien der Kommunisten, aber eine größere Zahl wurde vom neuen Russland angelockt, und Plattens Aufruf gab ein paar Dutzend den letzten Anstoß, mit dem alten Leben zu brechen.

Aber was passierte dann mit Berta in Moskau? Wie kam es dazu, dass sie sich derart in ihren Geheimnissen verschanzte? Wie ängstlich muss sie, unter dem Druck der Komintern, geworden sein? Das fragt er sich stets von Neuem in den Barackennächten des Straflagers, wenn er frierend wach liegt und seinen Erinnerungen nicht entgehen kann. Und warum meldet sich Berta nicht, wenn sie noch am Leben ist? Sie war weg, als er verhaftet wurde, auf einer Auslandmission vermutlich, ihre Möbel standen noch in ihrem Zimmer. Hätte sie ihm nicht schon längst geschrieben, wenn sie zurückgekommen wäre? Häftlinge erhalten Briefe, sie werden, wenn auch zensiert, hin und wieder zugestellt, so zerknittert oder verschmutzt sie sind. Von ihr ist nichts gekommen. Und er liebt sie noch immer, diese Frau. Er hat ja niemanden, der ihm so nahestand wie sie. Die Söhne nicht, nicht einmal die eigene Mutter, redet er sich ein. Und die ehemaligen Ehefrauen hat er schon fast vergessen. Nur manchmal geistert Olga vorwurfsvoll durch seine Nachtgedanken. Der Vater ist begraben in russischer Erde, die Mutter zurückgekehrt ins Sankt-Gallische und dort gestorben, und ausgerechnet von Berta hat er nichts mehr vernommen. Kein Wort.

Schon in der ersten Hälfte des Jahres 1924 brauchte er hin und wieder eine Verschnaufpause und kehrte den Schwierigkeiten in Nova Lava für ein paar Tage oder Wochen den Rücken. Über befreundete Genossen in Moskau erreichte er, dass er vom staatlichen Agrarinstitut angefragt wurde, ob er die Schülerinnen in politischer Theorie unterrichten wolle. Dieser Lehrauftrag wurde zwar schlecht bezahlt; aber er war ein guter Vorwand, von Zeit zu Zeit allein unterwegs zu sein und in der Bewunderung junger Frauen, die das Land voranbringen wollten, sein Selbstbewusstsein aufzupolieren.

Bei einem der ersten Male, als er in Moskau zu Fuß auf dem Weg von seiner Pension zum Institut war, fiel ihm unter den wenigen entgegenkommenden Passanten eine Frau auf. Sie war klein, unauffällig, eher damenhaft gekleidet, sie hatte ein einprägsames waches Gesicht, sie ging ungewöhnlich schnell, an der Hand zog sie ein missmutiges, etwa zehnjähriges Mädchen mit. Seltsam war, dass Fritz glaubte, diese Frau schon einmal gesehen zu haben; es war aber bestimmt lange her und bloß eine nebelhafte Erinnerung. Als sie auf seiner Höhe war, fuhr die Frau das Mädchen, offenbar ihre Tochter, ärgerlich an, und da zuckte Fritz zusammen, denn sie sprach fließend Deutsch: »Jetzt beeil dich, wir sind spät dran, es ist nicht mehr weit!« Das Mädchen verstummte, ließ sich von der Frau mitziehen. Ihr Blick streifte ihn, ihre Schritte stockten einen Moment, sie nickte ihm zu, aber schon waren die beiden weiter, und Fritz untersagte sich, ihnen nachzuschauen. Eine Weile noch verfolgte ihn die Frage, wer das war; die schwache Erinnerung musste mit Zürich zusammenhängen, sie nahm aber keine deutlichere Gestalt an.

Jetzt macht er Schindeln im Straflager; was hinter ihm liegt, auch was mit Zürich zusammenhängt, beginnt zu verblassen, und er muss sich anstrengen, es in die Erinnerung zurückzuholen. Nie hätte er gedacht, dass einmal das Spalten von Birkenklötzen sein Lebensinhalt werden könnte.

15

Die Liebe zum Kommunismus,
Bertas Verschwinden, 1937

Ein neuer Häftling, der gebrochen Deutsch spricht, sucht am Tisch in der Essbaracke den Kontakt zu Fritz Platten, er heißt Pjotr, stammt aus Bulgarien. Russisch spricht er fließend, mit eleganten Gebärden. Fritz hingegen beherrscht die Landessprache immer noch nicht gut genug, er hat in freien Stunden, solange es hell ist, nicht die Kraft, aus seinem zweisprachigen Wörterbuch, das man ihm gelassen hat, Vokabeln zu lernen, und im Agrarinstitut hat er hauptsächlich auf Deutsch unterrichtet. Pjotr habe es in seinem Heimatland, so viel glaubt Fritz zu verstehen, unter König Boris III. nicht mehr ausgehalten, sei als Agrartechniker in die Sowjetunion ausgewandert, dort in Verdacht geraten, ein Spion zu sein wie ja Hunderte anderer auch, und so sei er in der Mühle der Justiz und im Straflager gelandet. »Da ist meine Liebe zum Kommunismus ziemlich erkaltet.« Diesen letzten Satz wiederholt er in Abwandlungen, halb auf Deutsch, halb auf Russisch und immer mit einem unglücklichen Lachen.

Fritz Plattens Liebe zum Kommunismus hingegen ist noch da. Dass er unschuldig sei, behauptet er allen gegenüber, die es wissen wollen, er sei durch eine Verkettung unglücklicher Umstände hier gelandet. Auf Stalin, über den in der Essbaracke bisweilen böse geflüstert wird, lässt er nichts kommen. »Stalin folgt«, sagt er laut, »der großen Vision eines glücklichen und prosperierenden Landes. Ich bin von Untergebenen zu Unrecht beschuldigt worden, ich habe der Sache des Kommunismus bestimmt nicht geschadet. Abgesehen davon bin ich ja bloß zu vier Jahren Lagerhaft verurteilt worden, der Irrtum wird sich früher oder später aufklären. Als guter Kommunist muss man sich in Geduld üben.«

Geduld? Diese Formulierung trägt ihm in der Kantine, wo die meisten, eng zusammengedrängt, im Stehen essen, ringsum Gelächter ein, verblüfftes und höhnisches. Nur Pjotr zeigt Mitleid, Fritz beginnt, ihn zu mögen, zumal er vom zähen Schweinefleisch nichts isst und hin und wieder sein Gulasch im Blechnapf zu Fritz hinüberreicht, er mag ihn aber auch, weil Pjotrs Gesicht ihn an einen seiner Brüder erinnert.

Besonders nachts überfällt ihn die Vergangenheit. Die Streiktage vom November 1918 lassen ihn nicht los, da war er für die Bürgerlichen der »rote Fritz«, ein Schreckgespenst, vor dem sie sich duckten! Diese Tage kommen ihm vor wie ein festlicher Rausch. Fritz Platten gehörte zu den unbestrittenen Führern der organisierten Arbeiterschaft, er schwamm auf den Wogen des Beifalls von Kundgebung zu Kundgebung, er hört noch den Jubel, der ihm galt, die Hochrufe. Sofortige Neuwahlen! Ein Volksheer! Es schien nur eine Frage von Stunden zu sein, bis die Regierung den Forderungen des Oltener Komitees nachgeben würde, das sich aus der organisierten Arbeiterschaft gebildet hatte. Die Streikenden gingen durch die Gassen, er mit ihnen, oft zwei

Schritte voraus. Was für lange und gebieterische Kolonnen, wie kämpferisch die Lieder, die sie, bei jeder Wiederholung, lauter sangen! Die Töne und Wörter widerhallen jetzt noch in ihm: »Völker, hört die Signale! Auf zum letzten Gefecht!« An den Straßenrändern winkten ihnen viele zu, denen der Mut fehlte, sich den Arbeitern anzuschließen. Er fehlte auch den jungen Soldaten, die regungslos die Amtsgebäude zu bewachen hatten, den Marschtritt von Hunderten in ihren Ohren. Fritz Platten hört ihn immer noch, so etwas kann einen berauschen. Wenig hat gefehlt zum Einlenken der Regierenden, davon ist er noch heute überzeugt. Wildfremde Frauen holten ihn ein oder liefen auf ihn zu, umarmten ihn, die Männer grüßten mit Respekt. Man erkannte den Streikführer, er war einer der Ihren und doch ein Herausgehobener: der rote Fritz! So schöne glatte Stoffe trug er damals! Geschenkte und gekaufte! »Du siehst aus wie ein Filmstar«, rief eine Genossin. War es wirklich so? War nicht alles viel profaner, viel gesitteter nach Schweizer Art? Es ist ernüchternd, an der eigenen Erinnerung zu zweifeln.

Grimm hatte unterdessen bei der Arbeiterschaft, die nicht wegen der Übermacht der Besitzenden verbluten wollte, die besseren Karten. Dass seine russische Ex-Ehefrau, Rosa, ihn deswegen verachtete und öffentlich angriff, machte ihm, wie es schien, nichts aus, oder er schluckte Ärger und Zorn herunter, blieb äußerlich der überlegen Argumentierende. Hätte Platten nicht manchmal, wenn es in ihm loderte, klugerweise auch so beherrscht bleiben sollen wie Grimm? Er konnte es nicht, was ihn mitriss, verstand er damals kaum zu bändigen, weder die Liebe noch den Groll.

Er hat sich im Alter verändert, sagt er sich, er ist müde geworden, nicht nachsichtig, aber, hier im Straflager, oft tief resigniert, obwohl er das Gegenteil beteuert. Der alte Widersacher Grimm indessen genießt sein Wohlleben morgens beim Aufstehen gewiss mit einer Tasse heißer und wunderbar süßer Schokolade. In Lipowo gibt es nur zugeteilte Rationen von Würfelzucker für den dünnen Tee, oft angebrochen und angeknabbert, drei Stück die Woche. Und er glaubt den Dampf aus Grimms Tasse aufsteigen zu sehen, ihn sogar einen Augenblick lang erschnuppern zu können. Beneidet er den Genossen Grimm, der ihm so weit entrückt ist? Vielleicht. Aber hat Grimm wohl auch seine Selbstachtung bewahrt? Und wie begründet er vor sich selbst seine – wie hat er es doch genannt – seine Mäßigung? Oder hat er sie jetzt, 1941, da wieder ein großer Krieg im Gange ist, abgelegt und sich gegen die Deutschen gestellt, denen er seinerzeit beistehen wollte? Ja, wer die Deutschen in dieser Kriegsgegenwart mit Worten bekämpft, macht sich gewiss beliebt unter widerstandswilligen Schweizern. Oder ist es umgekehrt? Muss ein Regierungsmitglied mit den Nazis kooperieren? Er kann gewiss beides, der wendige Genosse Grimm. Aber Platten kann gar nichts mehr außer Schindeln machen, den Bretterboden wischen, an wärmeren Tagen in der schmutzigen Lauge seine Unterhosen waschen. Und sonst? Hin und wieder, mit steif gewordenen Fingern, auf seiner Pritsche kauernd, Briefe schreiben, die er sich abringt und in denen er so tut, als habe ihn der Mut noch nicht verlassen; ob die Briefe jemals ankommen, erfährt er ohnehin nicht, zu ihm selbst gelangen nur wenige, sie werden von der Zensur größtenteils zurückgehalten. Es strengt ihn an, auf sie zu antworten; meist tut er es nicht. Und was in Europa geschieht, entgeht ihm fast vollständig, ihm, der damals so begierig die Zeitungen gelesen hat, sogar am Papier hat er gerochen, er mochte den Geruch der Druckerschwärze.

Dass der große Streik nach dem furiosen Beginn so rasch und ehrlos in sich zusammenfiel, das hat Platten Grimm und seinen Anhängern nie verziehen. Dieses Nachgeben aus Angst wirkte weiter in Platten, über Monate und Jahre, als würden Eisenspäne sein Inneres aufreißen. Es war ja unbestreitbar: Die revolutionäre Situation in der politisch rückständigen Schweiz genügte den Grundsätzen von Lenin nicht. Die Arbeiterschaft war nicht wirklich kampfbereit.

Das würde nach Plattens Einschätzung noch lange so bleiben, und das war der wesentliche Grund, der ihn wegtrieb, in das Land des Aufbruchs, die Sowjetunion, dorthin, wo das Festgefügte, aber morsch Gewordene zusammenbrach und Neues entstand. Ja, die Hoffnung lockte ihn ostwärts, die Hoffnung, dass eine gerechte Gesellschaft entstehen würde, und sei es gegen einen hohen Blutzoll, an diese Hoffnung klammert sich der Sträfling Platten noch immer, er weigert sich, sie aufzugeben.

Ein weiterer Neuling ist im Straflager angekommen, Andrej, aus Moskau stammt er, ein hagerer, verschlossener Geselle, verurteilt wegen Spionage wie fast alle. Über das Urteil und die Strafdauer gibt er keine Auskunft, doch als Fritz ihn wie alle Neue fragt, ob er eine Berta Zimmermann kenne, das sei seine Frau, da zuckt er zusammen, zögert einen Moment, sagt dann, er habe sie gekannt, eine eindrückliche Frau, aber – er zögert wieder – sie sei verhaftet worden, man habe sie wegen Geheimnisverrat angeklagt und verurteilt, sie sei, das wisse er aus verlässlicher Quelle, schon am nächsten Tag hingerichtet worden, im Gefängnishof wie die meisten, er habe wohl sogar selbst, drei Jahre sei das her, schätze er, im Gefängnis die Schüsse gehört, es sei ein Wunder, dass er, ausgerechnet er, überlebt habe. Wie lange noch, fügt er hinzu, wisse er nicht, hier sei er jedenfalls – nun kommt von ihm ein trockenes Lachen – zwischengelagert.

Fritz bleibt erst lange still. »Warum erzählst du so etwas?«, fragt er dann. »Das kann doch nicht sein, das wüsste ich doch, man hätte es mir gemeldet. Sie ist meine Frau, das ist sie immer noch.« Er spricht mit schwerer Zunge, in ihm verbreitet sich eine Bestürzung, auf die er nicht gefasst ist.

Der Neue, Andrej, schaut ihn teilnehmend an. »Das ist die übliche Reaktion«, sagt er. »Es sträubt sich alles in einem dagegen, wir möchten dem Schrecken keinen Glauben schenken.«

Und Igor, der lange in einem anderen Lager war, mischt sich halblaut ein. »Sie halten eben alles geheim, was zu Aufruhr führen könnte.« Er tritt hinzu, legt Fritz eine Hand auf die Schulter.

»Es tut mir leid«, murmelt Andrej und zieht sich in seine Ecke zurück, während Fritz sich abwendet, nur die Bretterwand sehen will.

Dann wäre Berta also schon lange tot, hastig begraben wohl, verscharrt, er kennt das von anderen Fällen. Und man hat es ihm verschwiegen. Ein rauer Laut entfährt ihm, wie von einem kranken Tier. Dann rutscht er auf den Boden und sträubt sich gegen den Schultergriff, mit dem Igor ihm aufhelfen will. Er hat es doch geahnt, warum hätte er sonst so lange nichts von ihr vernommen? Sie hätte gewiss Mittel und Wege gefunden, ein paar Zeilen zu ihm zu schmuggeln! Aber es kam ja nichts. Und nun hat der Fremde, der Ankömmling, ihn wie ein Bote des Unheils in die Wahrheit hineingestoßen: Berta tot, seine Berta, dieser Körper voller Leben, schon lange unter dem Boden, und übrig nur ein Knochenhaufen. Vielleicht hat man die Leiche sogar verbrannt.

Er meint, ihren Namen zu murmeln, dabei kommt kein Ton von ihm. Er weiß nun Bescheid, er muss damit weiterleben, und er hat kein Rezept dafür, denn die Liebe zu dieser Frau ist nicht vergangen, ihr Gesicht hat immer noch, wenn er sie in der Moskauer Wohnung sah, einen Moment lang für ihn geleuchtet, auch ohne Worte zwischen ihnen außer einem gehemmten Gruß.

Igor führt ihn, beinahe liebevoll, zu seiner Pritsche. Man hat die Kerzen gelöscht, aber Fritz verweigert sich dem Schlaf, er beschwört das Bild von Berta herauf. Wie waren ihre Haare gekämmt? Wie sahen die Zähne aus, wenn sie lächelte? Das alles gibt es nicht mehr, das alles ist verschwunden auf Geheiß der Tscheka, der kommunistischen Geheimpolizei. Er hält sich wach. Wer hat sie umgebracht? Wem stand sie im Weg? Wer sind die Schergen, die sie verurteilt haben und hinrichten ließen? Eine heftige Wut steigt plötzlich in ihm auf. Lenin hätte eine solche Ermordung ohne Prozess nicht geduldet, redet er sich ein, und Stalin weiß nichts davon, man schirmt ihn von den Untaten des Fußvolks ab, er steht weit darüber, er würde diesen Verbrechen ein Ende setzen, wenn er davon wüsste. So verbirgt Fritz vor sich selbst die bittere Einsicht, dass auch Stalin, der große und gerechte Stalin, Morde billigt, um sein Großreich nicht zu gefährden. Denn dafür kämpfen sie doch, die Millionen Genossen und Genossinnen, sie kämpfen ums Überleben gegen alle Feinde von innen und von außen. Vielleicht würde Stalin sogar sagen: »Ja, wir können uns irren, Genosse Platten, aber wir müssen den richtigen Kurs einhalten, wir dürfen davon um keinen Fingerbreit abweichen. Sonst verirren wir uns.«

Fritz möchte die Dominanz des großen und gütigen Führers anerkennen, aber in dieser Nacht kann er es nicht. Im Morgengrauen netzen seine Tränen den Strohsack. Igor sitzt eine Weile bei ihm, spricht ihm gut zu, sagt ihm, dass der Schmerz abklingen wird, der Zorn auch; der großen Idee des Sowjetreichs müssten Opfer gebracht werden, und natürlich sei es am schlimmsten, wenn es einen selbst treffe. Fritz gibt darauf keine Antwort, wischt sich bloß immer wieder mit den schmutzigen Ärmeln seiner Arbeitsjacke die Augen trocken. Der Wind heult um die Baracke, lässt die Wände zittern, es ist die Geräuschkulisse, die zu seiner Bitterkeit passt.

Ich habe sie verloren, denkt er, als die schrille Glocke und das Geschrei der Wärter ihn dann doch wecken. Er steht nicht auf. Man lässt ihn liegen, auf Anweisung des Brigadiers, des Barackenchefs, der hin und wieder eine menschliche Regung zeigt. Aber am nächsten Morgen wird der Häftling Platten wieder an die Arbeit müssen, ohne Schonung, das ist ihm klar. Er kann zum Glück den Tag tatenlos vergehen lassen, die Trauer um seine tote Frau ein

wenig besänftigen, auch wenn in unregelmäßigen Abständen Jammertöne aus ihm dringen, die er zu unterdrücken
versucht. Hin und wieder kommt ein Mitgefangener in die
Baracke, um etwas zu holen, erschrickt, verschwindet rasch
wieder, nur einer setzt sich eine kurze Weile auf die Pritsche, sucht nach ein paar unbeholfenen, tröstenden Worten
in einer Sprache, die Fritz nicht versteht.

16
Im Straflager, ein Kreuz für Berta, 1926/27

Die Einsicht ist unabwendbar: Er hat Berta endgültig verloren. Und gerade deshalb wird ihm im Straflager die erste Zeit mit ihr erneut gegenwärtig. Neunzehn Jahre jünger als er war sie; allein wegen dieser Altersdifferenz schauten ihn ihre Eltern scheel an, vor allem der Vater, nur wenig älter als Fritz, ein Landschaftsgärtner, er bedeutete dem Liebhaber der Tochter, er halte ihn für einen Filou, der die Blume pflücke, bevor sie erblüht sei. Berta war in der Tat kaum achtzehn, als sie damals wie angewurzelt vor dem Rednerpult stand und ihre Blicke ihn verwirrten, dunkle, fast schwarze Augen hatte sie, und sie folgte ihm hingerissen in seine Mansarde, blieb aber stehen, als er ihr einen Stuhl anbot. Sie war zurückhaltend aus Instinkt, nicht aus Berechnung, so schätzte er sie ein, und das gefiel ihm, obwohl er es bedauerte, sie verließ ihn an diesem Abend bald wieder, mit einem vieldeutigen Lächeln. Sie war nur mit Anstrengung zu gewinnen. Beim dritten oder vierten Wiedersehen duldete sie erste Liebkosungen und erwiderte sie mit scheuer Flüchtigkeit, indem sie seinen Oberarm berührte, über sein gelocktes Haar fuhr.

Er lächelt traurig, wenn er daran denkt, wie ausdauernd er bei Berta war. Nichts erzwang er, er blieb geduldiger als bei ihren Vorgängerinnen, bei der Jüdin Lina, die ihn die körperliche Liebe lehrte, oder bei Olga, aus deren Zuwendung viel zu schnell eine unheilbare Betrübnis wurde, die ihn in die Flucht trieb. An Berta zu denken, wärmt ihn auf seiner Pritsche, wie mochte er doch ihre Haut sogar an entlegenen Orten, an den Fußsohlen, im Nacken. Es wurde ein Spiel, dass ihre Finger sich an solchen Stellen fanden und wieder frei ließen. »Du darfst mich nicht besetzen wie einen eroberten Landstrich«, sagte sie ihm einmal, nur halb im Spaß. Er wusste, was sie meinte, er weiß es heute noch. Und er glaubt an diesem trüben Tag, im Straflager Lipowo, nicht daran, dass er in seinem Leben noch einmal eine Frau finden wird, die Bertas Platz einnehmen könnte. Dafür ist er inzwischen zu alt. Sie war schlank und klug und beanspruchte mehr Raum, als sie körperlich einnahm, konnte aber auch, wenn es ihr darum war, verstummen und gleichsam in sich selbst verschwinden, das waren die schwierigsten Momente für ihn, wenn er sie wieder aus ihrem Schlupfloch herauslocken musste. Warf er ihr vor, die großen Zusammenhänge, die er ihr auseinandersetzte, nicht zu begreifen, war sie gekränkt und blieb unansprechbar, bis es ihm gelang, mit Entschuldigungen ihr Vertrauen zurückzugewinnen, und sie wieder lächelte. Das alles steht vor ihm, als ob sie noch am Leben wäre, und in solchen Momenten überfällt ihn ein kaum aushaltbarer Trauerschmerz. Er erschüttert Fritz so sehr, dass er sich auf der Pritsche zusammenrollt und nur noch das eine weiß: Sie ist nicht mehr da. Vor ihren Blicken, vor ihrem tiefen Ernst hat er oft nicht bestanden, und es ist zu spät, sich für sie zu verändern, er weiß ohnehin, dass er es gar nicht könnte. Aber es war ihm ernst mit seinen Grundsätzen, das hat Berta trotz allem verstanden, sie hat an ihn geglaubt, an einen, der zwar ein Spieler ist, aber mit aller Kraft das Richtige will.

Nach dem nächsten Ausrücken entschuldigt er sich im Arbeitsschuppen für eine Viertelstunde bei Igor, ihm sei schlecht, sagt er und macht eine kreisende Bewegung über seinem Magen, er müsse hinter die Bäume. Igor nickt, der Brigadier wird erst am Ende des Vormittags wieder auftauchen.

Fritz weiß, wohin er sich wenden muss. Unter einer Birke legt er einen kleinen Steinkreis für Berta, es sind besondere Steine, die er zusammensucht, rund geschliffene und schön geäderte. Berta mochte Steine, besonders dunkle, noch lieber aber waren ihr Blumen, und Fritz nimmt sich vor, sobald es ringsum zu blühen beginnt, ein paar Wildblumen auszugraben und in der Mitte des Steinkreises einzupflanzen, leuchtend gelbe am liebsten, Habichtskraut zum Beispiel, das hier reichlich blüht; den Namen hat Berta ihm eingeprägt.

»Was machst du da?«, fragen zwei Mitgefangene, die einen schweren Sack, Mehl vermutlich, vorübertragen und aus irgendeinem Grund vom üblichen Weg abgewichen sind.

»Ach, nichts«, antwortet Fritz, betont mürrisch, und sie gehen keuchend weiter in Richtung des Eingangstors zwischen den Wachttürmen. Er überlegt, ob er den Steinkreis noch besser verstecken soll, lässt es dann sein. Wem käme es schon in den Sinn, sein unauffälliges Werk mutwillig zu zerstören. Kinder gibt es nicht im Männerlager, auch nicht im weiteren Umkreis.

Tagelang geht ihm Berta nicht aus dem Kopf. Er hat so vieles versäumt ihr gegenüber, nein, nicht nur ihr. Er hielt zu oft die großen Ideen hoch, für die man alles hingeben müsse, wie Lenin es verlangte, unbestechlich und ohne Mitleid. Die Reue, die einen unerwartet erschüttern kann, lernt er nun der toten Berta gegenüber kennen, sie quält ihn, auch wenn sie seinem zweiten Sohn gegenüber, Fritz Nicolaus, den er kaum kennt, genauso angemessen wäre. Aber was nützen Reue und Trauer?, fragt er sich nach Tagen, an denen er alles infrage stellt, was er getan, wofür er gekämpft hat. Er muss sich ertragen, nichts ist rückgängig zu machen. Seine Hände schmerzen von der Arbeit, seine Füße kribbeln und brennen von der Kälte, die durch die löchrigen Socken und das rissige Schuhleder dringt. Er hat sich von einem Mitgefangenen gegen eine Tafel Schokolade, die er von der Familie Trestel aus der Schweiz bekam, abgetragene Stiefel eingehandelt. Unbestechliche Kommunisten sind die Trestels, und sie haben in diesem Geist seinen Sohn Fritz Nicolaus aufgezogen. Sogar Grüße von ihm liegen im Paket dabei. Eine größere Kostbarkeit als Schweizer Schokolade gibt es im Lager nicht, das hat er längst gelernt. Dass überhaupt ein Paket zu ihm gelangen konnte, ist ein kleines Wunder.

Seine Gedanken werden immer sprunghafter. Wie kommt er jetzt von Berta zu Lenin? Aber so ist es: Auch ihn, Wladimir Iljitsch, kann er nicht aus seinen Gedanken verscheuchen. Gestorben schon vor fünfzehn Jahren, woran weiß niemand genau, man hat es geheim gehalten. Von ihm wollte er nicht geliebt, sondern anerkannt werden, beinahe um jeden Preis. Was macht eine solche schrankenlose Bewunderung aus einem? Und was wäre geschehen, wenn Fritz Platten nach seiner ersten Zurückweisung an der Grenze nicht erneut nach Russland gereist wäre? Er suchte Lenin und fand ihn, er wollte mit ihm die Revolution ins Land bringen, er warf sich bei einem Attentat instinktiv über ihn, er bewahrte ihn vor dem Tod, zumindest vor einer schweren Verletzung. Wäre die Geschichte der Sowjetunion, der Welt anders verlaufen, wenn er ihn nicht gerettet hätte? Am landwirtschaftlichen Institut in Moskau gewährte ihm die Partei eine Narrenfreiheit, die dem Retter Lenins galt und nicht seinen Fähigkeiten als Lehrer.

Unvergesslich ist ihm eines der Gespräche, das sie nach einer stürmischen Zusammenkunft in der Zürcher »Eintracht« (es war wohl 1916) auf der Straße führten, im Nieselregen, so wie fast alle Diskussionen mit Lenin in Plattens Erinnerung unter trübem Himmel oder nachts stattfanden. Ein paar Genossen hatten Lenin vorgeworfen, er verkenne die Realität, gerade in der zutiefst bürgerlichen Schweiz.

»Man muss geradeaus gehen, mein lieber Platten«, sagte er. »Um ein großes Ziel zu erreichen, darf man sich von nichts ablenken lassen. Merk dir das! Deine ganze Liebe muss dem Kommunismus gelten. Und nicht einer einzelnen Frau.«

Das sagt sich leicht, dachte Fritz damals, aber es fiel ihm schwer, Lenin zu widersprechen. Berta kannte er damals noch nicht, es würde noch vier Jahre dauern, bis sie in sein Leben trat und eines Abends vor ihm, dem umschwärmten Referenten, stand.

In den Gesprächen mit Lenin fühlte er sich immer wieder unterlegen, überfahren von seiner bewundernswerten

Intelligenz und einer Kaltblütigkeit, die ihn zwischendurch erschaudern ließ.

Nach seiner Ankunft in Petersburg übernahm Lenin mit größter Entschlossenheit die Führung der Bolschewiki. Dagegen war er, Fritz Platten, ein Zauderer, einer, der Menschenleben schonen wollte, wenn es hart auf hart ging. Er fühlte sich in diesem Punkt von Lenin durchschaut, geriet immer wieder in Erklärungsnot. Wenn er ihm widersprach, dann wusste er von vornherein, dass er in der Debatte der Verlierer sein würde. Berta hatte Lenin ein einziges Mal, im Herbst 17, vor seiner Rückkehr nach Russland auf einer Kundgebung in Zürich erlebt; sie hatte sich als Fünfzehnjährige von zu Hause weggeschlichen. Lenin hatte sie nicht überzeugt, sie hatte ihn als Eiferer wahrgenommen. Drei Jahre später hatte sie Fritz angesprochen und seine Loblieder auf Lenin zuerst überhört. Fritz schwärmte auf ihrer wochenlangen Reise in den Osten von seiner Intelligenz, seiner gedanklichen Klarheit und Schärfe. Berta warf Fritz in einer schmuddeligen Absteige, auf halber Strecke nach Nova Lava, vor, dass er Lenin gegenüber ein blinder Verehrer und Nachbeter sei, kritische Fragen würge er von vornherein ab, kurz, er mache sich diesem Mann gegenüber zum Jünger. Diesen Tadel – es war das erste Mal, dass sie ihn so direkt angriff – ertrug Fritz schlecht.

»Lenin weiß, was er will«, konterte er, »und er hat eine Unbedingtheit, die auch du anerkennen müsstest.«

»Nein! Merkst du nicht, wie kalt er ist? Er nimmt alle Opfer in Kauf, um seine Ziele zu erreichen. Er sagt, es gehe ihm um die unterdrückten Menschen. Aber die Menschen sind ihm egal, wenn er an die neue Gesellschaft denkt, die er schaffen will. Sag mir«, da schaute sie ihn fordernd an, »wie kann man eine neue Gesellschaft schaffen und die einzelnen Menschen, aus denen sie bestehen soll, einfach vergessen? Das geht doch nicht.« Sie war nun selbst in Feuer geraten, er hatte sie noch nie so kämpferisch erlebt. Der Kerzenschein brachte ihre Wangen zum Erglühen. Er hatte Schwierigkeiten, ihr mit guten Argumenten zu widersprechen. Es gehe, sagte er, Lenin eben um die Prinzipien, und an denen halte er eisern fest; die meisten Menschen seien dazu nicht imstande.

»Du nicht, ich auch nicht«, sagte Berta. »Es ist aber kein Gewinn, wenn einer bereit ist, über Leichen zu gehen, um seine Prinzipien durchzusetzen.«

»Du verkennst ihn«, brauste Fritz auf. »Meinst du, er leide nicht darunter, dass auch die Zivilbevölkerung so viele Opfer bringen muss?«

»Ich zweifle daran«, sagte Berta mit ungewöhnlicher Schärfe. »Ich möchte wissen, wo sein Herz sitzt. Im Gehirn ja wohl nicht.« Das Lachen, das sie versuchte, misslang.

Fritz griff nach ihrer Hand, und sie ließ sie ihm. »Wegen Lenin«, sagte er, »müssen wir uns doch nicht streiten.«

»Vielleicht verkenne ich ihn«, meinte sie, »ich hatte schon immer Mühe mit seiner Schroffheit, die alles ausblendet, was ihm nicht passt. Aus der Hand fressen sollte ihm keiner, das ist zu gefährlich.«

Er streichelte beunruhigt ihren Handrücken. Was war das für eine junge Frau, die ihm so vehement, ja leidenschaftlich widersprach? Die Leidenschaft gefiel ihm. Sein Streicheln wurde drängender, sie wandte sich ihm zu; es endete damit, dass sie sich auszogen, sich auf dem quietschenden Bett liebten. Dass nebenan laute Gespräche geführt wurden, kümmerte sie nicht.

Sie mieden danach das Thema. Wenn in Gesellschaft von ihm, häufig bewundernd und überschwänglich, die Rede war, zog sie es vor zu schweigen, und auch Fritz unterließ, mit Berta im Blick, das große Rühmen.

Was für ein Schock, als die Kolonisten Ende Januar 1924, nur drei Wochen nach ihrer Ankunft in Nova Lava, die Nachricht erreichte, Lenin, der große Führer und Revolutionär, der Erste unter den Genossen, sei in Gorki gestorben. Die Ankömmlinge hatten gewusst, dass er kränkelte, sogar einen Schlaganfall erlitten hatte und im Rollstuhl saß. Die Sorge um ihn war um die Jahreswende Gesprächsthema gewesen; Lenins Verstand sei aber ungetrübt, hatte es in den Moskauer Zeitungen, die vereinzelt im Gut eintrafen, geheißen, und er arbeite trotz seiner Beschwerden Tag und Nacht. Er werde von den besten Ärzten behandelt, die ihm Stalin geschickt habe. Dies weckte bei einigen Lenin-Getreuen Misstrauen; man hörte ja, dass Stalin inzwischen zu seinem Gegenspieler geworden war. Gab es einen Plan, Lenin unter dem Vorwand einer lebensgefährlichen Krankheit auf die Seite zu schaffen? Zu Berta sagte Platten nichts von diesem Verdacht; sie nahm ohnehin weniger Anteil an Lenins Gesundheitszustand als die meisten in der Kommune, die ihn verehrten wie einen Messias. Dann aber ritt ein Postbote aus Syzran durch den Schnee nach Nova Lava, wo gerade die wöchentliche Versammlung stattfand, und überbrachte ein Telegramm aus Moskau. Als Platten das Telegramm gelesen hatte, bedeckte er die Augen mit seiner Hand, suchte Halt auf dem Stuhl, den ihm ein Genosse hingeschoben hatte, sagte nach langem Schweigen beinahe tonlos: »Der Genosse Lenin ist gestorben … vorgestern schon …« Er fühlte sich genötigt zu weiteren Worten: »Seine Kraft war aufgezehrt … Er wird uns fehlen …« Die Stimme gehorchte ihm nicht mehr, er brach ab.

Es gab Geräusche im Saal, kurze Ausrufe des Bedauerns, der Fassungslosigkeit, einige Frauen begannen zu weinen, ein kleines Kind fragte, warum alle so traurig seien. Man vernahm die Antwort seines Vaters: »Unser Wladimir Iljitsch ist gestorben.« Da begann auch das Kind in hohen Tönen zu schluchzen, angesteckt von der plötzlichen Leidbekundung ringsum. Man hörte ein Gemurmel, das wohl ein Gebet war und sogleich durch missbilligendes Zischen zum Schweigen gebracht wurde. Völlig fehl am Platz bei einem erklärten Atheisten, dachte auch Fritz, schwieg aber lieber, er wusste nicht, wie Berta, die eine religiöse Erziehung hinter sich hatte, darauf reagieren würde. Er seinerseits hatte sie längst abgeschüttelt; die Popen, denen er in den russischen Dörfern begegnete, grüßte er nicht, es wurden ohnehin immer weniger, wohin sie verschwanden, wusste keiner genau. Berta hatte jetzt den Kopf gesenkt, saß da wie erstarrt, ohne Regung. Nein, es würde ihm nicht gelingen, sie zu Lenin zu bekehren. Sie sang auch nicht mit, als der Genosse Ernst Graf mit stockender Stimme und auf Deutsch »Brüder, zur Sonne, zur Freiheit« zu singen begann, das kommunistische Kampflied, das fast alle kannten; einige stimmten mit ein: »Brüder, zum Lichte empor, hell aus dem dunklen Vergangnen leuchtet die Zukunft hervor.« Irgendwie schien das Lied Platten in diesem Moment ebenfalls fehl am Platz. Er sang trotzdem mit, aber es wunderte ihn nicht, dass Berta auch jetzt bockte.

Graf, der Vorsänger, noch jung, starb ein Jahr später, daran erinnert Fritz sich jetzt, obwohl er sein Leben lang Mühe hatte, sich Namen und Gesichter zu merken, außer jene, die den Ton angaben und mit denen er in Konkurrenz stand. Nicht viel später starb auch sein Vater, Peter Platten, der zuletzt beinahe verstummt war. Der Sohn verfügte, der Mutter zuliebe, dass aufs Grab nichts als ein Kreuz gesteckt wurde. Er war einfach erloschen, der alte Mann, auch ihn hatte Lenins früher Tod kaum berührt, seine kleine, vom Sohn geschürte Hoffnung, in Russland noch ein neues Leben beginnen zu können, hatte sich rasch verflüchtigt. Lenins Tod war für Fritz ein härterer Verlust als der des Vaters. Man konnte Wladimir Iljitsch nur würdigen, indem man seinem Erbe, seinen Grundsätzen nacheiferte. Aber dass er einbalsamiert wurde, ein Mausoleum für ihn errichtet werden sollte, wie man in Nova Lava erfuhr, das schien Fritz dann doch übertrieben. Er zögerte, mit Berta darüber zu reden. Ihm schien überhaupt, sie entferne sich in kleinen, kaum merklichen Schritten von ihm, obwohl sie Nacht für Nacht nebeneinander schliefen, oft tief erschöpft von der Arbeit und mehr noch von den Auseinandersetzungen, die unter den Kolonisten immer häufiger ausbrachen.

17
Fritz Platten in Moskau,
Bertas Verschwinden 1937

Waren sie abgerückt von ihm oder er von ihnen? Lina, Olga, Lisa, Berta als Letzte, mit allen teilte er eine Weile Bett und politische Haltung, mit zweien, im Abstand von neun Jahren, hatte er einen Sohn. Er bemühte sich, in die Zukunft zu schauen, und sie klammerten sich ans Nahe, so war es ihm jeweils vorgekommen. Sein körperliches Interesse an ihnen erlosch früher oder später, dagegen ließ sich nichts ausrichten, so redete er sich damals ein. Auch die Bindung durch die zwei Söhne ließ bald nach. Georg, der Sohn von Lina Chait, warf ihm vor, dass er seine Verantwortung als Vater nicht wahrnehme, und er hatte recht: Es gab so viel anderes, was ihm wichtiger war, zumindest darin glich er damals dem Vorbild Lenin. Die Vorwürfe der Frauen hatte er bald satt, wie sollte er seiner Natur, die das Große wollte, entfliehen? Es ging nicht, dass er zum treusorgenden Kleinbürger wurde. Bei Olga allerdings war es schlimm, ein einziges Mal besuchte er sie noch, als sie tief depressiv war, der Kleine lag auf ihrem Bauch in der Zürcher Wohnung, die sie am Anfang geteilt hatten. Sie lächelte, als sie ihn erkannte, deutete auf das Kind. »Willst du ihn nicht in die Arme nehmen?« Das konnte er nicht, es war zu spät, er musste fliehen, es roch nach Verfall, nach Tod. Immerhin organisierte er einen Pflegeplatz für das drei Monate alte Kind und bemühte sich hinterher, es zu vergessen. Der Beerdigung blieb er fern, er warf es sich selbst vor und konnte nicht anders.

Mit Berta war es anders. Wie ausdauernd hat er sie geliebt! Und war noch im Stadium der Verliebtheit, als er sie überredete, mit ihm nach Moskau zu fahren und Nova Lava allmählich aufzugeben. Den Kommunarden sagte er es lange nicht offen, sie zählten auf ihn als Schlichter und Ratgeber, obwohl er doch von Landwirtschaft viel zu wenig verstand. In Moskau stellte die Partei Fritz und Berta eine gemeinsame Wohnung in einem heruntergekommenen Mietshaus zur Verfügung. Die Auseinandersetzungen des Paars nahmen zu, oft entzog Berta sich ihnen, mit der Ausflucht, sie habe zu viel zu tun, als Übersetzerin, als Protokollantin in verschiedenen Gremien der Partei, in die sie, als linientreue Genossin, berufen worden war. Sie beherrschte das Russische inzwischen fast ebenso gut wie ihre Muttersprache, bemühte sich aber, ihre sprachliche Überlegenheit gegenüber Fritz nicht auszuspielen. Nach erbitterten Streitereien zog sie in ein anderes Zimmer. Fritz schluckte seine wachsende Erbitterung herunter, suchte trotz allem hin und wieder ihre Nähe. Es kam vor, dass er nachts barfuß durch den dunklen Gang zu ihrem Zimmer tappte und an der Tür horchte, ob sie Besuch hatte, vielleicht gar einen Mann, einen möglichen Nebenbuhler. Er hörte nie etwas, spürte nur, wie kalt seine Fußsohlen wurden, aber er wusste von anderen, wie sehr Bertas Sprachkenntnisse von den Parteioberen, die er selbst nicht kannte, geschätzt wurden.

Es kam zu keiner klaren Trennungsentscheidung zwischen ihnen, er empfand es als schmerzhaftes Auseinanderdriften; zuletzt, bevor sie dann verschwand, redeten sie, obwohl sie Tür an Tür wohnten, wochenlang kein Wort mehr miteinander, und Fritz vermutete, dass sie ihn gegen oben denunzierte, weil er mit Schweizer Genossen sprach, die als Trotzkisten galten. Eigentlich traute er ihr einen solchen Verrat nicht wirklich zu, aber mit der Zeit wurden seine Fragen drängender. Er konnte sie nicht beantworten, und wie sehr er darunter litt, versuchte er, vor sich selbst zu verbergen.

Die Spannungen innerhalb der Gruppe von deutschsprachigen Kommunisten, die regelmäßig in Plattens Küche zusammenkamen, verschärften sich. Offen als Spitzel wurde niemand verdächtigt; in halblaut geführten Zweiergesprächen beim Weggehen oder erst draußen auf der Straße fielen einzelne Namen. Manchmal kam einer plötzlich nicht mehr. Man nahm an, dass er verhaftet worden war, sprach aber nicht offen darüber. Die Atmosphäre wurde bedrohlich. Worüber durfte noch gesprochen werden, ohne dass Repressalien zu befürchten waren? Dass es mit der Bespitzelung so weit kommen würde, hätte Fritz nicht für möglich gehalten. Aber die Führung der Partei, so redete er sich ein, hatte offenbar Grund, sogar gegenüber verdienten Genossen misstrauisch zu sein. Wer mit Abweichlern sympathisierte, schadete der Einheit der ganzen Partei, und nur die Einheit machte sie stark, das musste auch einer einsehen, der im Innersten bisweilen an der Vernunft der Parteioberen zweifelte. Trotzki derart auszugrenzen und als Abtrünnigen zu brandmarken, fand Fritz unnötig, nein, sinnlos. Er und Stalin strebten doch das Gleiche an, wenn auch auf verschiedenen Wegen. In diesem Punkt verstand er die Empörung gegen Trotzki nicht und hielt trotzdem zu Stalin. Die inneren Widersprüche, in die er sich verwickelte, wollte er nicht wahrhaben.

Was Berta beim Kurierdienst genau zu tun hatte, wusste er nicht, und als er einmal bei einem zufälligen Zusammentreffen danach fragte, schwieg sie und schüttelte den Kopf: »Davon darf ich dir nichts sagen, ich bin zum Schweigen verpflichtet.« Sie wurde immer verschlossener; zum Lächeln ließ sie sich kaum noch bringen, von ihm auf keinen Fall, das signalisierte ihre Körpersprache. Offenkundig stieg sie in der Hierarchie dieses geheimen Dienstes, für den sie sich zu eignen schien, alle paar Monate um eine Stufe höher.

Nach 1935 war sie immer wieder für Wochen ganz verschwunden; er hörte über unzuverlässige Quellen, als geflüstertes Gerücht, sie sei in geheimer Mission in Paris oder in Prag gewesen. Nie hätte er gedacht, dass ein offenherziger Mensch wie Berta innerlich geradezu versteinern würde. Aber irgendwo, das hoffte er nach jeder flüchtigen Begegnung, musste doch etwas von dieser liebenswerten jungen Frau geblieben sein, etwas von ihrer Zugänglichkeit, ein unzerstörbarer Kern ihrer Urteilskraft, die er so lange geschätzt und ein wenig gefürchtet hatte. Streng hatte sie in ihren Auseinandersetzungen von Anfang an sein können, dann aber hatte sie sich, unter seinen Gegenreden, aufgeweicht. Jetzt blieb die Härte erhalten, wenn sie doch mal in eine Diskussion gerieten; man schnitt sich beinahe an ihren Sätzen. Aber er hörte nicht auf, sich nach ihrer Umarmung zu sehnen, die so innig sein konnte. Wo war das alles hin? Und war er schuld an dieser rätselhaften Verwandlung? Hatte er Berta Zimmermann, die junge begabte Frau, letztlich von sich weggetrieben? Oder wer dann, welche Kräfte hatten sie ihm gestohlen? Er wusste es nicht, manchmal schien ihm, er wisse in dieser Atmosphäre des gesteigerten Argwohns ohnehin immer weniger. Offensichtlich war es ihre Absicht – oder ihr Auftrag? –, ihn zu meiden.

Wann er sie zum letzten Mal gesehen hatte, wusste er nicht mehr. Sie blieb einfach verschwunden, nachdem er aus der Haft zurückgekehrt war. Ihr Koffer stand in der Wohnung wie ein Relikt aus vergangener Zeit. Ein Funktionär, den Fritz nicht kannte, teilte ihm mit, das Haus am Majakowskiplatz gehöre nun der Internationalen Arbeiterhilfe; der Genosse Fritz Platten, den Namen las er von einer Liste ab, könne sein Zimmer vorläufig behalten. Der Sendbote konnte nicht sagen, ob Bertas Zimmer weiterhin von ihr gebraucht würde; sie sei unterwegs im Auftrag der Partei, Rückkehr ungewiss.

War sie verhaftet worden? Drohte auch ihm die neuerliche Verhaftung? Er fragte, wen er antraf, nach Berta Zimmermann; niemand wusste, wo sie sich aufhielt, oder dann wurde es ihm verschwiegen, einigen betretenen Gesichtern, vor allem von Frauen, glaubte er anzusehen, dass sie mehr wussten, als sie zugaben. Eine deutsche Bekannte namens Grete, eine hagere junge Frau, die älter aussah, als sie wohl war, zog ihn zur Seite und riet ihm, das Fragen aufzugeben, die Wahrheit werde ohnehin vertuscht. Es war Fritz manchmal, als ob die Partei um ihn herum ein konspiratives

Stillschweigen schuf, das ihn an einsamen Abenden zu erdrücken drohte. Er übernachtete nun meist allein in seinem Zimmer, das ja eng genug war. Auch die Genossen, die zeitweise in der Wohnung schliefen, wussten nichts über Berta.

An einem regnerischen Tag fragte er sich in schlechtem Russisch zum Gefängnis Butyrka durch. Ein Moskauer Genosse hatte ihm geraten, dort nach der Schweizerin Berta Zimmermann zu fragen; vielleicht war sie an diesem Ort inhaftiert. Aber weswegen, falls es so war? Er kam zu einem ziegelroten Gebäude von einschüchternder Größe, der Eingangsbereich war ein runder Eckturm. Eine Wache mit Pelzmütze beschied Platten, man gebe keine Auskunft, er müsse ein Gesuch mit allen nötigen Angaben an die Gefängnisverwaltung richten. Danach sagte der Mann kein Wort mehr, das Wasser rann von Plattens gewachstem Wollmantel, und er sah ein, dass es sinnlos war, hier auf ein Wunder zu warten. Bei zwei anderen Gefängnissen erging es ihm gleich; man wies ihn ohne Auskunft weg.

Hinter all dem steckte offensichtlich die Absicht, ihn zu isolieren. Weswegen? Brauchte man Zeit, um eine Anklage gegen ihn zusammenzuschustern? Das wollte er nicht glauben, aber genau das geschah. Wer ihn angeschuldigt hatte, wusste er nicht. Doch nicht etwa Berta selbst, die ihn immer noch, trotz ihrer rigorosen Distanzierung, am besten kannte? Sie wusste ja vermutlich auch über seine Beziehungen zu den verdächtigen Genossen Schalk und Meyer Bescheid, die während ein paar Wochen bei ihm ein und aus gegangen waren. Aber wo war sie? Was hatte man ihr angetan? Den Gedanken, dass sie tatsächlich im Gefängnis saß, hielt er von sich fern. Nur mitten in der Nacht schreckte ihn der Verdacht auf, dass sie tot sein könnte, tot die Frau, deren warme Haut er so oft unter seinen Händen gespürt hatte. Nein, das war unerträglich.

Und doch war es so und nicht anders, wie er jetzt, im Straflager, weiß. Man hatte sie also beschuldigt, Staatsgeheimnisse verraten zu haben. So wie dann er selbst, als Organisator der Schweizer Abende, erneut ins Visier des Geheimdienstes geraten war. Und sie ließen nicht von ihm ab. Zu viert kamen sie, um ihn in der Wohnung abzuholen, am frühen Morgen, vor Sonnenaufgang. Sie trugen zivile Kleider, sie zeigten einen Haftbefehl vor, den er nur halb verstand, sie gehörten ohne Zweifel zum NKWD, in den die ehemalige Tscheka übergegangen war, und sie wiesen ihn an, keinen Widerstand zu leisten. Ihre Griffe waren roh und in der Lage, jede Gegenwehr zu brechen. Seine Identität überprüften sie nicht einmal; sie wussten auch ohne seine Ausweispapiere genau, wer er war. An die Fahrt in der schwarzen Limousine, eingeklemmt zwischen zwei Geheimdienstlern, erinnert er sich nicht mehr, nur daran, dass die Angst ihn lähmte und er keine Ahnung hatte, wessen sie ihn diesmal genau beschuldigen würden; es konnte alles Mögliche sein, oft genug hatte er in seinen Äußerungen gegen Parteigrundsätze verstoßen. Fast eine Woche blieb er in Einzelhaft, in der Butyrka, im Gebäude, in dem er vor drei Wochen nach Berta gefragt hatte. Vielleicht misstrauten sie ihm deshalb. Er bekam brackiges Wasser in einem schmutzigen Krug, sonst nichts; der Wärter sprach kein Wort zu ihm. Am zweiten Morgen wurde ihm in einem Napf eine Art Graupelbrei hingeschoben, vor dem ihm ekelte, er aß nichts davon, der Hunger begann, ihn zu quälen. Irgendwann, als es wieder Tag war, brachte ihn der Wärter durch Gänge, in denen es wohl nie hell wurde, in den Verhörraum. Dort saßen drei Männer, die ihn ausfragten, einer sprach Deutsch, er übersetzte, sobald der Häftling zu wenig verstand. Sie nannten Namen, die er teils kannte, teils nicht, es ging um Kontakte mit Staatsfeinden, zu denen offenbar einige aus der Schweizer Runde gehörten, die sich bei ihm getroffen hatte. Er wusste nicht mehr viel von diesen Gesprächen; alles war bei ihm überlagert von der Sorge um Berta, nach der er aber nicht zu fragen wagte, denn Fragen waren ihm nicht gestattet. Er berief sich auf Lenin, den er doch nach Russland gebracht, dem er bei einem Attentat das Leben gerettet habe. Das wussten sie und nickten unwillig, Lenin sei schon lange tot, sagte der Gröbste der drei, es sei eine andere Zeit jetzt, und er versetzte dem Häftling Platten völlig überraschend eine Ohrfeige, der ein Faustschlag folgte, dann ein brennender Schmerz. Tränen stiegen ihm in die Augen, die er unbeholfen mit dem Ärmel wegwischte. Er verstummte, nahm sich vor, nichts mehr zu sagen. Das war ein Fehler. Vom einen wurde er an beiden Armen gepackt und aufgerichtet, der Quäler von vorhin boxte ihn hart in die Magengrube, sodass er zusammensackte und nach Luft schnappte. Er hörte ein Lachen, nah an seinem Ohr, roch alkoholisierten Atem. Er könne nicht mehr sagen, brachte er hervor, er sei sich keiner Schuld bewusst. Nun lachten sie zu dritt. Er solle sich genau überlegen, wo er gegen die Partei agitiert habe, sagte der Wortführer, die Wohnung in der Tverskaja Jamskaja sei eine Brutstätte der Konterrevolution gewesen. An den Diskussionen mit Genossen aus der Schweiz und Deutschland, so wagte Platten nun doch zu widersprechen, sei nichts Konterrevolutionäres gewesen, ohne grundsätzliche Diskussionen komme die Revolution doch nicht voran. Wieder ihr Gelächter, wieder Schläge, diesmal mit einem Lineal auf seine Hände, der Schmerz schoss ihm bis in die Achsel. Aber er konnte nichts bekennen, was sie hören wollten, und er war unfähig, etwas zu erfinden. Die Schmerzen, die sie ihm zufügten, steigerten sich graduell, es war eine Folter, allerdings nie so schwer, dass er das Bewusstsein verlor, am schlimmsten waren die Schläge auf die Fußsohlen, bei denen er aufstöhnte, sich vergeblich zu wehren versuchte. Dann ließen sie von ihm ab, gingen aus dem Raum, in dem es quälend dumpf roch, wie er jetzt erst merkte. Der Wärter holte ihn zurück, Platten konnte nur mit Mühe gehen, er wurde, als wäre er ein Mehlsack, in seine Zelle geschleppt.

Die Schmerzen klangen ab, doch das Gefühl der Demütigung war kaum auszuhalten. So also konnte man einen Menschen gefügig machen, seine Widerstandskraft brechen. Wenn Stalin davon wüsste, redete sich Platten ein, würde er eingreifen, die Fehlbaren zur Rechenschaft ziehen. Ein Volksführer wie Stalin verachtete diese Formen roher Gewalt; etwas anderes wollte Platten sich nicht vorstellen. Schlaf zu finden, auf der dünnen Matratze, durch die er den unebenen Steinboden spürte und mit ihm die Schmerzen am ganzen Körper, war fast unmöglich. Durch den nächsten Tag begleitete ihn die Angst, dass sie ihn ein weiteres Mal abholen würden. Er hatte keine Ahnung, was sie eigentlich von ihm hören wollten. Auch Berta war gewiss wegen ihrer Kontakte mit Ausländerinnen ins Visier des Staatsschutzes geraten. Was hätten sie beide, Berta und

er, denn eigentlich für Geheimnisse an Dritte verraten können? Er wusste es nicht, fürchtete sich bloß vor der Fort-
setzung des Verhörs.

Noch zweimal wurde er geholt, von anderen Schergen
befragt und misshandelt, man hatte in seinem Zimmer in
der Moskauer Wohnung eine Pistole gefunden, es war die,
die er von Lenin geschenkt bekommen hatte, sie lachten
ihn aus, hielten die Aussage für eine plumpe Lüge. Aber
immerhin hörten danach die Verhöre auf, er hatte ein paar
Tage Zeit, sich zu erholen. Ohne weitere Befragung wurde
er zu fünf Jahren Lagerhaft wegen mehrfach bezeugter
konterrevolutionärer Aktivitäten verurteilt; der Richter
fügte, nicht unfreundlich, etwas hinzu, was Fritz nur halb
verstand: Der Genosse Platten habe es der Rettung des
Genossen Lenin zu verdanken, dass er nicht zum Tode
verurteilt worden sei. Es war keine formelle Gerichtsver-
handlung gewesen, die diesen Namen verdiente, sondern
eine Bestrafung, die von Anfang an feststand. So kam Fritz
Platten ins Straflager Lipowo.

18

Sabina und Carl, die verbotene Liebe, Zürich, 1907

Es geschah Schritt um Schritt, immer verbunden mit schlechtem Gewissen von beiden Seiten. Er: bereits durch erste Publikationen bekannt geworden, Familienvater mit aussichtsreicher Zukunft, sie: zu jung für Jung (das naheliegende, einfältige Wortspiel), aber begabt, wie er versicherte, schön auf eigenwillige Weise. Es fing an mit längeren Berührungen, auf Spaziergängen, bei denen sie den Schutz des Waldes suchten, kaum begangene Wege, auf denen er nach ihrer Hand griff. Sie zog sie nicht weg, obwohl sie es hätte tun sollen, kräftig war Jungs Hand, beschützend, und sie erwiderte mit ihrer kleineren den Druck, der eine Liebkosung war. Oder doch nicht? Sie versuchte, so zu tun, als ob sie nichts wirklich merke vom beginnenden Spiel zwischen ihnen. Er war vorsichtig, behutsam zunächst, das hielt sie ihm später zugute. Es kam zu Küssen, die sie wollte und doch nicht, er sagte, das dürfe er nicht und beugte sich gleich wieder zu ihr hinunter, murmelte, wie schön sie sei, und sie überließ ihm ihren Mund, spürte seine Hand, zuerst an der Schulter, dann an den Brüsten. Sie wusste nicht genau, was Erregung war, oder eigentlich wusste sie es, denn ihre Finger hatten es sie gelehrt, aber als sie sich im Waldschatten aneinanderpressten, machte sie sich vor, sie sei ganz ahnungslos, sie löste sich von ihm, und er ließ sie sogleich einen halben Schritt zurücktreten, sie legte einen Vorwurf in ihre halblaute Stimme, in die sich von ferne Hundegebell mischte: »Das dürfen wir nicht.«

»Ja, du hast recht«, versicherte er, »das dürfen wir nicht.« Sie wich aber nicht weiter zurück, ordnete ihre Bluse. Ihr wurde bewusst, dass er sie zum ersten Mal geduzt hatte. Er schaute sie an, »verlangend« wäre wohl in einem Roman gestanden, trat wieder auf sie zu, und sie ließ sich erneut umarmen. Näherten sich Schritte? Sie nahmen Abstand voneinander, gingen langsam weiter, mimten ein vertrautes Gespräch, sie lachten erleichtert, sehr leise, als niemand kam. Und nun war sie es, die seine Umarmung suchte, sie hatte ja lange darauf gewartet, monatelang.

»Ich kann nicht anders«, sagte er ihr ins Ohr. »Es bleibt unser Geheimnis.«

Sie nickte, antwortete nichts. Die Kraft, die zwischen ihnen war, nannte man wohl Begehren. Auf diesem Spaziergang blieb es bei Umarmungen und langen Küssen, die sie noch nachts in ihrer gemieteten Kleinwohnung nachzuschmecken versuchte, eine Mischung aus Pfefferminze und seinem Pfeifentabak war es, wie profan und doch wie aufwühlend.

Es kam zu einem zweiten Spaziergang in der Halbwildnis, Jung wusste, wo sie abzweigen konnten, um ungestört zu sein. Er war dreißig geworden, er war verheiratet, er hatte eine Frau, inzwischen ein kleines Kind. Sollte sie das kümmern? Sie hielt die Bedenken von sich fern, sie wollte ihn, sie wollte Jung für sich. Nachts las sie in seinen Schriften, die er ihr überlassen hatte. Wie klug er war, wie stark und doch so einfühlsam, ach ja, sie schwärmte für ihn, als wäre sie noch viel jünger. Sie verurteilte sich deswegen und sprach sich gleich wieder frei von Schuld. Denn er wollte es ja auch, er wollte sie nah haben in diesen Augenblicken der Zweisamkeit, sie, Sabina, wollte er, nicht seine Frau, die nun, wie er Sabina zwischen Widerwillen und Schamhaftigkeit gestand, das zweite Kind erwartete.

»Ich kann nicht weg von ihr«, sagte er ihr ins Ohr, »das geht nicht, das musst du verstehen.«

Sie nickte, verstand ihn ja. Carl war er für sie in solchen Momenten, da brachte sie es zustande, ihn zu duzen, und kurz darauf wurde er wieder zu Herrn Jung und später im Krankensaal mit den schweren Fällen, den Angebundenen, den Halluzinierenden, zum Herrn Doktor.

Eine Weile ging es so. Die gegenseitige Anziehung ließ nicht nach. Seine Hände wurden drängender. Er war ein Mann, ein kräftiger und fordernder, obwohl er beteuerte, er wolle nur ihren Mund kosten. Wollte sie mehr? Wollte sie bei ihm ihre Unschuld verlieren, so hieß es doch, wenngleich sich in der Liebe, war sie echt und groß, nichts verlieren, nur alles gewinnen ließ, Überschwang ebenso wie Überwältigtwerden, eine nie gekannte Erfüllung durch den Augenblick. So stand es in den Liebesgedichten, danach sehnte sie sich, so geschah es mit ihr.

Er kam, es war Ende August, zu ihr, sie hatte ihn wissen lassen, dass in dieser Nacht niemand sonst im Haus war, auch nicht Feiga in der Wohnung nebenan, die Sabina wegen dieses Fehltritts gewiss getadelt hätte. Er kam wie ein Dieb, dunkel gekleidet, mit tief in die Stirn gezogenem Hut.

Sie öffnete ihm auf den Zehenspitzen, schon im Nacht-hemd. Sie wusste, was passieren würde, und sie wollte es. Sie war unbeholfen unter seinen Händen, unter seinem Körper. Dem Schmerz würde die Lust folgen, das hatte sie gelesen. Und so war es, die Lust war größer, als sie sich vor-gestellt hatte. Und danach war er so zärtlich wie nie zuvor und schwor ihr, seine Frau würde davon nie etwas erfahren. Als er ging, umschlang sie ihn mit ungeahnter Kraft, wollte, dass er bleibe. Sie weinte ein wenig, als er sich wegschlich, er tat so, als übersehe er's beim Schein der kleinen Kerze, die sie angezündet hatte. Mit was für einer Ausrede oder Lüge würde er seine Frau abspeisen? Sie bereute den Akt nicht, den man Hingabe nannte, oder erst viel später, als Jung Sabina gegenüber seinem Mentor Freud als Verfüh-rerin darstellte. Sie entdeckte, als es hell wurde, nur wenig Blut auf dem Laken und wechselte es mit Absicht nicht, sie schlief ja allein darin, der dunkle Fleck sollte sie daran er-innern, was sie verloren und was sie gewonnen hatte.

Manchmal, wenn sie sich sehr nahe waren, fand sie, sein Ge-sicht sei zerrüttet vor Sorge, dabei empfanden inzwischen beide ungeahnte Lust aneinander, allein die sorgsamen Be-rührungen und das Hautgefühl ließ sie beinahe schweben. Sie fragte, was ihn denn beunruhige. Er rückte von ihr ab, sogar so etwas wie Verzweiflung las sie aus seinem nun halb im Schatten liegenden Gesicht. Sie versuchte, ihn zu trös-ten, er war doch in diesen Stunden ihr Mann.

Er schüttelte den Kopf. »Wenn es auffliegt«, sagte er mit seiner halbblauen Verschwiegenheitsstimme, »dann bin ich erledigt.« Er wiederholte: »Beruflich und privat erledigt.«

Er nahm seine Hände vors Gesicht und wandte sich halb von ihr ab. »Warum habe ich mich bloß dazu verleiten lassen.«

Diese Formulierung irritierte sie. »Du hast es gewollt«, sagte sie so laut, dass er sie mit einem Psst beschwichtigte, obwohl sie natürlich wie immer allein auf dem Stockwerk waren, das hatte sie vorher abgeklärt.

»Und ich«, fügte Sabina an, »war damit einverstanden. Ich wollte es auch.«

»Wer würde dir glauben? Du bist ja so viel jünger. Und meine Frau …« Er stockte. »Meine Frau …« Er rückte ihr wieder näher, seine Brust glänzte vor Schweiß im Kerzenlicht, die Haare klebten an der Haut, das gefiel ihr, aber sie sagte es nicht, nur ihre Hände ließen es spüren, und sie umarmten sich erneut, solche Momente waren ihr am kostbarsten, gerade weil sie bedroht schienen. Wie gelang es ihm wohl, diesen Betrug – das Faktum ließ sich nicht verharmlosen – vor seiner Emma zu verschweigen, sich so zu verhalten, zärtlich wohl in gemeinsamen Stunden, dass sie ihm weiterhin vertraute, keinen Verdacht schöpfte, ihn vielleicht höchstens, falls sie seine Zerstreutheit bemerkte, ein wenig neckte: »Wo hast du deine Gedanken, Carl? Doch nicht etwa bei einer deiner schönen Patientinnen?« Aber für die junge Mutter, die mit dem Säugling so viel zu tun hatte, gab es gewiss ein anderes Aufmerksamkeitszentrum als Carl, der angeblich in seiner Arbeit total versunken war. Weiter wollte sie mit ihrer Vorstellung nicht gehen. Sie hatte in der Anatomie gelernt, dass die Bauchgegend einer Mutter nach der Geburt schlaffer werde, und in der Mensa, die Sabina auch besuchte, hatten die russischen Kommilitoninnen einander versichert, da verliere eine Frau natürlich an Attraktivität, gewinne aber an Ansehen.

Einmal fuhren sie heimlich ins Nachbarland, ins Schwäbische, wo man den Professor – er ließ sich nun gerne so nennen – mit seiner Geliebten nicht enttarnen würde. Sie mieteten ein billiges Zimmer in einer Pension, für die er eigentlich, im hellen Sommeranzug und mit goldener Uhrenkette, zu vornehm wirkte. Sie selbst war in russischem Stil gekleidet, mit bordiertem, langem Rock. Das kümmerte sie nicht, sie wollten einander nackt sehen, lange hatte sie gezögert, sich ihm so zu zeigen, jetzt tat sie es unbekümmert und mit Freude. Nackt, sagte er, sehe sie weit anziehender aus als in ihren weit geschnittenen Kleidern. Sie liebten sich, obwohl es noch Tag war, sie lagen im Bett, erschöpfter und zufriedener als sonst. Jung, das sah sie wohl, hatte an heiterer Unbekümmertheit gewonnen, je weiter sie sich von Zürich entfernten. Er redete nun auch lauter in seinem Dialekt, den man hier nicht verstand. Sie tadelte ihn wegen einer saloppen Bemerkung über eine neue, etwas dickliche Krankenschwester in der Klinik. Er nannte sie deswegen Sabinchen und meinte, das Bienchen in ihr könne durchaus stechen. Das reizte sie zum Widerspruch, und er sagte lachend: »Schon wieder ein Stich, merkst du das nicht?« Da mischte sich ihr Lachen mit seinem, und sie gab ihm recht.

Wünschte sie sich mehr von ihm? Ja, das wurde ihr immer deutlicher, obwohl das Studium, das nun begonnen hatte, viel Kraft band. Sie wünschte sich häufigere kleine Fluchten wie diese in den Schwarzwald, und sie wünschte sich von ihm immer dringender ein Kind. Das war ein abwegiger Wunsch, sie wusste es, abwegig und unerfüllbar.

Aber warum sollte sie nicht mit aller Kraft wünschen? Sie würde das Kind allein erziehen, tagsüber für kompetente Betreuung sorgen und sie mit dem Geld finanzieren, das sie von den Eltern bekam, sie war ja jetzt Studentin und sollte nicht darben. Sie würde sich ein wenig einschränken müssen, gewiss, aber das hielt sie nicht davon ab, Jung bei ihren Zusammenkünften, dann in Briefen und Briefchen mit dieser Idee zu bestürmen. Er wehrte vehement ab und passte noch besser auf, er wusste genau, wie das zu handhaben war. Sie verabscheute seine »Rückzieher«, wie er es nannte, versuchte, ihn so in Hitze zu bringen, dass er die Vorsicht vergaß. Er betrüge die Natur, warf sie ihm vor, und er ihr, sie wolle sein Leben ruinieren. Der Streit deswegen war heftig, er entfremdete sie voneinander. Und viel zu oft, sagte sie sich später, betraten sie dennoch wieder die schwankende Brücke zueinander, in deren Mitte sie sich körperlich begegneten. Dass er bei sich zu Hause, mitten im Kindergeschrei, auch manchmal an sie dachte, das hoffte sie, nein, sie wusste es.

Aber sie wurde nicht schwanger. Und es kam so weit, dass sie dem Kind, das sie von ihm wollte, einen Namen gab: Siegfried, ja, es musste ein Junge sein, der Name klang stolz genug, gab es im deutschen Sprachraum einen schöneren? Sie wollte ihn, den Carl Gustav, Siegfrieds Vater, in ihre Phantasie einbeziehen, das ging ja nicht anders, zumindest ein Traumhaus konnten sie doch bauen, in dem sie lebten und ihr Kind, ihr schönes und kluges Kind, aufzogen. Er versuchte zuerst, ihr das Gedankenspiel, auf eilig geschriebenen Postkarten, die er in ein Couvert steckte, auszureden. Dann wurde sein Ton heftiger, sie verrenne sich in einer gefährlichen Wahnidee, tadelte er sie, es wäre schade, wenn sie wieder in eine verfälschte, von ihren Wünschen erschaffene Wahrnehmung zurückfallen würde, sie solle sich doch besinnen auf ihren Wesenskern, den sie gemeinsam herausgearbeitet hätten. Sie schrieb zurück, es sei ein Spiel, das wisse sie, das brauche sie jetzt, um mit ihrer Liebe und ihrer Sehnsucht zurechtzukommen, was wäre der Mensch denn ohne sein Vermögen, zumindest im Spiel die Wirklichkeit zu verwandeln. Lange rang sie um solche Formulierungen, mit denen sie ihn für ihr Spiel zu gewinnen suchte. Aber darauf ging er nicht ein, war absorbiert von familiären Pflichten, wie er das beinahe wegwerfend genannt hatte, um sie zu beruhigen; dabei hatte er ihr doch mit Wärme von den Kindern erzählt, seinen Kindern, nicht ihrem gemeinsamen, Siegfried, der so innig in ihr lebte, dass sie ihn, mit der Hand auf dem Bauch, zu spüren schien. Eine kleine Bewegung nur, eine winzige, aber doch eine, die sie mit Freude erfüllte. Dabei wusste sie genau, dass die reale Welt, in der sie sich tagsüber aufhielt, eine andere war. Aber wenn Carl und sie sich dann doch, selten genug und verbunden mit vielen Ängsten, im Geheimen trafen und beieinanderlagen, schienen auch bei ihm die Widerstände verschwunden zu sein, so wie bei ihr unter seinen Händen die Schimäre Siegfried gleichsam wegschmolz und nur der Augenblick zählte. »Augenblick, verweile doch! Du bist so schön.« Das stammte von Goethe, der zu seinen Halbgöttern gehörte, und es war vorgekommen, dass er die paar Wörter in solchen Momenten des Vereintseins zitiert hatte, vielleicht als Form der Rechtfertigung vor sich selbst, denn wenn Goethes Faust so gedacht hatte, dann gewiss der

Dichter selbst auch, wenn er auf Liebespfaden ging. Carl war dann außer sich vor Lust, es verschlug ihm die Sprache und ihr auch, und erst danach, im Stadium der Ermattung, kehrte Siegfried zurück. Wie hartnäckig er doch war. Und wollte sie ihn denn abschütteln? Nein, sie trug ihn bei sich und in sich, etwas sollte bei ihr bleiben von Carl, denn es war ihr klar, dass er, der *pater familias,* sich eines Tages von ihr abwenden musste. Oder sie sich von ihm, wenn sie ihr Spiel nicht mehr aushielt oder jemand anderes käme, der sie für sich gewinnen würde. Nachdem sie wieder einmal lange auf ein Lebenszeichen gewartet hatte, schloss sie, oder zumindest ihre vernünftige Seite, das nicht mehr aus. Die gab es ja auch, die Vernunft. Und der Herr Doktor Jung redete, wenn es ihm passte, gerne von ihr.

Gerüchte über die beiden begannen zu kursieren. Von wem sie kamen, wer sie streute, war unklar. Die Freundin Louise, die etwas ahnte, aber nichts Genaues, mahnte Sabina im vertraulichen Gespräch, sie dürfe nicht eine Familie zerstören. Sabina gab nichts wirklich zu, entgegnete aber mit Heftigkeit, auch eine junge Familie zerfalle nur dann, wenn bereits der Wurm daran genügend genagt habe. Es war das erste Mal, dass Louise davonlief und Sabinas Ausflüchte und Lügen nicht mehr hören wollte. Die heimliche Geliebte hatte niemanden, dem sie vertrauen konnte. Es war ungeheuerlich, wozu sie sich hergab, das würde aus allen Mienen zu lesen sein, wenn sie die Wahrheit wüssten, so drastisch verstieß Sabina gegen die Regeln der Gesellschaft. Sich von diesem verbotenen Liebesverhältnis nichts anmerken zu lassen, wäre das Wichtigste gewesen. Aber sie konnte es nicht, obwohl sie es, unter dem Einfluss von Jungs beschwörenden Worten, versuchte. Sie machte Andeutungen, nahm sie gleich wieder zurück, lachte auf ungute Weise, wenn Feiga sie aufforderte, sich, was immer sie tue, im Zaum zu halten. Auch Feiga ahnte, was da in ihrer Nähe ablief, und wenn sie Sabina antraf, stellten ihre besorgten Augen Fragen, die ihre Stimme unterdrückte. Vielleicht steckte doch auch Sabinas alter Wunsch dahinter, für ein schlimmes Vergehen bestraft zu werden. Gegenüber der fernen Mutter ging sie in ihren hastig hingeschriebenen Briefen am weitesten. Merkwürdig, da sie ja die Mutter mit großem Aufwand von ihren Sorgen ferngehalten hatte. Nun aber wollte sie doch in einer Art Halbbeichte ausgerechnet ihr gestehen, wie nah sie und der Herr Professor sich inzwischen standen, wie zentral es für sie war, mit diesem erfahrenen Mann – in allen Dingen – so vertraut zu sein. Sie durfte sich nicht wundern, dass der Brief die Mutter überrumpelte und in Bestürzung, ja in Abscheu versetzte. War dies die Heilung, die sie sich gewünscht hatte, dieser tiefe Fall, dass die Tochter gerade in ihrer Unmoral auch das Heilende zu sehen behauptete? Mit ihren Formulierungen, die das Naheliegende kaum mehr versteckten, löste Sabina ein kleines Erdbeben aus, von dem sie sehr viel später dachte, sie habe es vielleicht sogar bezweckt. Was sie wollte, was das Liebespaar wollte, war nicht lebbar in der engherzigen Zürcher Gesellschaft, auch nicht innerhalb der Elite der Seelenkundigen im Burghölzli. Dass einer der Begabtesten von ihnen die Regeln, die er selbst gesetzt hatte, so krass verletzte, war ein Skandal, wenn auch zunächst bloß hinter vorgehaltener Hand.

Eva Markowna rebellierte gegen ihre Tochter ein weiteres Mal. Jung mit seinem überfreundlichen Gehabe hatte sie nie wirklich gemocht, schon gar nicht verehrt, und wenig Gutes von ihm erwartet. Sie fühlte sich verpflichtet, an seine Gattin zu schreiben und Emma Jung-Rauschenbach hinzuweisen auf die Schamlosigkeit, den Egoismus ihrer eigenen Tochter und das Fehlverhalten des Ehemanns. Schon nur diese Küsse im Wald, von denen die Tochter andeutungsweise schrieb! Es war ja mit den beiden, dem Verführer und der Verführten, gewiss noch weitergegangen. Aber das musste ein Ende haben, und die Ehefrau des Therapeuten würde in dieser Situation das Richtige tun. Was Eva Markowna mit ihrer Denunziation auslöste, hatte sie nicht geahnt, aber wohl doch bezweckt. Sie wolle den offenen Skandal vermeiden, wie sie schrieb, sie fühle von Frau zu Frau, log sie. Aber nun machte die als sanft geltende Emma ihrem Mann eine Szene, wie sie in ihrer Heftigkeit zwischen den beiden neu war. Sie drohte mit Weggehen, mit der Scheidung, was die Leute denken würden, sei ihr egal. Es sei denn, er bereue auf der Stelle seinen Fehltritt und sehe die abgefeimte Sünderin, die ihm den Kopf verdreht habe, nie mehr. Man kann sich vorstellen, auf welche Weise ihr Mann sich herauszureden versuchte. Es sei nicht so, wie sie meine, sagte er wohl, sich einmal beim Abschied geküsst zu haben, könne doch nicht als Sündenfall gelten, ja, da habe er aus Mitleid die ärztliche Distanz verloren, er verspreche, dass er daraus lerne und eine solche Episode nicht mehr vorkommen werde. Und Emma, die betrogene Frau? Sie glaubte ihm nicht, sie kannte doch das Stierhafte ihres Ehemanns, das manchmal nachts in ihm durchbrach, wenn er sich sein Weib nahm, wie es in der Bibel hieß, ohne dass er ihr Lust bereitete. Sie lief an diesem Abend nach dem Streit mit dem jüngeren Kind davon, übernachtete, das war ungeheuerlich für sie, bei einer Verwandten, unter dem Vorwand, der Mann huste heftig, sie wolle die Kleine vor ihm schützen. Doch Emma kam wieder, nahm den Streit von Neuem auf, wollte dem Mann die Zusicherung, nein, den Schwur abtrotzen, dass er Sabina Spielrein nicht wiedersehen werde. Er widersprach, er könne diese Frau nicht einfach in die Wüste schicken, sie schrie: »Doch, das kannst du, das wirst du tun!« Schließlich forderte er Bedenkzeit. Sie schlief diese Nacht bei den Kindern, die oft quengelten, als spürten sie den Konflikt zwischen den Eltern.

Es gab Nachbarn, die etwas von der ungewohnten Lautstärke im Hause Jung mitbekommen hatten, die Gerüchte um ihn und Sabina verstärkten sich, wurden in der Anstalt schon beinahe zu Gewissheit. Einer sprach ihn darauf an, ausgerechnet Bleuler. Auch wenn es gar nicht oder nur halb stimmen sollte, was da herumerzählt werde, sagte er im Büro zum herbeizitierten Kollegen und zugleich Untergebenen, schade das Ganze erheblich Jungs Reputation, und Bleuler bedaure dies außerordentlich. Jung senkte den Kopf, verließ wortlos das Büro mit den düsteren Möbeln. Am selben Abend gab er Emma endlich das Versprechen, nach dem sie gehungert hatte: dass er das Fräulein Spielrein von seiner Liste der Patienten streiche und sie nur noch von Weitem sehen werde. Daraufhin ließ sich Emma, noch immer verhärtet, von ihm umarmen, der offene Skandal war abgewendet, er hätte wohl Jungs weitere Karriere verunmöglicht. Am nächsten Tag brütete er über einem Brief an Sabina, der den Bruch besiegeln sollte.

Es waren nicht viele Worte, die ihm einfielen, sie klangen unmissverständlich und keineswegs so doppeldeutig, wie er sich sonst zu seiner Familie geäußert hatte. Er müsse jetzt wählen, schrieb Doktor Jung, er könne es nicht verantworten, dass seine Kinder ohne Vater aufwachsen würden, auch nicht, seine Frau gesellschaftlich derart bloßzustellen, außerdem setze er mit dieser prekären Situation seine ganze Zukunft aufs Spiel. Manchmal gehe es nicht anders, als dass man unter eine fehlerhafte Episode im eigenen Leben einen Strich ziehen müsse. Sie beide, Sabina und er, würden sich allenfalls noch von Weitem sehen. Er wünsche ihr das Allerbeste.

Das war er also auch, ihr Carl, dachte Sabina nach dem ersten Schock, das eilig beschriebene Blatt Papier auf ihrem Schoß: ja, das war er, Doktor Jung, ein Mann, der sich mit scheinbarer Wärme durch seinen kaltherzigen Abschied heuchelte. Es ging ihm in erster Linie um seinen Ruf, wohl auch die finanzielle Zukunft. Zu seiner Ehefrau hatte er doch ein distanzierteres Verhältnis, als er jetzt vorgab, und wie wichtig waren ihm überhaupt die Kinder? Selten hatte er sie erwähnt, nur von der Mätresse keinen Siegfried gewollt und sie mit seinen Verhütungstechniken gedemütigt. Zuerst loderte in Sabina ein Zorn hoch, der sie fast in die Ohnmacht trieb. Im Kopf hämmerte es, sie legte sich auf ihr Bett, das noch wie aus weiter Ferne nach seiner Haut roch, denn zweimal hatten sie hier gelegen. Nein, dreimal. Ja, dieser Mann war ein Verräter in der Liebe, ein Schuft, der bloß seinem Trieb gehorchte! Sie hätte es hinausgeschrien, ihn laut verflucht, hätte sie nicht gewusst, dass Feiga an diesem Abend im Zimmer nebenan war. So dämpfte sie ihre

Beschimpfungen mit der Hand vor dem Mund, ihr ganzer Körper hob und senkte sich im Rhythmus der Wutlaute, die sie von sich gab. Dann aber überwältigte sie der Schmerz, er glühte in ihr, sie warf sich auf den Bauch, hämmerte mit beiden Fäusten auf die Bettdecke, konnte nicht aufhören damit, denn der so überlegene Liebhaber sollte leiden wie sie. Beinahe war es ein Rückfall in die Phase der Schreikrämpfe, die sie doch hinter sich gelassen hatte. Und nun hatte derselbe, der sie davon befreit hatte, sie wieder hervorgerufen.

Da klopfte es an die Tür, Sabina hörte es wohl erst beim wiederholten Mal. Es war ja offen bei ihr. Aber sie war außerstande, auch nur ein Wort zu sagen. Die Tür ging auf, Sabina drehte sich um. Feiga stand vor ihr.

»Was hast du denn?«, fragte sie. »Warum ist dir so elend? Kann ich dir helfen?«

Sabina brachte die Kraft auf, ein Nein hervorzubringen. »Nicht jetzt, lass mich bitte. Es wird schon wieder gut. Ich …«

»Dann geh ich wieder«, sagte Feiga auf Russisch. »Aber ich bin da, wenn du mich brauchst.«

Sabina wollte danken für diese Fürsorglichkeit, konnte aber nicht, das Schluchzen war stärker. Feiga schloss die Tür hinter sich, als ob dies doch ein Schutz für Sabina wäre.

Der Kummer nahm allmählich ab, die Tränen versiegten, sie hatte keine mehr, wie oft als kleines Kind, wenn sie gemeint hatte, im Familienwirrwarr keine Luft mehr zu finden und an allem, was sie nicht verstand, ersticken zu müssen.

Es kam so heraus, wie Jung es gewollt hatte. Der Skandal

wurde abgewendet. Aber die Wunde, die er der fallenge-
lassenen Geliebten zugefügt hatte, heilte lange nicht. Nach
Wochen, in denen sie beinahe arbeitsunfähig war, wollte
Sabina zwischen sich und Jung eine Art Versöhnung stif-
ten, sie wollte die Verstoßung rückgängig machen, es war
lebensnotwendig für sie, dass sie ihm nahe bleiben konnte.
Auf die körperliche Liebe war sie bereit zu verzichten,
denn sie sah ein, dass er nicht anders konnte, als sich dem
Ehrenkodex der Zürcher Gesellschaft zu fügen. Das und
Ähnliches schrieb sie ihm, er antwortete nicht. Dann erfuhr sie, dass er auf seine Professur verzichtet habe, auch
die Stelle als Oberarzt im Burghölzli aufgabe. Sie fing an,
sich Sorgen um ihn zu machen, nachdem sie ihn doch eine
Zeitlang gehasst hatte. Was wollte er denn jetzt? Feiga, die
inzwischen ansatzweise in die Liebesgeschichte eingeweiht
war, fragte für sie herum. Dr. Jung, das schien gesichert zu
sein, werde mit seiner Familie ein Haus in Küsnacht beziehen und dort eine eigene Praxis aufbauen. Sein Ruf hatte
sich, trotz der Gerüchte, gefestigt. Er werde, so hieß es ein
wenig neidisch im Kollegenkreis, bestimmt Zulauf haben,
vor allem von vermögenden Damen, die seine Honorare zu
zahlen vermöchten.

Sabina fragte sich, ob Jung letztlich vor ihr flüchtete, ob
er der Ehefrau geschworen hatte, auch auf diese Weise der
Geliebten den Rücken zu kehren. Lange rang sie mit sich,
ob sie, was das Verhältnis zu Jung betraf, einfach schweigen solle. Das ging über ihre Kraft. So entschloss sie sich
nach langem Zögern, Jungs Mentor zu schreiben, Sigmund
Freud in Wien, und ihn um Rat zu bitten. Sie sei Patientin von Jung gewesen, sei nun mit ihm aus persönlichen

Motiven in einen Zwist geraten, den sie außerordentlich bedaure, sie wünsche, auch wenn es ihr schwerfalle, eine Versöhnung, und weil sie wisse, wie sehr Jung Herrn Doktor Freud schätze, ja verehre, bitte sie ihn um Vermittlung, Doktor Jung werde auf ihn hören. Sie fügte hinzu, sie habe Jung ihren Mädchenstolz geopfert, und machte damit klar, dass es um ein Liebesverhältnis ging, das Jung offensichtlich beendet hatte. Sabinas Hand zitterte beim Schreiben, sie rutschte mit der Feder einige Male aus. Ihr war bewusst, dass sie nun ihrerseits einen Verrat beging, dass sie den Mann, der sie entjungfert hatte, mit ihrer durchsichtigen Verklausulierung anschwärzte, obwohl sie nicht anders konnte, als ihn weiter zu lieben. Sie wünschte sich, dass das geheime Gebäude, das sie mit ihm errichtet hatte, explodierte und in die Luft flog, und fürchtete sich vor den Folgen. Aber sie schickte den Brief nach einer nahezu schlaflosen Nacht ab und hätte ihn schon einen Tag später am liebsten zurückgefordert und ausgelöscht. Sie versuchte, sich abzulenken, Zeit mit Freundinnen zu verbringen und sich in harmlose Plaudereien zu flüchten. Wobei sie einer neuen Gefährtin, Rebekka, einer jüdischen Russin wie sie, im Zwiegespräch beinahe die Wahrheit gestand. Sie wartete, in abrupt wechselnden Gefühlszuständen, lange auf eine Antwort aus Wien. Würde sie, die unbekannte Studentin, überhaupt eine bekommen? Den Umschlag mit österreichischen Marken, der endlich in ihrem Briefkasten lag, riss sie mit den Fingern auf und zerriss ihn halb, der beschriebene Bogen, den sie herauszog, blieb unversehrt.

Freuds Tonart in seiner Antwort empfand sie als gönnerhaft. Er strich hervor, dass es beinahe notwendigerweise in einer Analyse, wie er sie begründet habe, zu einseitigen Verliebtheiten komme, der Arzt sei verpflichtet, sich ihnen zu entziehen. Sie solle sich damit konfrontieren, dass sie Jung, der möglicherweise auch schwach geworden sei, nun zu belästigen drohe. Sie solle die Kraft in sich finden, ihre Gefühle umzuwandeln, sie zum Beispiel in ihr Studium zu investieren. Sabina konnte kaum glauben, dass der erfahrene Doktor Freud sie, wie er durchblicken ließ, als Verführerin eines redlichen Familienvaters sah und kein anderes Rezept anbot, als sich ihm zu entziehen und ihre Gefühle niederzukämpfen. Es milderte ihren Zorn kaum, dass Freud ihr ein paar Wochen später noch einmal schrieb und sie um Entschuldigung bat: Jung sei bei ihm in Wien gewesen, in ihrem langen Gespräch sei ans Licht gekommen, dass er, um sich zu schützen und seine eigene aktive Rolle zu vertuschen, die Geschichte mit Fräulein Spielrein verzerrt dargestellt habe. Sie wusste nicht, dass ihre Beichte Freud hochgradig irritiert hatte und er seinem Jünger sogar ein Telegramm geschickt und ihn nach diesem Fräulein Spielrein gefragt hatte. Erst Jahre später ging ihr auf, dass die beiden Männer, trotz Freuds verspäteter Entschuldigung, sich offenbar gegen sie verbündet hatten, um in einem etwaigen öffentlichen Skandal, sie, Sabina, als Schuldige zu bestimmen und auf die junge Psychoanalyse keinen Schatten fallen zu lassen. Freud mit seiner jüdischen Abstammung war es wichtig, den Christen und Pfarrerssohn Jung als möglichen Nachfolger aufzubauen, um der Psychoanalyse den Makel der rein jüdischen Vereinigung zu nehmen.

19
Sabina als Ärztin, Verabredung am See, Zürich, 1911

Sie war nun Ärztin geworden, sie, die ehemalige Hysterikerin, und zwar mit einem glänzenden Examen, und sie fasste den Entschluss, sich mit dem Mann, der ihr so viel geschenkt und so viel zugefügt hatte, noch einmal persönlich zu treffen. Sie hatte das Bedürfnis, ihre Beziehung neu zu definieren. Jung mit all seinen Stärken und Schwächen war für sie zu wichtig, als dass sie ihn gleichsam chirurgisch aus ihrem Bewusstsein herauslösen konnte. Sie wollte Zürich nicht verlassen, ehe sie nicht so etwas wie eine dauerhafte Versöhnung, ob sie nun von Freud inspiriert war oder nicht, versucht, vielleicht sogar zustande gebracht hatte. Sie schrieb ihm an seine noble Adresse in Kilchberg, privat, und nahm in Kauf, dass seine Ehefrau den Brief mit Sabinas Handschrift möglicherweise öffnen und vernichten würde. Aber er schrieb schon nach wenigen Tagen zurück, redete sie mit Fräulein Spielrein an, er erklärte sich einverstanden mit einem klärenden Treffen und schlug vor, ihr Rendezvous auf neutralem Boden sozusagen, in einer Wirtschaft, die sie auswählen solle, stattfinden zu lassen, gerne am Seeufer irgendwo zwischen Zürich und seinem Wohnort. Er bot ihr drei Termine an, jeweils am Nachmittag um vier. Nicht mehr, nicht weniger stand in dieser Antwort, die ihr wohlwollend, aber distanziert erschien. Sie wählte den nächstmöglichen Termin, antwortete umgehend, ein kleiner Landgasthof am See, nah an der Stadt, scheine ihr geeignet zu sein, er heiße Blumenau. Auf eine Antwort verzichtete er, was wohl hieß, dass er kommen werde.

Es war ein Donnerstag im Spätsommer, das Wetter freundlich, wenn auch bewölkt. Sie machte sich zu Fuß auf den Weg zum Treffpunkt und versuchte, ihre wachsende Aufregung zu bekämpfen, sie hatte sich dezent angezogen, nicht übertrieben elegant, mit Jupe und getupfter Bluse, aber ihr Kleidungsstil war nicht mehr zu vergleichen mit der Schlamperei der ersten Zürcher Zeit. Sogar leicht geschminkt hatte sie sich. Auf der Seeseite standen vor dem Gasthof ein paar leere Stühle, sie zog es vor, sich im Inneren an einen Fenstertisch zu setzen, in möglichst großem Abstand zum einzigen Gast, der sie verwundert musterte. Vier Uhr war vorbei, die Minuten verstrichen. Sie gab die ängstliche Hoffnung auf, dass er wirklich kommen würde; sie hatte vielleicht doch zu sehr seine Selbstsicherheit geritzt, allein dadurch, dass es sie, Sabina, gab, nach wie vor, dass sie stärker geworden war und dass sie sich weigerte, ihn zu vergessen. Sie bestellte einen heimischen Weißwein mit zwei Gläsern, und der Wirt in schmutziger Weste zwinkerte ihr zu, als ob er alles erraten habe. Dann kam Jung doch, in einem leichten perlgrauen Sommeranzug. Er schaute sich suchend um, ging auf sie zu, grüßte mit einer kleinen Verbeugung, die er offenbar gar nicht ironisch meinte: »Da sind Sie ja, Fräulein Doktor.« Er wusste also Bescheid über ihre bestandenen Prüfungen. Sie nickte ihm zu, die Hand gaben sie sich nicht. Sie bedeutete ihm, sich ihr gegenüberzusetzen. Er tat es, rückte vorher den Stuhl ein wenig zu lange hin und her. Er nahm seinen Strohhut ab, legte ihn auf den freien Nebentisch. Sie hatte diesen Mann vor vierzehn Monaten zum letzten Mal gesehen, damals nur von Weitem, er war auf dem Gelände der Universität von Studierenden umringt gewesen, er hatte sie, weil sie stehen geblieben war, vermutlich erkannt, aber ignoriert. Nun saß er ihr gegenüber, mit ernstem Gesicht, das ihr in kurzer Zeit gealtert vorkam, sie lächelte, ohne es zu wollen. Der Wirt war sogleich am Tisch, füllte Jungs Glas, obwohl dieser halbherzig abwehrte, verschwand dann wieder in der Küche. Man hörte ein Rasseln von Pfannen.

Jung legte seine Hände auf den Tisch. »Ich habe«, setzte er mit leiser Stimme an, »Ihrem Wunsch stattgegeben, weil mir scheint«, er suchte sichtlich nach angemessenen Worten, »weil mir scheint, dass ich Ihnen gegenüber gefehlt … ich meine, unüberlegt meinen Impulsen gefolgt bin, mich unprofessionell verhalten habe …« Er verstummte, senkte den Blick. Die randlose Brille, die man in diesem diffusen Licht kaum sah, verbarg seine Verlegenheit nicht.

Sie nahm sein Sie auf, obwohl ihr das Du leichtgefallen wäre, denn der Mann, der sich so zerknirscht gab, stand ihr immer noch näher, als sie gedacht hatte, und das ließ ihre Stimme schwanken. »Ich bin nicht hier, um die Vergangenheit aufleben zu lassen, Herr Doktor, ich bin hier, um über die Zukunft zu reden.«

Er nickte erst, schüttelte dann doch den Kopf. »Gewiss, das werden wir tun, aber ich bitte Sie, meine Entschuldigung für mein Verhalten anzunehmen.«

Was war es, das ihn zu dieser fast devoten Haltung brachte?, fragte sie sich. Sah er sie nicht mehr, so wie Freud zunächst, als die Schuldige an diesem Sündenfall?

»Herr Doktor«, sagte sie, um eine festere Stimme bemüht, »ich habe mich damals in Sie verliebt. Und Sie haben eine Zeit lang meine Liebe erwidert. Oder stimmt das nicht?«

Er rückte die Brille zurecht. »Ja, so lässt es sich sagen. Ich habe mich meiner Leidenschaft überlassen ... aber doch erst in einer Phase, als sie nicht mehr meine Patientin waren ...« Er stockte, zwinkerte heftig, was er sonst nie getan hatte.

Diese Rechtfertigung irritierte sie. »Erinnern Sie sich denn nicht an unsere Begegnungen im Wald? Die Besuche bei mir kamen später, das stimmt.«

Er zögerte, nickte dann, seine Hand suchte den Hut auf dem nahen Nachbartisch, fingerte an dessen Krempe herum. »Das mag sein ... Sie wissen ja, die Erinnerung ist ein unzuverlässiges Ding ...« Er versuchte, sich ein Lächeln abzuzwingen. »Manchmal eine Wunscherfüllungsmaschine ... Da verschiebt sich vieles, und ich ...«

Sie fiel ihm ins Wort und freute sich, dass ihr das gelang: »Wie auch immer, Herr Doktor, lassen wir das Vergangene ruhen. Ich will unser Verhältnis auf eine neue Grundlage stellen, ich bin ja Ihre Fachkollegin geworden.«

Er drehte sich näher zu ihr hin, schwieg aber, und nun glaubte sie einen Moment lang, sich selbst, sehr klein, in seinen Brillengläsern gespiegelt wahrzunehmen. Und dahinter glänzte es nass. Aber das konnte ja gar nicht sein. Vergoss Jung ihretwegen nun ein paar Tränen? Wohl eher wegen seines Seitensprungs, den ihm die Ehefrau nicht verzeihen wollte.

Das Schweigen wurde lastend, Sabina durchbrach es, ein wenig zu forsch: »Ich kann Ihnen gerne meine Dissertation zur Lektüre überlassen, sie verdankt ja auch Ihren Forschungen einiges …« Sie hatte ihm nicht schmeicheln wollen und es nun trotzdem getan.

Er schien aufzuatmen, nahm die Brille ab, fuhr sich mit dem Handrücken über die Augen, setzte die Brille wieder auf. »Wir können es gerne versuchen, Fräulein Doktor Spielrein. Ich stehe ja mit einigen Kollegen, die auf meinem Gebiet tätig sind, in ständigem Kontakt.«

Er wirkte in diesem Moment beinahe hinfällig, dieser überaus große und kräftige Mann, und sie staunte darüber, fast hätte sie seine Hand genommen und sie tröstend gestreichelt. Was war sie doch für eine Samariterin!

Sie straffte sich, suchte weiter nach einem sachlichen Ton. »Wir haben beide aus unserer Beziehung etwas gelernt, meinen Sie nicht auch?«

Er griff nach seinem Weinglas, aber es war schon leer, so wie der Krug, der zwischen ihnen stand. Aber sie wollte nicht, dass der Wirt ihn noch einmal füllte, und er offensichtlich auch nicht.

Was sie einander zu sagen fähig waren, hatten sie, wie es schien, gesagt. Es schmerzte sie doch stärker, als sie gedacht hatte, aber es war gut so. Zwei Gäste betraten den Schankraum, setzten sich an einen entfernten Tisch, bestellten Bier. Sie hatten die Tür halb offen gelassen, von draußen hörte man ein Bimmeln, das wohl von weidenden Schafen in der Nähe kam.

Dass Carl und Sabina noch eine Weile ihr Gespräch fort-setzten, war nicht Tarnung, sondern die Möglichkeit, die sie sich gewünscht hatte, es wurde ein Fachgespräch daraus, in dem Jung die neue Kollegin um ihre Meinung zu einem Fall von krankhafter Kleptomanie bei einer Achtzehnjährigen bat, die ihre Mutter in seine Praxis nach Küsnacht gebracht hatte. Sabina war froh über diese Wendung, sie erinnerte sich, dass sie selbst als Halbwüchsige gestohlen hatte, verschwieg es aber und formulierte dennoch die Meinung, diese Art des Stehlens habe doch wohl mit einer unbewussten Aggression gegen die Bestohlenen zu tun. Jung pflichtete ihr bei, das sei auch sein Ansatz, zu ihrem Erstaunen gerieten sie, während am andern Tisch immer lauter geredet wurde, tatsächlich in eine sachliche Diskussion. Jung, immer beredter, gelang es, das eigene Versagen von sich wegzurücken, und Sabina fühlte sich als Kollegin ernst genommen, obwohl er wesent-lich mehr und ausufernder redete als sie.

Sie merkten gar nicht, dass es schon zu dämmern be-gann, die tief stehende Sonne hatte sich inzwischen hin-ter dichtem Gewölk ein letztes Mal hervorgestohlen; eine merkwürdige Stimmung lag über dem Uferstreifen, noch stärker über dem See selbst, der dunkel schien, nur am Ufer mit rötlichen Striemen, als wäre schon Nacht. Der Wirt schreckte die ins Gespräch Vertieften auf, indem er einen gusseisernen Ständer mit drei brennenden Kerzen auf den Tisch stellte. Jung blickte erschrocken auf seine Taschenuhr. »Ich muss weg, nach Hause«, sagte er, nun geradezu unge-hobelt. »Es tut mir leid. Die Familie wartet.« Er stand ruck-artig auf, war nur noch eine Armlänge vor ihr entfernt, der Hüne, wie Sabina ihn bei ihren ersten Begegnungen gesehen hatte, einschüchternd geradezu. Sie stand auch auf, gesitteter, es ließ sich nicht ändern, dass sie immer noch mehr als einen Kopf kleiner war und zu ihm aufschauen musste. »Wie kommen Sie zurück nach Kilchberg?«, fragte sie.

»Ach«, sagte er. »Irgendwo wird es einen Bahnhof geben. Und die Züge fahren häufig gegen Abend.«

Die Frage, wie er hergekommen sei, verkniff sie sich, sie wollte ihm nicht den Eindruck geben, es gehe ihr darum, seine Geheimnisse aufzudecken. Er bezahlte die Rechnung, die nicht hoch war, ergänzte sie offenkundig um ein großzügiges Trinkgeld, denn der Wirt katzbuckelte förmlich vor dem vornehmen Gast. Draußen gaben sie sich nun doch die Hand, er schüttelte ihre lange, sie glaubte zu spüren, wie seine Wärme in sie hinüberfloss.

»Wohin fahren Sie jetzt?«, fragte er scheinbar beiläufig, nachdem sich die Hände getrennt hatten.

Eigentlich hatte sie auf die Frage schon lange gewartet. »Zunächst nach Wien«, sagte sie beinahe schroff.

Einen Augenblick schien er zu erstarren. »Zu…?«

Sie nickte, es war schon so dunkel, dass er es vielleicht gar nicht sah. Und darum ergänzte sie: »Unter anderem zu Professor Freud.«

Er nickte nun auch, als hätte er es erwartet. »Alles Gute dann, Fräulein Doktor.« Damit drehte er sich um und stapfte mit seinen schweren Schritten stadtauswärts, zu Frau und Kindern. Und sie wandte sich, mit kürzeren, aber eiligeren Schritten der Stadt zu, auf der Straße, auf der sie mit ihm, das fiel ihr erst jetzt ein, vor sieben oder acht Jahren gegangen war, auf dem Rückweg in die Irrenanstalt, wie sie damals hieß.

20

Der Häftling, Anfang 1942

Fünf Jahre Lagerhaft, das war das Urteil gegen Platten. Sind sie nicht bald vorbei? Er weiß es nicht, er fragt nicht danach, auch wenn Igor, den er am längsten kennt, es vermutlich wüsste. Die Tage verschwimmen ineinander, auch die Nächte geben der Zeit keinen Rhythmus mehr. Er überlebt, ohne es wirklich zu wollen, der Lebenswille verlässt ihn allmählich. Es verschwimmt in ihm auch die Gewissheit, ein Kommunist zu sein. Die Gedanken tun, was sie wollen. Vom großen Krieg hört er nur durch Gerüchte. Die Deutschen seien in Russland auf breiter Front eingefallen, hätten Moskau fast erreicht, seien vom Wintereinbruch gestoppt worden; jetzt erlaube die Schneeschmelze ein weiteres Vorrücken. Das ist weit weg, ein unwirkliches, ein unvorstellbares Geschehen. Was hat er, Fritz Platten, noch damit zu tun? Dass er so enden würde, hätte er nie gedacht, denn es ist, das ahnt er, das Ende, auf das er hinsteuert. Fragt sich nur, wie es sein wird. Schmerzhaft? Eines in langer Agonie? Das Leben als freier Mann kann er sich nicht mehr vorstellen, obwohl er in seinen spärlichen Briefen an die Parteizentrale beteuert, dass ihm die Idee, bald wieder frei zu sein, Kraft gibt. Es sei alles ein Irrtum, das hat er oft genug behauptet, aber daran glaubt er nicht mehr. Außerdem ist er inzwischen sicher, dass die meisten Briefe gar nicht abgeschickt werden und sich, mit Zensurvermerken, im Gefängnisarchiv stapeln, unter Hunderten von anderen. Das ist das Doppelspiel der allmächtigen Partei, die er einst so hoch achtete wie nichts sonst auf dieser ungerechten Welt. Denn die Partei wollte die Welt gerechter machen, er hat daran geglaubt wie Bibeltreue an ihr Evangelium. Der Mensch taugt nicht dazu, abstrakte Ideale zu verwirklichen, er ist verstrickt in seinen Widersprüchen, sogar Lenin war es. Eine schmerzhaftere Einsicht gibt es kaum.

Dass der Lebenswille aus einem herausrinnen kann wie Wasser aus einem löchrig gewordenen Eimer, das hätte er nie gedacht. Oder nur in schlimmsten Momenten. Etwa als er vernahm, dass Berta schon lange tot war, hingerichtet von der Partei, der er doch sein Leben verschrieben hatte.

Nacht für Nacht erscheint dem Häftling Fritz Platten jetzt Grimm. Er will ihn verjagen. So eine Phase hatte er schon einmal. Da war Grimm eindeutig eine Traumerscheinung. Ein ärgerlicher Laut, eine Handbewegung ließ sie verwehen.

»Warum«, fragt Platten den Mann, den er vor sich sitzen sieht, »hast du dir nach dem Landesstreik den Schnurrbart abrasiert?« Eine andere Frage fällt ihm seltsamerweise nicht ein.

»Wie kommst du darauf? Den hatte ich noch lange, erst später wurde er mir unbequem, da wollte ich kein Gestrüpp mehr im Gesicht. Die meisten, ob bürgerlich oder nicht, hatten damals einen.«

Platten lacht, ein wenig bitter. »Ich hatte nie einen. Das war eine lästige Mode.«

»Dafür waren deine Schläfenhaare länger. Du wolltest ein Bohemien sein, ich wollte dazugehören. Und am Anfang war der Schnurrbart an beiden Enden noch länger, hing über die Mundwinkel hinab. Das galt bei den Damen als elegant.«

»Natürlich, denen wolltest du gefallen. Ich ja auch. Aber Rosa hast du auf andere Weise gewonnen.«

Grimm seufzt, fast unhörbar. »Sie hat mich gereizt durch ihre Intelligenz, ich habe sie überzeugt durch meine.«

»Aber das ging ja nicht lange gut.«

»Sechs Jahre, immerhin. Aber was soll das? Führst du ein intimes Verhör mit mir?«

»Das Persönliche hängt mit der Außenwirkung zusammen. Das lernt man in der Lagerhaft. Deine zweite Frau, Jenny, hat mehr auf dich gehört, oder nicht? Du dann aber auch auf sie, als es darum ging, den Landesstreik abzubrechen. Sie hatte Angst um dich. Sie war ja auch fünfzehn Jahre jünger als du.«

»Fast sechzehn, wenn du genau sein willst. Warum weißt du das überhaupt? Was spielt es für eine Rolle?«

»Weil du, mein Lieber, überall den Ton angeben musst. Nicht nur deinen Frauen, auch den Männern gegenüber, die dich herausgefordert haben. Ich habe dazugehört, oder nicht?«

Grimms Stimme, die vorher ironisch geklungen hat, nimmt einen ärgerlichen Ton an. »Man musste dich bekämpfen, du hast den falschen Weg eingeschlagen. Du erlebst jetzt doch am eigenen Leib, wohin der Genosse Stalin und der Kommunismus dich geführt haben.«

»Ins Ungewisse, auf Irrwege, ich weiß. Du scheinst ja

über mich genau so viel nachgeforscht zu haben wie ich über dich.«

Es ist erstaunlich, dass das Bild von Grimm sich beim genaueren Hinschauen verändert, von Minute zu Minute zu altern scheint, sogar, ohne den Schnurrbart im Gesicht, dem von Platten, so seltsam es scheint, ähnlich zu sehen beginnt.

21
Sabina in Lausanne, 1915–20

Sie ging auch jetzt gerne am See entlang, obwohl seit ihrem Treffen mit Jung viel Zeit, fast zehn Jahre vergangen waren und sie sich am Lac Léman befand, in Lausanne,
nicht am Zürichsee. Es war ein weiter Blick von hier, von
der Strandpromenade in Ouchy aus, hinüber zum französischen Ufer und den Bergen im bläulichen Dunst. Sie stahl
sich solche Spaziergänge von ihrer Tätigkeit im Blindenasyl ab, sie ging schnell, um zum See hinunterzugelangen
und eine halbe Stunde später wieder, außer Atem, in die
Oberstadt zurückzueilen. Sie mochte die kleinen Wellen,
die der Wind zum Ufer trieb, sie mochte es zuzuschauen,
wie sie die Kraft verloren und über den Sandstreifen still
zurückflossen. Wie froh war sie, dass sie für die zweijährige
Renata eine Kinderfrau gefunden hatte, eine Nachbarin aus
der Avenue Solange, eine fünfzigjährige ehemalige Schnei-
derin, die einer lahmenden Hand wegen den Beruf aufgegeben hatte. Sie war gütig, ließ dem kleinen Kind zu viele
Freiheiten, der Lohn, den Sabina für sie von ihrem Gehalt
als Ärztin abzweigen musste, war geringer, als was sie in
Berlin oder in Rostow bezahlt hätte. Sie konnte sich und
das Kind, auch dank der Zuwendungen der Eltern, über
Wasser halten; die Wohnung war nicht bedrückend eng,

und wenn Sabina sich auf die Zehenspitzen stellte, sah sie über die Bahngleise und einige Häuser hinweg einen Streifen vom See und war immer wieder fasziniert von dessen wechselnden Farben, die sie für sich auf Deutsch zu benennen versuchte, mit eigenen Erfindungen, von Auberginenblau bis Wellensittichgrün. Das Töchterchen, Renata, die auch Irma hieß, lachte schon jetzt über solche Wörter, auch, weil sie tagsüber mit Madame Langel auf Französisch plapperte.

Pawel Scheftel, ihr Mann, war nach Russland zurückgekehrt, wenige Monate nachdem der Krieg begonnen hatte. Er war Arzt für Menschen und für Tiere, ein doppelter Arzt, sagte Sabina scherzhaft. Er sehnte sich zurück nach Rostow, nach dem russischen Gemüt, und er wollte dem Vaterland als Soldat dienen, wenn man ihn benötigen würde. Dass die Deutschen gegen Russland kämpften, hatte er schon in Berlin nicht ertragen, überhaupt die deutsche Lebensart, das großbürgerliche Getue heftig abgelehnt, ein Wunder, dass er ihrem gemeinsamen Ortswechsel zugestimmt hatte. Als sie damals, 1912, für drei Wochen ihre Familie in Rostow besuchte, hatte ihr Bruder Isaak sie gedrängt, an einem Empfang bei reichen Verwandten teilzunehmen. Pawel, fünf Jahre älter als Sabina, mit dichtem Bart, ein wenig ungeschickt, zugleich liebenswürdig, hatte sogleich um Sabina zu werben begonnen, sie waren beide, für russische Verhältnisse, spät dran mit einer Heirat. Nach dem Abschied von Jung war Sabina zur Ansicht gekommen, dass es Zeit war zu heiraten, und wäre es nicht richtig, dafür einen ganz anderen Typus Mann zu wählen? Pawel glich zwar Jung in seinem Körperbau, war aber von tiefer jüdischer Religiosität, konservativ, mit einem Frauenbild, dem Sabina eigentlich überhaupt nicht entsprach. Dennoch heiratete sie ihn, die Feier war schlichter, als ihre Familie gewünscht hätte. Und das Zusammenleben in Berlin, zu dem Sabina Pawel überredet hatte, erwies sich als unerwartet schwierig und wurde von zunehmenden Konflikten geprägt. Was sie aneinander band, war erstaunlicherweise die körperliche Liebe; Pawel war in den Nächten ein leidenschaftlicher Liebhaber, es gelang ihm, den Schatten Jungs, ohne dass er es wusste, zu vertreiben. Aber tagsüber lief die Praxis, die Sabina eröffnet hatte, mittelmäßig, und Pawel fand keine Anstellung, wurde mürrisch, empörte sich über die Gottlosigkeit dieser Stadt. Die Schwangerschaft Sabinas allerdings machte vieles wieder gut, er freute sich geradezu kindlich auf den Nachwuchs, während Sabina sich, ihrer schmalen Hüften wegen, vor der Geburt fürchtete; sie überstand sie aber ohne große Schwierigkeiten. Das Töchterchen tauften sie einvernehmlich auf Irma-Renata. Es rührte Sabina, das Neugeborene auf dem starken Arm Pawels zu sehen. Doch das Familienglück verging rasch, Pawels Unruhe meldete sich erneut, der Drang, in der Heimat, die nun im Krieg stand, nützlich zu sein, besetzte ihn von Tag zu Tag stärker. Und die Auseinandersetzungen mit seiner Frau, die gegenseitigen Beschuldigungen häuften sich. Es war doch eine Art Erlösung für Sabina, als Pawel sich entschloss, nach Russland zu fahren. Er reiste unter Tränen ab, sein Land, sagte er, brauche ihn mehr als das Kind, das doch eine Mutter habe. Er schaute sie flehend an: »Du musst mir verzeihen, Sabina, aber ich verdorre hier, ich muss zurück.«

Sie zwang sich zu Zuversicht: »Es ist besser so, Pawel, wir wissen es beide. Wir würden uns sonst beide unglücklich machen.«

Er nickte, und einen Moment kam er ihr vor wie ein geschlagener Hund. »Geh zurück in die Schweiz. Du bist dort sicherer als in einem Land, das im Krieg steht.«

»Ja, das ist meine Absicht.«

»Ich bleibe der Vater unseres Kindes, das weißt du«, sagte er unter Tränen.

Bei ihr blieben sie aus, sie war in einer erstaunlich gefestigten Stimmung, sie wünschte ihm alles Gute und meinte es so. Dann war er weg, mit einem einzigen kleinen Koffer. Im Schrank hing noch sein guter Anzug, und bevor sie umzog, brachte Sabina ihn zum Trödler.

Der Krieg trieb sie zuerst für ein paar Monate zurück nach Zürich. Sie vermied es, Jung zu treffen; er wusste wohl gar nicht, dass sie in der Nähe war und ein Kind bekommen hatte. Sie präsentierte die Kleine ein paar Freundinnen, Feiga zuerst, sagte, deutete an, wer der Vater war; sie werde ihn wohl, solange der Krieg andaure, nicht mehr sehen. Dann fand sie die Stelle in Lausanne im Blindenasyl, sie zog dorthin, richtete sich ihr Leben ohne Ehemann ein; das konnte sie vorerst nur dank der Zuwendungen der Familie. Auch Pawel schickte ab und zu eine kleine Summe. Ihr Stolz verlangte aber ein möglichst hohes Maß an Selbstständigkeit. Noch vor wenigen Jahren hätte sie es sich nicht zugetraut, so eigenständig zu leben, dazu in einer Umgebung, in der sie hauptsächlich Französisch sprechen musste. Es war eine nützliche Aufgabe, sich die Sprache, die sie am schlechtesten beherrschte, in kurzer Zeit so gut anzueignen wie das

Deutsche. Die ersten Worte, die Renatchen sprach, waren aber russisch, das waren die Laute von Sabinas Kindheit, sie gehörten an die Wiege, auch wenn Madame Langel, die Kinderfrau, Sabina deshalb tadelnd anblickte.

Manchmal erfüllte sie eine überströmende Liebe zu diesem kleinen Wesen, und nachdem sie es nur ein paar Wochen gestillt hatte, drückte sie es, bevor es die Flasche bekam, doch so stark an sich, dass es zu weinen begann und die Kinderfrau sorgenvoll einschritt. »Sie tun der Kleinen weh, Madame, seien Sie doch vorsichtiger.«

»Ich fürchte ja bloß, dass ich sie fallen lasse«, rechtfertigte sich Sabina.

Was sie im Blindenasyl, einem hellgelb gestrichenen Gebäude, vier Tage die Woche zu tun hatte, war anfangs für sie völlig neu. Sie hatte zuerst gedacht, sie eigne sich nicht für diese Arbeit, aber sie nahm sie, weil sie keine andere fand, trotzdem an, und natürlich hatte sie dem Leiter gegenüber behauptet, sie habe in Berlin einen Blinden in der Analyse gehabt und ihn von seinen Zwangsvorstellungen weitgehend befreien können. Man schickte Patienten zu ihr, die noch über ein geringes Sehvermögen verfügten, erst als Heranwachsende erblindet waren und sich auf Erinnerungen stützen konnten. Sabina versuchte zu verstehen, was sie in der Stadtbibliothek über das Thema fand. Es war am Anfang ein beinahe angsteinflößendes Gefühl, jemandem gegenüberzusitzen, der sie nicht oder bloß verschwommen wahrnahm. Ein etwa Dreißigjähriger sagte, um Sabina sei ein hellgrüner Kreis, sie führte ihn darauf in einen Frühlingswald, er war froh darüber, wollte sich auf ein Moospolster setzen und ihre Hand halten, die sie ihm indessen nicht gab. Bei anderen, Älteren, gab sie diese Zurückhaltung auf und lernte, dass der gegenseitige Druck der Finger, die Wärme oder Kälte der Handfläche sehr viel Ungesagtes weitergeben konnte, fast so wie sonst Assoziationen im Redefluss. Sabina hatte ja keine wirkliche Vorbildung bei diesen Formen der Behinderung. Nach ersten Erfolgen mit Erwachsenen mutete der Leiter ihr zu, kleine Gruppen von Kindern mit unterschiedlicher Sehstärke zu unterrichten. Sie weigerte sich erst, dafür sei sie nicht ausgebildet.

»Sie werden einen Weg zu ihnen finden, Frau Scheftel«, beharrte er. »Der Umgang mit Blinden hat mehr mit Intuition zu tun als mit der richtigen Methode. Versuchen Sie es.«

»Was soll ich diesen Kindern denn beibringen?«, fragte sie, nun doch ein wenig aufsässig. »Die Brailleschrift beherrsche ich nicht, wie Sie wissen. Und bin ich denn nicht eigentlich als Ärztin hier?«

Er lächelte an ihr vorbei. »Sie müssen hier vieles sein, Frau Scheftel. Bei Kindern vor allem Vertrauensperson. Und dabei darauf achten, wo es Ansatzpunkte gibt, die Patienten von belastenden Vorstellungen und Bildern zu befreien.« Er neigte sich ein wenig zu ihr, er roch nach Hustenbonbons, und sie wusste immer noch nicht, was er von ihr zu sehen imstande war. »Sie sind doch musikalisch, hören Sie auf den Klang der Stimmen, spielen Sie abends auf der Geige Ihrer kleinen Tochter etwas vor.« Sie hatte ihm beim Anstellungsgespräch erzählt, dass die Musik für sie als Kind wichtig gewesen und jetzt erneut wichtig geworden sei.

Sie versuchte, seinen Ratschlägen zu folgen, sich einfach

auf das einzulassen, was von den Kindern kam. Und es ging weit besser, als sie gedacht hatte. Sie erfand Märchen mit ihnen, in denen sie bildhaft ihre Einschränkungen hinter sich ließen. Sie erfand Reime und Melodien dazu, die sie dann abends ihrem Töchterchen vorsang. Sie nahm die Geige mit, um den Kindern vorzuspielen. Und sie ging auf deren Wünsche ein, tappte mit geschlossenen Augen durch den kleinen Saal im Dachgeschoss, um herauszufinden, wie es war, nichts mehr zu erkennen. Die Kinder hörten, wie die Lehrerin an Stühle und Tische, sogar an die Wand stieß, wie sie mit einem unwilligen »Parbleu!« oder einem Schmerzenslaut, den sie absichtlich übertrieb, darauf reagierte. Sie lachten über ihr Ungeschick, und Sabina spürte genau, wie gut das den Kindern tat, hinterher trösteten sie die Lehrerin und gestatteten ihr, die Augen wieder zu öffnen. Sie lernte viel in diesen Stunden, sie lernte, dass Einschränkungen auch zu Stärken führen konnten. Hatte sie das nicht eigentlich gewusst? Und sie staunte darüber, dass sie ihre Geige so lange vernachlässigt hatte und sie dann doch mitgenommen hatte und, vor allem, wie leicht sie zum Spielen zurückfand. Renatchen – manchmal nannte sie das Kind auch Irmchen – mochte es, wenn sie abends improvisierte. Das hatte sie in Rostow nicht gekonnt, es war ihr nie wirklich gelungen, sich von den Noten zu lösen. Der Lehrer, ein ziemlich vertrockneter Orchestermusiker, hatte sie davor gewarnt, sich in der Musik zu verlieren. Das zu tun, lernte sie jetzt, und sie freute sich, wenn das Kind, bevor es abends einschlief, zur Musik in die Hände klatschte. In solchen innigen Momenten stellte sie sich manchmal Jung vor, und sie fragte sich, wie er wohl mit seinen eigenen Kindern umging und was er eigentlich mit ihr, der zeitweiligen Geliebten, gemacht hatte. Sie grollte ihm nicht, er hatte sie ja in vielem auch befreit von ihren krankhaften Zwängen, dafür wohl den Preis gefordert, den sie ihm bezahlt hatte. Es kam vor, dass die Sehnsucht nach seiner Stimme, nach seinen oft ungelenken Bewegungen, seinem Blick, der so warm sein konnte, sie einholte, ganz anders, als wenn sie an Pawel dachte, der ihr kurze, aber seltene Briefe schrieb. An Jung schrieb sie selbst nur auf Fachebene, und dem Ehemann antwortete sie ebenso kurz, sie berichtete vorwiegend von Renata, schilderte stichwortartig ihre Entwicklung, sich selbst stellte sie nie in den Vordergrund.

Renata wurde größer, es zeigte sich, dass sie kränklich war, viel Zuwendung und Pflege benötigte. Das versuchte Sabina zu leisten, denn die Kinderfrau kam nur noch einmal wöchentlich vorbei, mehr konnte Sabina mit ihren Einkünften nicht bezahlen. Die nun fünfjährige Renata litt unter starken Hustenanfällen mit Fieber, musste tagelang liegen, oft allein in der Wohnung, eine Nachbarin vom unteren Stock schaute dann zwei-, dreimal am Tag nach der Kleinen. Sabina war immer wieder überfordert von all ihren Pflichten und versuchte dennoch, fachlich auf der Höhe zu bleiben, las abends bei schwachem Licht, bis die Augen ihr zufielen. Sie reagierte auf Schriften, die Jung ihr schickte, mit intelligenten Einwänden, aber immer mit einem Nebenton von Vorwurf, den Jung sicher aus ihren Zeilen herauslas. Um den Krieg außerhalb der Schweizer Grenzen kümmerte sie sich so wenig wie möglich, was da geschah, verstörte sie, es gab an der Ost- wie an der Westgrenze des Kriegsgebiets, in Schützengräben und in offenen Feldschlachten Tausende, nein Hunderttausende von Toten. Unvorstellbar. Und in Russland kam es, wie sie in der Zeitung las, zu einem Aufstand von Sozialrevolutionären, die den Krieg beenden wollten, das setzte sich in großer Verwirrung und mit einem Blutbad fort, es wurde eine Revolution daraus und führte zum Sturz des Zaren. Sie erinnerte sich an die Demonstration, in die sie damals zusammen mit Jung hineingeraten war, und an seine vehemente Ablehnung dieser Art, sich durchsetzen zu wollen. Von ihrer Familie hatte sie schon monatelang nichts mehr vernommen, außer das wenige in den Briefen von Pawel. Die Brüder waren noch rechtzeitig nach Rostow zurückgekehrt, das beruhigte sie immerhin. Was würde nun aus Russland werden? Konnte aus dem Chaos etwas Neues und Festgefügtes entstehen? Mit einem jungen Kollegen im Blindenasyl stritt sie sich in den Unterrichtspausen im Aufenthaltsraum über die Ziele der Neuerer.

»Dieser Lenin«, sagte Jean-Pierre, »scheint über Leichen zu gehen. Hast du gewusst, dass er einige Zeit als Emigrant in Zürich gelebt hat? Und dass ihm ein Schweizer Kommunist die Fahrt zurück durch Deutschland ermöglicht hat? Jetzt wütet er in seiner Heimat und greift nach der Macht.«

Sabina war unwohl bei dieser Wortwahl. »Es kämpfen ja alle gegeneinander, was man so liest«, sagte sie. »Weiße und Rote, dazu die zaristischen Truppen, oder nicht? Ich habe keine Sympathie für sinnlose Gewaltakte. Aber Bewegungen, die sich für die Entrechteten, für eine gerechtere Gesellschaft einsetzen, habe ich schon in Rostow unterstützt. Ich hatte damals den Mut nicht, das offen zu sagen.«

»Was hältst du denn für besser?«, fragte Jean-Pierre, der

selbst kurzsichtig war. »Für die eigenen Ziele so viele Opfer in Kauf zu nehmen oder mit Geduld um Verbesserungen zu kämpfen?«

»Ich weiß es nicht, aber was ist, wenn die Geduld erschöpft ist? Heißt das Rezept dann Resignation? Stumpfe Unterwerfung?« Sie erinnerte sich, ob sie wollte oder nicht, an Jungs furiose Ablehnung des Aufstands in Sankt Petersburg, über den sie damals – 1905, 1906? – gestritten hatten. Und an seine unerschütterlich scheinende Überzeugung, dass nur die individuelle Reifung der Menschen den Weg in eine bessere kollektive Zukunft ohne Blutvergießen möglich mache. Da unterschied sie sich deutlich von ihm. Jung wusste doch, dass es im Lauf der Geschichte zu tiefgreifenden Veränderungen nur über gewaltsame Aufstände und Konfrontationen gekommen war. Und das versuchte sie auch Jean-Pierre begreiflich zu machen.

Er schüttelte in tiefer Ablehnung den Lockenkopf, der ihr eigentlich so gut gefiel. »Nein, wer den Weg zur Gewalt geht, nimmt in Kauf, Unschuldige zu Opfern zu machen.«

»Sie sind ja schon oft genug Opfer, Opfer von Zwang und Ausbeutung. Sollen sie auf die Einsicht der Herrschenden warten?« Sie wunderte sich über ihre Argumente, die ja geradezu kommunistisch waren, und lachte sich selbst ein wenig aus, denn die Theorien von Marx und den anderen waren ihr noch immer ebenso fremd wie Jung; sie waren ja beide bürgerlich bis in die Knochen. Darum verstummte sie erst, als Jean-Pierre sie als verkappte Sympathisantin der Roten bezeichnete, fragte dann aber ungewöhnlich laut: »Soll ich mein eigenes Denken einzäunen, um die Schicht, aus der ich komme, nicht zu gefährden?«

»Du musst gar nichts«, antwortete Jean-Pierre, »wir sind hier in der friedlichen Schweiz. Sehnt sich da jemand nach einem Umsturz?« Er lachte und schaute sie an wie ein Mann, der eine Frau gerade im Widerspruch anziehend findet, dabei sah er sie nur verschwommen.

»Sozialisten gibt es in der Schweiz auch«, sagte sie. »Warten wir ab, was hier geschieht.«

Er streckte den Arm aus, um sie zu berühren, tat es aber nicht. »Es gibt zu wenig Sauerstoff für einen Flächenbrand. Lassen wir's für heute gut sein.«

Er hatte ein schönes Kinn, fand sie, aber sie wollte sich nicht verlieben, nicht mit einer kränklichen Tochter, die jedes Mal, wenn sie die Zeit zu vergessen drohte, an ihr schlechtes Gewissen rührte.

Sie ließen den Konflikt ruhen. Als Sabina, später als gewohnt, nach Hause eilte, fand sie, dass ja beide im Grunde etwas Richtiges vertreten hatten und sie auch Jean-Pierres Standpunkt hätte einnehmen können. Das ist die psychoanalytische Haltung des Alles-verstehen-Wollens, sagte sie zu sich, und das heißt wohl Abschied vom festen eigenen Standpunkt. War das nicht letztlich auch bei Jung so?

Renata war wieder fiebrig, Sabina beugte sich über sie, über ihr zartes Gesichtchen, vergaß alles Übrige. Sie selbst, Sabina, war auch so gewesen, ein anfälliges Kind, daran erinnerte sie sich ungern, dauernd hatte sie Zuspruch benötigt, kleine Süßigkeiten, Butterbrote zur Unzeit, für sie erdachte Geschichten. Das holte sie mit dem eigenen Kind wieder ein; ja, Jung hätte sich dazu seine Gedanken zum Wiederholungszwang gemacht. Seltsam, wie sehr sie sich manchmal nach seiner Präsenz sehnte, nicht nach seinen liebesdurstigen Lippen und Händen, sondern nach seinen Gedanken und anfechtbaren Überzeugungen. So schwierig und so widersprüchlich er im Umgang war, es konnte ihm doch kein anderer das Wasser reichen. Darum auch war es ihr so schwergefallen, sich auf eine neue Liebe, auf Pawel, wirklich einzulassen. Und nun brauchte ihr Kind ständig die Mutter und hätte sie am liebsten rund um die Uhr bei sich gehabt, so kam es Sabina vor. Ausgerechnet an diesem Abend fragte Renata nach dem Vater. Und Sabina konnte nur, wie andere Male, wiederholen, er sei weggegangen, er habe seinem Land dienen wollen (was das Kind nur halb verstand), er werde wiederkommen.

»Bald?«, fragte Irmchen, wie er es genannt hatte.

»Ich weiß es nicht«, sagte Sabina und verbarg ihr eigenes Unglück hinter einem munteren Ton, »aber wünsche es dir, das hilft.« Und Renata nickte gehorsam, wie auch ihre Mutter in diesem Alter genickt hatte, um den immer neu aufflammenden Konflikt zwischen den Eltern von sich abzuhalten oder wegzuzaubern, denn an ihre Zauberkräfte glaubte sie damals, wenn sie vom roten Tee getrunken und die Sonne durchs Glas geschienen hatte. Erst viel später fand sie heraus, dass es Goldmelissentee gewesen war, den die Köchin, die so gerne lachte, für sie gemacht hatte.

Es war Zeit, zu neuen Ufern aufzubrechen, die Unrast in ihr nahm zu. Sie wollte, gerade auch in Zeiten des Kriegs, der ringsum anhielt, etwas Nützliches tun, das die geduldige Arbeit im Blindenasyl übertraf, und sie bekam zu ihrer eigenen Verwunderung eine Stelle in der Chirurgie in einem kleinen Privatspital, sie hatte gelernt, sich energischer zu zeigen, als sie war, das hatte wohl den Ausschlag gegeben. Die Chirurgie war keineswegs ihr Spezialgebiet, aber sie hatte die Doktorprüfungen auch in diesem Fach bestanden und konnte ihr Diplom vorweisen. Mit Kriegsverletzungen hatte sie nicht zu tun, aber mit Knochenbrüchen, die sie schiente, mit Kopfverletzungen und gequetschten Rippen; einmal amputierte sie mit Herzklopfen einen halb abgeschnittenen Finger, ein anderes Mal nähte sie ein Ohr wieder an. Das Schlimmste war ein ausgerenktes Hüftgelenk, der Patient schrie derart beim Versuch, es wieder in die Pfanne zurückzusetzen, dass sie eine Narkose anordnete und nachher nicht sicher war, ob sie das Richtige getan hatte. Abends war sie auf andere Weise erschöpft als nach dem Zusammensein mit den Blinden; sie hatte kaum noch die Kraft, dem Kind eine Geschichte zu erzählen, war ungeduldig, wenn es Trost brauchte. Und eigentlich beneidete sie schon nach zwei Monaten ihre Nachfolgerin im Blindenasyl, eine ehemalige Studienkollegin, mit der sie korrespondiert und die eine Stelle gesucht hatte. Etwas vom Ersten, was Rachel ihr anvertraute, war der Klatsch über Jung in Zürcher Universitätskreisen, man tuschelte, er habe seine neue Flamme, Toni Wolf, sogar ins Haus geholt. Sabina glaubte ihr nicht und dann doch, denn Jung schien in Liebesdingen skrupellos und unberechenbar zu sein, während er sich in der fachlichen Korrespondenz um Distanz bemühte. Das Gerücht bedrückte sie nur zwei, drei Tage, dann gelang es ihr, ihm gleichsam den Rücken zuzuwenden.

22
Sabina am Institut Rousseau, Genf, 1920–23

Sie fand eine neue Stelle in Genf, die ihren Fähigkeiten
angemessener war. Das Institut Jean-Jacques Rousseau suchte eine Dozentin mit dem Schwerpunkt Kinder-
psychologie, einem Fachbereich, dem sie sich seit ihrer
Doktorarbeit immer stärker zugewandt hatte. Renata, ihr
eigenes Kind, war zudem ein Studienobjekt, dem sie, mit
regelmäßigen Notizen, viel Aufmerksamkeit schenkte. Sie
war glücklich, dass sie gewählt wurde, nur bedeutete dies,
von Lausanne wegzuziehen. Immerhin würde sie am Lac
Léman bleiben, an dessen östlichem Ende, von wo aus die
Sonnenaufgänge bestimmt noch schöner sein würden als in
Lausanne. Die Wohnung, die sie fand, war allerdings kleiner als die vorige, den See sah man von dort aus nicht, trotz
des Balkons, auf dem nur eine Person Platz hatte oder allenfalls eine dünne Mutter mit einem sechsjährigen Kind.

Es gab nicht viel, was sie mitnehmen konnte außer den
Betten, dem kleinen Tisch samt zwei Stühlen und dem Geschirr. Renata freute sich nicht über den Umzug, fügte sich
aber, als sie merkte, dass ihr Widerstand die Mutter zu Tränen trieb. Das Versprechen, dass die Tochter ein Instrument
erlernen dürfe, besänftigte sie, es war klar, dass Renata die
Geige wählte. Mit einer der Zahlungen, die unregelmäßig

aus dem kriegsversehrten Rostow eintrafen, mietete Sabina eine Viertelgeige, ein Violinchen, wie Sabina das Instrument nannte, das sei das Irmchen, lachte sie, und das müsse nun Renatchen zähmen. Sie nahm sich vor, einfache Melodien für die Anfängerin zu komponieren und eine schwierigere zweite Stimme für sich selbst. Zum Glück gab es im Haus, in dem sechs Parteien wohnten, eine junge Mutter, Odile, mit zwei Kindern, die nur wenig älter waren als Renata, und sie erklärte sich bereit, gegen ein geringes Kostgeld das Kind tagsüber zu hüten. Im Haus übte seit Kurzem jemand in einer anderen Wohnung auf einem Cello. Man hörte es durch die Wand. Es klang ähnlich wie eine Geige, aber tiefer, dunkler, viel schöner in Renatas Ohr. Sie wollte wissen, was das sei, und Odile führte sie zum Nachbarn, einem freundlichen Mann, der auf seinem Cello spielte und Renata zeigte, wie man es handhabe. Sie versuchte es und war davon wie gebannt. Von einem Tag auf den anderen wollte sie die Geige weglegen und unbedingt das Cello mit seinen tiefen Tönen spielen lernen. Sabina versprach es ihr, sobald sie ein günstiges Instrument auftreiben könne. Dann schien sie es wieder vergessen zu haben, war mit hundert anderen Dingen beschäftigt; aber Renata ließ nicht locker. Über den Nachbarn von oben kam Sabina zu einem billigen, aber spielbaren Cello in der richtigen Größe für Renata. Und es war erstaunlich, mit welcher Energie sich Renata dahinterklemmte, sich bei den schwierigen Anfängen nicht entmutigen ließ. Sie wollte es sich selbst beibringen, es sei ja ähnlich wie auf der Geige, behauptete sie, nahm dann aber das Angebot des Nachbarn an, ihr ab und zu auf die Finger zu schauen. Mit seiner Hilfe, für die er kein Entgelt wollte, machte sie schnellere Fortschritte, als die Mutter gedacht hatte. Niemals hätte sie vorausgesehen, dass das Cello zu Renatas Leidenschaft, zu ihrer Berufung werden könnte.

Das Institut war in einem Seitenflügel der Universität untergebracht, den fast einstündigen Weg dorthin legte Sabina aus Spargründen zu Fuß zurück. Der Gründer und Leiter des Instituts, Édouard Claparède, schätzte Freud, hatte sogar einige seiner Schriften ins Französische übersetzt, er wusste auch, dass Jung sich inzwischen mit Freud zerstritten hatte und nun seine eigenen Theorien zu formulieren begann, in denen er die von Freud postulierte Vorherrschaft des Sexus bestritt. Claparède schätzte Jung nicht sonderlich, obwohl er dessen frühe Schriften mit Interesse studiert hatte.

»Was finden Sie denn an ihm?«, fragte er Sabina bei ihrer ersten Unterredung, die eigentlich ein Einstellungsgespräch war. Sie staunte über seinen langen Spitzbart, an dem man sich, wie sie dachte, beinahe schneiden konnte, und sagte: »Vor allem, dass er mir aus meiner existenziellen Krise herausgeholfen hat. Er verfügt, in Fällen wie meinem, über eine erstaunliche Intuition. Ich verdanke ihm meine Heilung. Ohne ihn hätte ich mein Medizinstudium nicht abgeschlossen.« Es war die Wahrheit, den Rest verschwieg sie, selbst für den Fall, dass das eine oder andere Gerücht zu Claparède gedrungen wäre.

»Nun ja.« Er rieb den Zeigefinger an seiner langen Nase, es war ein kleiner Tick, wie sie bald erkannte. »Aber Jung gleitet nun immer deutlicher ins Esoterische ab, er hat den Pfad der Rationalität leider verlassen. Einige haben sich jetzt zu seinen Nachbetern gemacht. Zum Glück ist ihm Freud dabei nicht gefolgt.«

Sie hielt es für klüger, zu schweigen und den Herrn Direktor beziehungsvoll anzuschauen.

»Haben Sie noch Kontakt mit Jung?«, fragte er.

»Ich führe mit beiden eine Korrespondenz«, antwortete sie, »und nehme von beiden, was mich überzeugt.« Sie fühlte sich, als sie Claparède irritiert zwinkern sah, genötigt hinzuzufügen: »In den meisten Fällen halte ich mich aber an Freud oder suche mir eigene Wege.«

Er legte den Kopf schief. »Ja, ich habe mir die Liste Ihrer Publikationen angesehen. Imponierend.« Nun zündete er sich, wie Freud das gerne tat, eine Zigarre an. »Wenn Sie mit unserem bescheidenen Gehalt leben können, dann sind wir uns handelseinig.« Das klang sehr wohlwollend, er stand schon in dichtem Rauch.

Sie reichten sich die Hand, Sabina war nun Dozentin an einem renommierten Institut, und ihre Erleichterung machte sich in einem Seufzer Luft, der Claparède zu einem kurzen, beinahe meckernden Lachen veranlasste.

Ein paar Tage später trat er ihr im Gang in den Weg, fast als habe er am Fenster auf ihr Erscheinen gewartet.

»Würden Sie denn auch«, fragte er ohne lange Einleitung, »in unserem Institut die Psychoanalyse einführen?«

Sie war überrascht, auch über seinen bohrenden Blick. »Ich hatte in Zürich bereits den einen oder anderen Patienten, übrigens mir von Bleuler und nicht von Jung zugewiesen.«

Er hielt ihr Ausweichen für Zustimmung, ließ einen Augenblick sein merkwürdiges Lachen hören. »Ich wäre ja wohl auch ein Kandidat ... Aber es geht um einen unserer Studenten hier, der unter psychischen Schwierigkeiten leidet und nach eigenem Bekunden Mühe hat, sich vom Elternhaus abzulösen. Er heißt Jean Piaget und ist einer unserer Begabtesten, ein wenig schüchtern vielleicht ...« Er wartete auf ihre Antwort, und sie zögerte erneut, aber der melodiöse Name gefiel ihr, auch die Kurzbeschreibung von Claparède. Sie war einverstanden, gab an, den jungen Mann – er war wohl mindestens zehn Jahre jünger als sie – am nächsten Dienstag um zwei Uhr in ihrem Büro zu empfangen. Sie werde dann sehen, ob sie sich eine Analyse zutraue. Claparède bedankte sich, verschwand in seinem verglasten Arbeitsraum, der von außen wie eine kleine Bibliothek aussah.

Jean erwies sich als ausnehmend intelligenter Analysand, mit einer spontanen Herzlichkeit, die Sabina am Anfang fast bedrohte, dann für ihn einnahm. Er weigerte sich zuerst während mehrerer Sitzungen, auf seine eigene Kindheit zurückzugreifen, behauptete, sich an sehr weniges zu erinnern, ihn interessiere vor allem das theoretische Gerüst, auf das sich die neue Lehre stütze, überhaupt schien ihn das Fundament der Theorie auch in der Naturwissenschaft leidenschaftlich zu interessieren, er habe zunächst Biologe werden wollen, ein Erforscher des Insektenlebens. Sein Lachen war ansteckend, Sabina stimmte gerne mit ein. Aber es gelang ihr doch, in ihm allmählich das schwierige Verhältnis zu seiner dominanten Mutter mit ihren tyrannischen Zügen zu lockern. Als Kind hatten ihn Mollusken fasziniert, Schnecken, Muscheln, Tintenfische, er schrieb schon als Zehnjähriger Aufsätze über sie. Dass ihre Weichheit ein Gegensatz war zur fordernden Härte der Mutter und ihren

Zärtlichkeitsanfällen, wollte er lange nicht einsehen, auch nicht, dass er das Weiche und Formbare bei der Mutter, das es gewiss auch gab, vergeblich gesucht hatte. Noch weniger wollte er sich der Ansicht anschließen, dass dieses Weiche auch mit dem weiblichen Körper zu tun hatte, bis hin zu den Geschlechtsorganen, was Jean erröten ließ. Dass seine Kopfwehanfälle mit der unüberwindbaren Distanz zur Mutter zusammenhängen könnten, wollte er keinesfalls glauben, bis ihm nach dem ersten Monat der fast täglichen Zusammenkünfte plötzlich ein heftiges Weinen das Sprechen verunmöglichte und er sich erlaubte, dieser dominierenden Figur seiner Kindheit den Rücken zuzukehren oder sie sogar momentweise zu hassen. Danach lachten sie zusammen, was eigentlich ungewöhnlich war, aber sie lachten nicht nur dieses Mal. Wesentliche Einsichten rufen, lernte Jean von Sabina, unter Umständen Heiterkeit hervor. Je weiter die Analyse fortschritt, desto häufiger erörterten sie miteinander die Macht oder Ohnmacht des Unbewussten. Die biologischen Prozesse, das stellte sich bald heraus, waren für Jean letztlich interessanter als die psychologischen, er wollte bald heiraten, er freute sich auf Kinder. »Sie sind die ungehobenen Schätze der empirischen Psychologie, ich vertraue darauf, dass ich viel von ihnen lernen werde.«

»Ja, du bist ein äußerst genauer Beobachter«, sagte Sabina. »Das traue ich dir zu. Ich sehe ja auch, wie du meine Schwächen errätst.«

»Und du meine Abneigungen gegenüber bloßen Behauptungen«, entgegnete er. »Aber natürlich braucht es, um die Entwicklung von Kindern zu verstehen, Einfühlungsvermögen, Spürsinn.«

Sie hob den Zeigefinger. »Sage ich denn nicht genau das, verehrter Besserwisser?«

Er schüttelte den Kopf. »Wir meinen nicht das Gleiche. Du gehst von psychologischen Vorgängen aus, die unser Verhalten bestimmen. Ich versuche, das Zusammenspiel von beidem zu verstehen.«

So konnten sie in der zweiten Hälfte der Analyse, die neun Monate dauerte, endlos debattieren, oft mit beinahe feindseliger Vehemenz, dann versöhnten sie sich wieder sehr rasch, Jean entschuldigte sich für sein aufbrausendes Temperament und seine Abneigung gegen die reine Psychologie; und darin stimmte ihm ja auch Sabina ein Stück weit zu. Es war keine Therapie im üblichen Sinn, die er durchlief, sondern immer wieder eine Debatte auf hohem Niveau. Dass sich Sabina darauf einließ, betrachtete sie nicht als Niederlage, sondern oft als Gewinn, das machte ihr die Haltung dieses jungen Mannes begreiflich, der ebenso scharfsinnig war wie ihre beiden Lehrer Jung und Freud, aber gleichsam auf einem anderen Planeten stand, den er, wie sie voraussah, nicht verlassen würde.

23
Pawel, eine existenzielle Entscheidung, 1923

Zu ihrer Überraschung schrieb ihr in dieser Zeit plötzlich Pawel, der einige Monate Soldat gewesen war und nun wieder als Arzt in Rostow Fuß zu fassen versuchte. Den Eltern hatte sie ihre neue Adresse in Genf mitgeteilt; er hatte sie bestimmt von ihnen. Die russische Post funktionierte wieder einigermaßen, trotz der Unruhen und Wirren im ganzen Land, aber es war nie vorauszusehen, wie lange ein Brief unterwegs sein würde. Pawel beschwor Sabina, sie solle zurückkommen, sie gehöre nach Russland, das wisse sie doch. Nein, sie wusste es nicht, es gab zu vieles, was sie von einer Rückkehr abhielt. Aber eine Stimme verschaffte sich in ihr allmählich Gehör und wurde von Tag zu Tag lauter, es war die Stimme der Sehnsucht nach tief Vertrautem, nach den Gerüchen der Kindheit, nach den Gesichtern der alten Leute, die so ganz anders waren als die in der Schweiz, außer man sehe sich in abgelegenen Alpentälern um, hatte ihr Jung einmal gesagt, der wohl selbst nie an solchen Orten gewesen war und alles aus seiner Imagination bezog. Auch Isaak, der in Berlin lebte, sogar in ihrer ehemaligen Wohnung, meldete sich, berichtete von seiner baldigen Rückkehr nach Moskau, wo er eine Professur antreten werde, er sei Russe und Jude mit neuer Überzeugung, schrieb er, und lerne Jiddisch bei einem freundlichen Rabbi. Und er freue sich, die lange unterbrochene und beschädigte Beziehung mit der Schwester zu erneuern und überdies seine Nichte kennenzulernen, in der jungen Sowjetunion. Dahinter hatte er, als wäre er kein Dozent der Psychotechnik, sondern noch ein Kind, mehrere Ausrufezeichen gesetzt. Sabina lachte ein wenig für sich, als sie den brüderlichen Überschwang bemerkte. Isaak war einmal in vielen Dingen ihr böser Geist gewesen, hatte Sabina – und die ganze Familie – mit seinen radikalkommunistischen Parolen erschreckt. Er hatte sich nach der Revolution beruhigt, er sah sich als marxistischer Wissenschaftler, der dem Fortschritt diene. Und seine Briefe gaben Sabina sogar den Eindruck, sie könnte mit dem einstmals verhassten Bruder eine gemeinsame Basis finden. Aber sollte sie wirklich zurück, nicht nur nach Moskau, sondern nach Rostow zu ihren Wurzeln? Die Mutter schrieb Briefe, die um ihre Rückkehr warben, sie war entzückt über ein Foto der nun fast zehnjährigen Renata. War es nicht ein Unrecht, die Enkelin von der Großmutter fernzuhalten? Sabina tat sich schwer mit ihrer Entscheidung. Eine Zeit lang wechselte sie ihre Ansicht fast von Tag zu Tag. Nicht nur ihr Mann warte auf ihre Ankunft, sondern die ganze Verwandtschaft, schrieb ihr die Mutter. Das calvinistische Genf könne doch unmöglich ihre Heimat werden. Warum nicht?, schrieb Sabina gereizt zurück. Es komme für sie nicht auf die Kindheitseindrücke, auf den richtigen Geschmack des Essens, auf den Dienstbotenklang des Russischen an, sondern auf ihr Wohlbefinden und auf Menschen, die sie, Sabina, zu Vertrauten gewählt habe und die ihr nicht durch den Zufall der Geburt als Verwandtschaft zugefallen seien. Das war eine Absatzbewegung, doch am nächsten Tag fühlte sie sich zu einer Wiederannäherung verpflichtet. Sie fand das Hin und Her kindisch und spürte doch, wie die Sehnsucht wuchs. Und auch die Neugier auf Pawel, der sich nach ihr zu sehnen schien. Dass ihre Nächte wieder so fiebrig und leidenschaftlich sein würden wie in der ersten Zeit nach der Hochzeit, glaubte sie nicht. Und doch stand sein Gesicht manchmal vor ihr, mit seinem anhänglichen Blick, wie damals. Er musste ja sichtbar gealtert sein in fast zehn Jahren, vielleicht würden sie sich überhaupt nicht vertragen.

An einem hellen Sommerabend setzte sie sich an Renatas Bett und fragte sie, wie es denn für sie wäre, in Russland zu leben, in Moskau oder Rostow.

Das Erste, was die Tochter fragte, erschreckte Sabina, weil es so spontan war und so hoffnungsvoll klang: »Würde ich dann meinen Vater kennenlernen?« Sie hatte keine Erinnerung an ihn, oder eine sehr verschwommene, er war ja weggegangen, in den Krieg, als sie noch sehr klein gewesen war. Sie schien ihm deswegen nicht zu grollen, Sabina hatte ihr gesagt, der Vater habe dem Aufgebot der Armee gehorchen müssen, sonst hätte er seinen russischen Pass verloren. Das Hochzeitsbild, auf dem das Paar in eleganter Kleidung zu sehen war, schaute sie sich abends oft an, das Foto mit dem gewellten Rand war zerknittert, denn sie schob es unter ihr Kopfkissen und ließ sich nicht überreden, es ins Album zurückzulegen. Sie war, wenn es um Familiendinge ging, äußerst eigensinnig und erinnerte die Mutter an sich selbst in diesem Alter. Um Renata noch günstiger zu stimmen, versprach sie ihr, sie werde in Russland, wo die Instrumente billiger seien, ein besseres Cello bekommen, danach konnte das Mädchen es kaum erwarten, die Reise anzutreten.

Aber Sabinas Entscheidung, sich von der Schweiz zu verabschieden, brauchte Zeit, um zu reifen. Ein Schock war dann die Nachricht, dass ihre Mutter Eva, betreut von Pawel und dem jüngsten Bruder Emil, gestorben sei; allerlei Beschwerden, die immer stärker geworden waren, darunter heftige Gichtanfälle, hatten sie schon seit Jahren gequält. Das Telegramm traf mit großer Verspätung ein, ein kleines Wunder, dass es bei der schlechten Stromversorgung in Russland überhaupt ankam. Es gab keine Möglichkeit für Sabina, an der Beerdigung der Mutter teilzunehmen, die Fahrt nach Rostow hätte Tage gedauert. Sie weinte an Renatas Bett und wurde von ihr, die die Großmutter nie gesehen hatte, auf linkische Weise getröstet. Am andern Tag musste die Neunjährige wieder ins kleine Internat zurück, wo sie während der Woche wohnte, und weinte nun ihrerseits beim Abschied von der Mutter, wie fast jedes Mal, heftig. Das Bild von Eva Markowna mit ihren scharfen, im Alter wie gemeißelt wirkenden Zügen verfolgte Sabina in ihren Träumen. Es war ja der Vater gewesen, der sie folgenreich gezüchtigt und das später bereut hatte. Die Mutter hatte ihre Einflussnahme nie abgeschwächt, die ferne Tochter über Jahre in langen Briefen gemaßregelt, gelobt, sie hatte sich mit Ratschlägen aller Art in Sabinas Leben eingemischt, hatte fast eine Kopie ihrer selbst, eine erfolgreichere, aus ihr zu machen versucht. Und immer wieder war es Sabina schwergefallen, sich mit diesem lebenslänglichen Dominanzversuch, dem sie einst ihre hysterischen Zustände entgegengesetzt hatte, zu versöhnen. Die Trauer über ihren Tod war nun trotzdem groß, die Erleichterung (oder was war es denn?), dass der dauernde Strom der Belehrungen und der ängstlichen Erkundigungen nun endete, hielt sich in Grenzen.

Vermutlich trug nun gerade der Tod der Mutter dazu bei, dass die Versuchung wuchs, in Russland, zusammen mit Pawel, trotz der undurchschaubaren Umstände wieder ein Familienleben zu führen. Vor allem Isaak setzte sich in beschwörenden Briefen für ihre Rückkehr ein, in Moskau werde sie ein Betätigungsfeld finden, das weit größer und einflussreicher sei als in Genf. Er selbst war Professor für das neue Fach Psychotechnik geworden, das dazu beitragen sollte, den neuen sowjetischen Menschen heranzubilden. Ihr Vater, Nikolai, war zudem in einigen staatlichen Gremien als ökonomisch erfahrener Berater tätig, auch er hauptsächlich in Moskau. Ob seine häufigen Abwesenheiten von Rostow etwas mit der Beziehung zur Ehefrau zu tun gehabt hatten, mochte Sabina nicht ergründen. Eines Morgens, nach einer Nacht mit gutem Schlaf, wusste sie, dass sie zurückmusste, zurück nach Russland, das jetzt fast zwanzig Jahre in ihr gleichsam scheintot gewesen war; erstaunlich, wie gebieterisch die Stimme in ihr wurde, eine Heimat wiederzufinden, die sie glaubte aufgegeben zu haben.

Sie musste sich aber, bevor sie das Leben in Genf aufgab, von vielen verabschieden. So einsam, wie sie sich bisweilen gefühlt hatte, war sie doch nicht gewesen. Jean Piaget sagte sie, halb lachend und doch unter Tränen, eine große Zukunft voraus, Claparède ein prächtiges Gedeihen seines Instituts.

Renata ängstigte sich nun vor der langen Reise, die drei Koffer, die in ihrem Zimmer standen, kamen ihr vor wie

Krokodile, die nachts nach ihr schnappen wollten. Und dass sie zuerst gar nicht ihren Vater, sondern bloß den Onkel Isaak treffen würde, wollte ihr gar nicht in den Kopf.

Es war eine ganze Schar, die Mutter und Kind am Abreisetag im späten August 1923 zum Bahnhof begleitete, darunter, zu Sabinas Verwunderung, einige Kolleginnen, die ihr nicht besonders nahegestanden waren. Aber auch Claparède war dabei, mit straff gebürstetem Spitzbart wie immer, er überreichte ihr als »Wegzehrung« und Seelentröster, wie er sagte, eine Flasche einheimischen Pflaumenschnaps und für die Tochter eine kleine Puppe in Genfer Tracht, die sie an die Stadt und den schönen See erinnern sollten.

Es ging gegen Abend, die sinkende Sonne schien die Bahnhofshalle zu vergolden, als wären sie schon in einer russischen Kirche. Man winkte, als Sabina und ihre Tochter einstiegen; sie winkten aus dem heruntergekurbelten Fenster ihres Abteils zurück. Renata hielt den kleinen Cellokasten eng an sich gedrückt und ließ ihn erst los, nachdem der Zug schon abgefahren war.

Dank dem Zuschuss des Vaters verfügte Sabina über ein Erste-Klasse-Billett. Sie hatten bis Zürich ein Abteil mit gepolsterten Sitzen für sich und konnten die Vorhänge zum Gang ziehen, sodass sie sich ungestört fühlten. Die Fahrt bis Moskau über Wien, Budapest und Kiew würde auch auf der Expressroute lange dauern, beinahe fünfzig Stunden bei mehrmaligem Umsteigen und längeren Wartezeiten. Sabina hatte genug Proviant eingepackt, außerdem konnte man auf der russischen Linie auch im Speisewagen essen. Und in den Bahnhöfen ließ sich die Wasserflasche füllen.

Renata hatte unendlich viele Fragen, wie es in Moskau

denn sein würde. Der Abschied von Genf und den zwei Freundinnen im Internat hatte sie betrübt, aber nun wendete sie sich dem Neuen zu, das sie erwartete, gab sich auch Mühe, mit der Mutter Russisch zu sprechen, das war ja ihre Kleinkindersprache gewesen.

»Wird der Vater auf uns warten?«, fragte sie zum wiederholten Mal.

»Du weißt doch, dass er in Rostow lebt«, sagte Sabina mit leichter Ungeduld. »Bis dort sind es von Moskau aus tausend Kilometer.«

»Oh.« Renata verzog ihr Gesicht. »Das ist weit. Aber er kommt dann später, er will mich doch bestimmt kennenlernen.« Mit rührender Koketterie strich sie sich eine Locke aus der Stirn.

»Bestimmt, du Liebe. Aber wir bleiben erst eine Weile in Moskau. Und wir teilen vorläufig die Wohnung mit Onkel Isaak und seiner Familie.«

Das wusste Renata; die Mutter hatte es ihr oft genug erklärt.

»Aber«, setzte sie wieder an, »er kommt doch bald zu uns. Das hast du mir versprochen.«

Versprochen hatte Sabina es nicht, indessen die Wahrscheinlichkeit eines baldigen Besuchs von Pawel so formuliert, dass Renata es in der Tat als Versprechen deuten konnte. Sabina hatte deswegen ein schlechtes Gewissen und erwiderte etwas zu forsch: »Du musst geduldig sein, liebes Renatchen. Dein Vater ist Arzt und kann nicht einfach von seinen Patienten wegrennen, und ich habe in Moskau eine Stelle, um Geld für uns beide zu verdienen. Das habe ich dir doch mindestens schon zehnmal erklärt.«

Sie sah die Tränen in Renatas Augen und bereute ihren Tonfall. Sie rückte zu ihr hin, strich ihr beruhigend übers Haar. »Es wird alles gut«, sagte sie und sang die Worte fast, wie das kleine Schlaflied, das sie dem Kind schon so oft vorgesungen hatte. Renata hatte es sich gemerkt, sie spielte es auf dem Cello und umrahmte es mit freien Improvisationen. Es zeigte sich immer klarer, wie begabt sie war.

Jetzt nickte sie. »Ich bin ja schon groß, Mama. Dann warten wir eben beide auf Papa.«

Sabinas Augen füllten sich auch mit Tränen. Hoffentlich machte sich das Kind nicht ein allzu ideales Bild von ihrem Vater. Pawel litt an starken Gefühlsschwankungen, das wusste Sabina noch gut genug, obwohl ihr Abschied fast neun Jahre zurücklag.

24
Sabinas Reise zurück, 1923

Es wurde in der Tat eine lange und mühsame Reise. In Zürich stiegen sie um, und Sabina bemühte sich, nicht zu viele Erinnerungen an die Stadt in sich aufkommen zu lassen. Es war vergeblich: Einer drängte sich – das war voraussehbar – in den Vordergrund, Doktor Carl Gustav Jung mit seiner randlosen Brille, hinter der die Augen so gütig blicken konnten. Es gelang ihr nicht, ihn zu verscheuchen, die Erinnerungen überschwemmten sie, und erst Renata, die die innere Abwesenheit der Mutter nicht ertrug, gelang es, sie mit einem lauten Trotzanfall zu verscheuchen. Das Kind war knapp zehn, es benahm sich unter Druck oft wie eine Fünfjährige, dann wieder schon halb erwachsen. Sabina war in diesem Alter, so sagte sie sich, wohl ähnlich unberechenbar und sprunghaft gewesen.

Im Schlafwagen nach Frankfurt waren Plätze für sie reserviert. Es wurde Nacht, und die Dunkelheit wollte nicht enden, da nützte es wenig, dass in ihrem Abteil eine kleine Gaslampe brannte, die der Schaffner angezündet hatte. Renata mochte das bläuliche Licht nicht, sie bestand darauf, dass die Mutter für sie Geschichten erfand, in jeder musste ein dummer, zudringlicher Riese vorkommen, den Renata ablenken konnte, am leichtesten mit einem Zitronenbonbon, das sie dann selbst lutschte. Davon hatte Sabina eine ganze Tüte voll dabei.

»Stell dir vor«, sagte das Kind, schon wieder im Halbschlaf, »wenn ich auch so groß wie ein Riese wäre.«

Es dauerte trotzdem Stunden, bis sie endlich in ihrer Koje schlief, aber schon bald erwachte sie wieder und wusste nicht, wo sie war.

»Bei mir bist du«, sagte Sabina, »bei mir.«

Sie saß am Fußende auf der Pritsche und betrachtete das schmale Gesicht der Tochter; im Flackerschein verwandelte es sich unablässig, wirkte mal geisterhaft blass, beinahe todesnah, dann wieder hübsch, mit zarter Haut. Wie viel von Sabina selbst und ihrer eigenen Vergangenheit spiegelte sich in diesem Eindruck? Einmal fuhr Renata auf und schrie ein paar Momente erbärmlich, wusste dann aber nicht, was ihr im Traum widerfahren war. Im Morgengrauen erreichten sie Berlin. Sabina ließ sich von einem Imbissverkäufer auf dem Bahnsteig heißen Tee bringen, er war ungesüßt und herb, und Renata trank nichts davon, aß nur ein paar Bissen vom Brötchen. Die Sonne ging auf; dass es ein schöner Tag war, sah man erst, als der Zug die Bahnhofshalle verließ. Nach Warschau fragte das Kind immer häufiger und quengelnder, wie lange es noch daure bis Moskau. Sabina musste sich beherrschen, Renata nicht anzufahren. Wie hätte sie wohl in diesem Alter eine so endlose Fahrt mit ihrer Mutter überstanden? Eva hätte sich vermutlich einem Buch gewidmet, das konnte sie doch so gut: sich vom Kind abwenden, sich einmauern in ihrer Lektüre, dafür dann hinterher in Briefen die größte Besorgnis ausdrücken. Sabina versuchte, eine andere Mutter zu sein, aber das Kind ließ sie spüren, dass sie den abwesenden Vater, der für sie eine Wunschgestalt geworden war, nicht ersetzen konnte. Der nächste Tag verging, in der Toilette stank es erbärmlich trotz des Aufpreises für die erste Klasse. Renatchen war wieder sehr klein und jammerte über Kopfweh, da nützte es wenig, sie in den Arm zu nehmen und tröstend zu wiegen. Nein, es war nicht gut gewesen, Pawel wegziehen zu lassen, sie hätte ihn zwingen müssen, das verhasste Leben im Westen auf sich zu nehmen, dem Kind zuliebe, das er doch unbedingt gewollt hatte. Kein strahlender Siegfried, ein kränkliches Mädchen. Als sie, bereits wieder tief in der Nacht, Minsk erreichten, hasste sie Carl Gustav Jung und was er mit ihr angestellt hatte. Als sie Minsk verließen, sehnte sie sich schon wieder nach ihm, sogar nach seinem Pfeifentabakgeruch, der sie manchmal eingehüllt hatte wie eine warme Wolldecke. Würde es ihr je gelingen, sich von Jung wirklich abzunabeln? Umsteigen in Smolensk um sechs Uhr früh. Die russischen Bahnen fuhren nun auf breiteren Gleisen. Mit der fachlichen Korrespondenz, die Jung und sie führten, täuschten sich vielleicht beide über die tiefer liegenden Gefühlsschichten hinweg. Aber das konnte ja nach der stürmischen Phase, die sie durchlebt hatten, gar nicht anders sein. Das Kind schlief nun so fest, dass Sabina es, mit Mühe, wecken musste, es wollte aber gestützt werden. Der freundliche Schaffner half ihr mit den zwei großen Koffern, ein Passagier vom benachbarten Schlafabteil, der mit ihr das Gespräch gesucht hatte, brachte den dritten Koffer in den Zug, der auf dem gegenüberliegenden Gleis wartete. Auch dieser elegant gekleidete Mann wollte nach Moskau, er war Pole, Agraringenieur, er sprach fließend Deutsch und Russisch, scherzte mit Renata, als sie im neuen Abteil sitzend erwachte und benommen um sich schaute. Er war neugierig, fragte nach Sabinas Plänen, verriet, dass er zu Verhandlungen mit hochrangigen Funktionären fahre. Er setzte sich, ununterbrochen weiterredend, im benachbarten Abteil ihr gegenüber hin, musste dann aber weichen, als ein verspäteter Passagier kurz vor der Abfahrt den reservierten Platz für sich beanspruchte. Sabina fand, sie sei nun, mit Mitte dreißig, schon so alt, dass sie auf Flirtversuche nicht eingehen mochte, diese Formen des Anbändelns waren ihr schon während ihrer Adoleszenzkrise zuwider gewesen. Außer – da war er wieder – bei der Geschichte mit dem Mann, der Carl Gustav hieß. Die Verzauberung, in die sie sich mit ihm begeben hatte, konnte auch jetzt noch plötzlich lebendig werden. Ein Märchenwald, ein Labyrinth. Wo war er, der Ausgang? Sie wusste auch in der Erinnerung nie, ob sie sich dem Zauber überlassen oder ihn verscheuchen sollte, um sich wieder frei zu fühlen.

Sie kamen mit nur halbstündiger Verspätung im Weißrussischen Bahnhof von Moskau an, kurz nach elf Uhr. In der wartenden Menschenmenge entdeckte sie Isaak. Sabina hatte ihn mindestens fünf Jahre nicht mehr gesehen. Sie hatten vereinbart, dass Renata und sie zunächst bei Isaak und seiner Frau Rakhil, einer Ärztin, und ihrer Tochter Menicha – sie war ein Jahr jünger als Renata – wohnen würden. Aber wie hatte sich Isaak verändert! Sabina konnte es fast nicht glauben. Isaak, der sie so oft provoziert und gequält hatte. Der so unglücklich in sich versunken gewesen war, als er damals nach Zürich kam und dann nicht bleiben konnte. Sein Gesicht war männlicher, kantiger geworden, reifer, könnte man sagen, er trug ein offenes Hemd ohne Krawatte und einen gemusterten Sommersakko, seiner jetzigen Stellung in der Sowjetunion angemessen, er war zuständig, das hatte er geschrieben, für die medizinische Versorgung der Stadt, war sogar der Leiter der entsprechenden Kommission. Er lachte sie beide an, seine Schwester und ihr Kind, er breitete die Arme aus und wischte mit dieser Geste die Vergangenheit weg, Sabina umarmte er, die Nichte hob er in die Höhe und küsste sie – »Du bist also Renata!« – auf beide Wangen, erstaunlich, dass sich das Kind, das sonst so scheu war, nicht dagegen sträubte, im Gegenteil das Lachen des Onkels erwiderte. Isaak hatte schon Gepäckträger organisiert, er führte sie durch die summende Halle zu den Taxis, eine halbe Stunde später waren sie bei ihm zu Hause, seine Frau hatte ein Essen vorbereitet, Kartoffelsuppe, und Menicha wollte Renata zuerst unbedingt ihre Puppen zeigen. Renata ihrerseits holte die kleine Trachtenpuppe, die ihr der Professor in Genf zum Abschied geschenkt hatte, aus dem Gepäck, und Menicha fand sie entzückend. Dann schickte Isaak die beiden Mädchen, die sich ja schon angefreundet hätten, wie er sagte, in ein Nebenzimmer zum Schlafen, dort standen zwei Betten nebeneinander, Sabina sang für die Mädchen ein Schlaflied, mit ihnen beten, wie Menicha es wünschte, wollte sie nicht. Während Rakhil, offenbar eine Christin, in der kleinen Küche das Geschirr abwusch, versuchte Isaak, der Schwester aufzuzeigen, was der gewaltige gesellschaftliche Aufbruch in der Sowjetunion mit sich brachte. Die Verwüstungen des Bürgerkriegs seien überall noch spürbar, sagte er, auf dem Land gebe es marodierende Gruppen von Halbwüchsigen wie einst während des Dreißigjährigen Kriegs, gleichzeitig arbeite man im Gesundheitswesen mit Hochdruck daran, die medizinische Versorgung für alle erreichbar zu machen. Für sie, Sabina, sei vorgesehen, dass sie als Ärztin ein Kinderheim nach psychoanalytischen Grundsätzen betreue und mit einem neuen Fach, der Psychotechnik, dazu beitrage, den neuen Menschen zu erschaffen. Es wurde Sabina fast unheimlich, wie geläufig Isaak seine Sätze formulierte, fast als lese er von einem unsichtbaren Manuskript einen Vortrag ab. Sie tranken ein Gläschen Wodka dazu, das schade nie, sagte Isaak lachend zur Schwester; die Familie schien jedenfalls nicht zu darben. Gegen neun, als die Kinder schliefen, erschien ein Überraschungsgast. Es war ihr Vater Nikolai, sichtbar gealtert, aber redefreudig wie früher, er schloss Sabina so heftig und so lange in die Arme, dass es sie schmerzte und sie sich diskret zu befreien versuchte. »Wie hübsch du geworden bist!«, rühmte er die Tochter und ging dann auf Zehenspitzen ins Nebenzimmer, um sich die Enkelin, beim Schein einer Kerze, zumindest im Schlaf anzusehen. Bald werde es, sagte Isaak, überall in Moskau elektrisches Licht geben. Nikolai reiste viel durchs Land, er hatte sich in Insektenkunde spezialisiert und zeigte den Bauern, wie sie mit Bienenkästen umgehen und sich gegen Ameisen wehren konnten. Außerdem war er bei Parteiausschüssen dabei, auch er hatte sich also dem kommunistischen Fortschritt verschrieben. Die beiden Männer, Vater und Sohn, lachten viel, schlugen sich gegenseitig auf die Schultern. Was für ein anderes Bild als in der Zeit, wo Isaak der Außenseiter mit gefährlichen Ideen in der Familie gewesen war. Von Eva, der Mutter, sagte keiner ein Wort. Vielleicht war mit ihrem

Tod, dachte Sabina, ein Bann von ihnen gefallen; sie selbst hatte sich ihr schon mit ihren Symptomen und dem Aufenthalt in Zürich entzogen.

In dieser Nacht schläft Sabina, nachdem sich der Vater geräuschvoll verabschiedet hat, auf einem Notbett im Flur. Sie wird von Anfang an mit ihren Kenntnissen stark eingespannt sein, das hat ihr Isaak klargemacht, und darum schlägt er vor, dass die Schwester für sich wohne, in einer nahe gelegenen Pension, und Renata in seiner Familie bleibe und mit der fast gleichaltrigen Menicha zusammen die Schule besuche. Das Wochenende könnten sie alle zusammen verbringen. Sabina zögert, hat kurz das Gefühl, es werde über sie verfügt, ist dann aber einverstanden. Und in der Tat zeigt sich, dass ihre Arbeitstage von Anfang an komplett ausgefüllt sind. Schon nur die Leitung des Kinderheims »Internationale Solidarität« ist eine fordernde Aufgabe, nebenbei soll sie an der Universität, auch das hat Isaak eingefädelt, Vorlesungen zur Psychoanalyse bei Kindern halten. Sie ist, ohne es wirklich zu wollen, sogleich in einen Strudel von Pflichten und Aufgaben geraten; außerdem muss sie sich wieder an die russische Umgangssprache gewöhnen. Und wie ist es mit Pawel, der doch in Rostow auf sie wartet? Beinahe vergisst sie ihren Ehemann in der nächsten Zeit, sie hat gar keine Muße, auf seine Briefe zu antworten, oder sie schreibt ihm in wenigen Zeilen, dass sie in ihren neuen Aufgaben beinahe ertrinke. Pawel müsse sich gedulden; an der Entstehung einer neuen Gesellschaft mitzuwirken, sei vordringlich. Aber sie ermüdet dabei, es ist ein hektischer Alltag, der sie förmlich aufzufressen droht, sie sehnt sich manchmal zurück nach der friedlichen Atmosphäre am Genfer See und am Institut Jean-Jacques Rousseau. Die Beziehung zur Tochter wird schwierig, Renata entfremdet sich von ihr, zeigt sich trotzig, wenn die Mutter ihre Nähe sucht; auch Menicha hält das Mädchen auf Abstand; manchmal, so berichtet ihr Rakhil, sondere sich Renata von ihnen ab, wolle für sich etwas zeichnen, was dann gar nicht Gestalt annehme, starre ins Leere, oft sehr lange, erfinde Lügengeschichten mit sich als Heldin oder als Opfer. Erschreckend, erkennt da Sabina nicht auch hier Verhaltensweisen aus ihrer eigenen Kindheit? Darüber mit der Mutter zu sprechen, weigert sich die Tochter, die sich dann ganz in sich zurückzuziehen, wieder zum starrsinnigen Renatchen wird wie damals, als Sabina sie tagsüber weggeben musste. Nach dem Vater fragt sie nicht mehr, sie scheint ihn tief in sich begraben zu haben. Sabina durchschaut die psychologischen Zusammenhänge und leidet darunter, dass sie, eingebunden in ihre Pflichten, nichts zu verändern vermag. Fast anderthalb Jahre versucht sie, dieses neue Leben durchzuhalten, das ihr doch nützlich und notwendig erscheint und sie ganz und gar ausfüllt. Dann aber bekommt sie einen langen Brief von Pawel, der sie alarmiert und völlig verunsichert. Er schreibt komplizierte Sätze in einem altertümlichen Russisch, das war schon immer so, nur dass die Sätze jetzt noch girlandenhafter anmuten. Beim Wiederlesen versteht sie seine Botschaft besser: Er habe eine Kollegin, Olga Snitkowa, näher kennengelernt, sie hätten sich gegenseitig besucht, und sie erwarte nun ein Kind von ihm, er habe, sie müsse das verstehen, seinen männlichen Bedürfnissen nachgegeben, die viele Jahre, wie sie wisse, unbefriedigt geblieben seien. Hat er denn nicht mehr gewusst, wie man verhütet?, fragt sie sich, erbost und aufgewühlt. Oder will er sie zur Rückkehr provozieren? Das jedenfalls ist Sabinas stärkster Impuls. Sie kann sich nicht vorstellen, das Kind des Mannes, mit dem sie noch immer regulär verheiratet ist, allein aufzuziehen, während nun eine andere Frau von ihm schwanger ist. Das darf nicht sein, Pawel muss sich zu ihr, zu Sabina, bekennen, auch der elfjährigen Renata zuliebe! Ihre Entscheidung ist klar, hat sich über Nacht in ihr festgesetzt: Sie wird nach Rostow zurückkehren und mit Pawel zusammenleben. Und er muss seiner Geliebten klarmachen, dass sie die Konsequenzen aus Sabinas Heimkehr zu ziehen hat. Diese Olga war ja schon verheiratet, auch das schreibt Pawel, ihr Mann ist im großen Krieg schwer verletzt worden, seither geisteskrank, sie sind geschieden. Was für eine verwirrliche Geschichte. Sabina ist, so analysiert sie sich selbst, nicht so sehr eifersüchtig, sondern in ihrer Ehre tief verletzt, und damit hat sie überhaupt nicht gerechnet. »Ich komme so bald wie möglich nach Rostow, sorge für eine Wohnung für uns drei!«, das telegraphiert sie Pawel. Sie kündigt ihre Stelle von einem Tag auf den anderen, ohne einen Grund dafür anzugeben, zum Entsetzen der Kollegen, sie nimmt eilig Abschied auch von Isaak, der sie nicht verstehen will, und vom anderen Bruder, Jascha, der nun Professor für Elektronik in Moskau geworden ist. Schon fünf Tage später sitzt sie mit Renata im Zug nach Rostow, einiges an Gepäck wird ihr Isaak nachschicken lassen, Menicha war nicht unglücklich, dass Renata, die so viel Aufmerksamkeit beansprucht, aus ihrem Leben verschwindet.

Auf der Fahrt, die fast so lang ist wie die nach Moskau, blickt Sabina mit Bangen dem Zusammentreffen mit Pawel entgegen. Wie wird es sein, wieder mit ihm zusammenzuliegen? Lustvoll, schwierig, unmöglich? Renata, die den Vater so lange entbehrt hat und ihn dann von sich abhielt, freut sich, die Vorstellung, nun als Familie zusammenzuleben, scheint ihr keine Sorgen zu machen.

Pawel wartet, wie Isaak vor zwei Jahren, am Bahnhof, schlaksig ist er immer noch, aber schlechter gekleidet als sein erfolgreicher Moskauer Schwager, er ist Arzt in einer Kinderklinik, hat mit über hundert Patienten dauernd alle Hände voll zu tun. Er wartet lange auf dem Perron; der Eilzug aus Moskau trifft, mit drei Stunden Verspätung, erst gegen Mittag ein. Auch Pawel hebt Renata in die Höhe, aber sie versteift sich nicht, sie umarmt ihn wie er sie, stürmisch beinahe, sie hat ihn, von den Fotos her, als Erste erkannt und ist auf ihn zugelaufen. »Renata, Renata«, wiederholt Pawel ununterbrochen, flüstert es in ihr Ohr wie eine magische Formel, und sie lacht ihn an: Da ist er endlich, ihr Vater. Auch Sabina kommt an die Reihe, als er das Kind abgesetzt hat, sie ist noch so klein wie zuvor, und er muss sich zu ihr hinunterbeugen, um sie zu küssen. »Man wächst nicht mehr in meinem Alter«, sagt sie scherzhaft, er nickt und lacht, prustend wie damals, aber sie sieht nun von Nahem wie sein Gesicht gealtert ist, fast wie das von ihrem Vater Nikolai. Falten um den Mund, auf den Wangen, die Augen ein wenig eingefallen, die Haare gelichtet, aber doch ihr Pawel, und das rührt sie plötzlich so sehr, dass ihr die Tränen kommen.

25
Die Familie Scheftel-Spielrein, Rostow, nach 1926

Pawel hat in einer kleinen Straße, nah am Fluss, eine größere Wohnung gemietet, ein Zimmer für Sabina und Renata und eines für sich, spartanisch möbliert, samt einem Zwischenraum mit Fensterluke, für ein Archiv, sagt er zu seiner Frau, die es nun wieder ganz sein wird, das spürt sie an seinen verlangenden Blicken. Aber die Lage der Wohnung mit einem kleinen Hintergarten ist angenehm, und Renata gefällt es von Anfang an, sie scheint alles in Kauf zu nehmen, um in der Nähe ihres Papas sein zu können. Sie wird eine Schule im Viertel besuchen, das von der einstigen standesgemäßen Familienvilla eine halbe Stunde entfernt ist. Gut so, sagt sich Sabina, die Illusion, ins alte Leben zurückzukehren, hatte sie nie. Wobei Sabinas Vater Nikolai, trotz seiner vielen Reisen, zwei Zimmer in der ansonsten vermieteten Villa für sich behalten hat, dort hält er sich von Zeit zu Zeit auf, versäumt nie, Tochter und Enkelin zu treffen.

Zum Glück gibt es in der Wohnung den Zwischenraum, der die beiden Zimmer voneinander abschirmt. Nachts, wenn die Tochter tief schläft, schleicht Sabina zu Pawel hinüber, der auf sie wartet. Und nachdem sie einander die ersten Male vorsichtig erkundet haben, kehrt unerwartet die Leidenschaft zurück, und Sabina staunt, wie sehr sie sich darin verlieren kann, wie sehr sie doch Pawels kräftige Hände und ihn selbst liebt, mehr, als sie nach der langen Trennung gedacht hat. Es liegt wohl auch daran, dass sie die Erinnerung an Jung weit genug von sich wegrücken kann. Er ist immer noch ein Schatten, der sie von Zeit zu Zeit verfolgt, aber wirkliche Gestalt in ihr nimmt er nicht mehr an, ist allerdings durch ihre fachliche Korrespondenz durchaus präsent.

Sie hat schon bald genug zu tun, wird angestellt im prophylaktischen Schulambulatorium, auch wenn sie den hochgestochenen Namen insgeheim belächelt. Im Kommunismus, denkt sie, muss man dauernd beweisen, dass man mit der kapitalistischen Wissenswelt und ihren Begriffen Schritt halten oder sie sogar übertreffen kann.

Sie arbeitet auch in der neu gegründeten psychiatrischen Poliklinik, man schätzt sie bald, weist ihr die schwierigen Fälle zu. Oft kehrt sie so müde nach Hause zurück, dass sie sich nur flüchtig wäscht und sich dann, eigentlich viel zu früh, neben Renata legt, sie in die Arme nimmt und gleich einschläft. Dann kommt es vor, dass sie irgendwann mitten in der Nacht erwacht und voller Verlangen zu Pawel hinübertappt, der sie schlaftrunken umarmt. Dass sie wieder schwanger wird, hat sie nicht erwartet, sie kann es am Anfang, obwohl sie doch als Ärztin Bescheid weiß, kaum glauben und versucht sich, zusammen mit Pawel, der ebenfalls chronisch überarbeitet ist, zu freuen. Ungestüm freut sich aber Renata, als Sabina sie einweiht und ihre kleine Hand auf ihren wachsenden Bauch legt, denn eine so große Tochter will sie nicht mit Lügengeschichten in die Irre führen, wie man es mit ihr selbst gemacht hat, Sabina war noch als Heranwachsende in diesen Dingen völlig unwissend.

Jetzt hat Pawel seinen Fehltritt wiedergutgemacht, das Kind der anderen sieht er nie, und Olga lebt mit ihrer Tochter Nina anderswo, weit weg von Sabinas Familie.

Im Juni 1926 kommt, in der neuen Geburtsklinik, Sabinas zweites Kind zur Welt, wieder ein Mädchen, Eva, nach der Großmutter, darauf hat Sabina bestanden. Zweiundvierzig ist sie nun, eigentlich zu alt für eine zweite Mutterschaft, das denken alle ringsum, sie spürt es genau. Es ist eine schwierige Geburt, obwohl das Neugeborene ungewöhnlich klein ist. Pawel, der dabei ist, verzweifelt fast vor Sorge, dass die Mutter den Blutverlust nicht überleben wird; er ist als Arzt schon einige Male dabei gewesen, als eine Mutter bei der Geburt starb. Aber Eva, der Winzling, macht den Wachstumsrückstand ungewöhnlich rasch wett, Sabina erholt sich bald, kann länger stillen als bei Renata, und die große Schwester zeigt nur wenig Eifersucht, will das kleine Wesen so oft wie möglich in den Arm nehmen und verhätscheln. In der Schule allerdings ist sie zerstreut, wird nachlässig, die Geburt der Schwester beschäftigt sie mehr, als sie die Eltern glauben lässt. Nikolai, der Großvater, der überraschend auftaucht, stemmt den Säugling lachend in die Höhe und kann von Pawel nur schwer davon abgehalten werden, ihn hochzuwerfen und aufzufangen, wie er das, so behauptet er, mit allen seinen Kindern gemacht habe. Sabina glaubt ihm nicht, sie weiß ja, wie kraftmeierisch sich ihr Vater manchmal zu geben versucht, um seine innere Schwäche zu tarnen.

Schon bald nimmt Sabina ihre Arbeit wieder auf, eine

Nachbarin hütet die kleine Eva, eigentlich nicht viel anders als damals in Lausanne mit Renata.

Sie trifft auch wieder auf den Jungen, der ihr von Anfang an ins Auge stach, als er neu in ihre zusammengewürfelte Klasse gekommen war. Alexander ist knapp neun, mager und zu groß für sein Alter, zu gescheit, zu fortgeschritten auch im Vergleich mit den anderen. Die alleinerziehende Mutter, Taisiya Solschenizyna, bringt ihn am ersten Tag zur Schule, sie wirkt ältlich, sie bewegt sich mühsam, stark hinkend. Der Vater, ein Kosake, sei verschwunden, erzählt sie, sie sei nach Rostow gezogen, weil hier ihre Großmutter das Kind betreuen könne, sie selbst arbeite, so gut es gehe, als Stenotypistin in einer Import-Export-Firma. Sie sei schwach auf der Lunge, immer wieder krank, müsse oft zwei, drei Tage liegen; zu dritt lebten sie nun in der baufälligen und schwer heizbaren Kleinwohnung der Mutter. Der Junge, sauber gekleidet, steht während dieses Wortschwalls stumm neben der Mutter, die sich immer wieder auf einen Stuhl abstützt, den ihr Sabina hingeschoben hat, er beobachtet genau, mit wachem Blick, was ringsum geschieht, und als Sabina ihn anspricht, zeigt er sich wortkarg, antwortet aber mit klaren Sätzen. Der Junge sei wissensdurstig, erklärt die Mutter weiter, sie habe nicht genügend Lesestoff für ihn, er überfordere sie mit seinen Fragen, aber da werde die Frau Lehrerin sicher helfen. Dann hinkt sie davon und wird sich nicht wieder zeigen. Alexander aber steht jeden Morgen pünktlich im Schulzimmer, wenn Sabina es, zweimal in der Woche, für ihre Russischlektionen betritt. Sie weiß seit Kurzem, dass sie wieder schwanger ist; der Junge scheint es auch zu wissen, jedenfalls blickt er oft gebannt auf ihren wachsenden Bauch, obwohl sie ihn unter dem weiten Kleid zu verbergen versucht. Dann zeigt er eines Tages darauf und fragt, als wäre er viel älter: »Wann?« Sie lächelt ihn an. »Bald«, sagt sie, und er lächelt zu ihrem Erstaunen zurück, was sein grämlich wirkendes Gesicht völlig verändert.

Renata mag den deutlich jüngeren Alexander zuerst nicht besonders, sie will auch nicht neben ihm sitzen. Aber dann gibt er ihr eine Geschichte zum Lesen, die er selbst geschrieben hat, ein Märchen, in dem ein Feuervogel vorkommt, und Renata ihrerseits zeigt sie Sabina, die es fast nicht glauben kann, dass ein Junge in Alexanders Alter so gut und beinahe fehlerlos schreibt. »Die Großmutter«, erklärt er mit kaum merklichem Stolz, »erzählt mir manchmal solche Märchen, und ich schreibe sie auf und verändere sie ein wenig.« Sabina lobt ihn, verzichtet aber darauf, den Text der Klasse vorzulesen, sie befürchtet, dass dies Alexanders Außenseiterrolle bloß verstärken würde. Er steht in den Pausen meist fast unbeweglich da, beteiligt sich nicht an den lärmigen Spielen der anderen; dass er deswegen gefoppt wird, scheint ihm nichts auszumachen. Aber Sabina behält ihn im Auge, spricht mit der Kollegin darüber, und sie einigen sich darauf, dass sie versuchen wollen, Alexander den Übertritt ins Gymnasium zu ermöglichen. Ständig leiht er sich aus der schmalen Schulbibliothek Bücher aus. Er taut Sabina gegenüber auf, sagt, das Liebste seien ihm Abenteuergeschichten oder solche, in denen jemand, der arm sei, reich werde. Er wolle selbst einmal Bücher schreiben. Es klingt nicht einmal prahlerisch, wie er das sagt, sondern tief entschlossen, von einem Kind dieses Alters hat Sabina einen solchen Wunsch noch nie gehört. Einmal lädt sie ihn zum Suppenessen bei sich zu Hause ein, auch Pawel ist beeindruckt von der Reife und Intelligenz des Knaben, da schaukelt Sabina schon die kleine Eva auf den Knien und gibt ihr die Flasche, die Muttermilch ist bei ihr nach zwei Monaten versiegt. Aufgrund der guten Noten von Alexander übernimmt der kommunistische Staat die Kosten fürs Gymnasium, sie sind gering, aber nicht einmal diese Summe hätte seine Mutter auftreiben können.

Wie die Zeit vergeht! Nachdem Lenin gestorben ist, zieht die Partei die Zügel an, Stalins Einfluss wächst unaufhörlich, er duldet kaum noch Widerspruch. Die Psychoanalyse, deren Einsichten Sabina nach wie vor vertritt, wenn auch unter anderen Bezeichnungen, gerät zunehmend in Verruf, gilt in den staatlichen Gremien als westlich dekadent, als unsowjetisch. Sabina kümmert sich, ebenso wie Pawel, wenig um die vorherrschende Ideologie, die nun immer diktatorischer wird. Sie steht schwierigen Schülern bei, mildert mit eigenen Methoden deren Konflikte, hält Vorlesungen an der Universität. In Rostow ist sie angesehen, muss sich jedoch als Jüdin wehren gegen den wachsenden Antisemitismus, der allerdings, wie man weiß, in Deutschland nach 1933 viel radikaler um sich greift. Die beiden Töchter sind außerordentlich musikalisch, Renata spielt seit langem Cello, Eva schon als Fünfjährige Geige. Sie sei hochbegabt, urteilt der berühmte Geiger David Oistrach, als Eva ihm, achtjährig, nach einem Konzert in Rostow in der Künstlergarderobe vorspielt. Sie strahlt den Mann mit dem breitflächigen Gesicht an wie sonst nur ihren Vater, sie durfte bei seinem Konzert dabei sein und möchte lieber bei ihm in den Unterricht gehen als beim Direktor des örtlichen Konservatoriums, der die falschen Töne gar nicht höre, wie Eva spottet. Renata hat jedenfalls keinen Grund, gönnerhaft auf die kleine Schwester herabzusehen, und wenn sie, zu Pawels Stolz, zusammen spielen, wirken sie durchaus gleichberechtigt. Es gibt kurze Blicke zwischen ihnen, die das gegenseitige Einverständnis verdeutlichen, und dass die Eltern, nahe nebeneinander sitzend, sich zwischendurch die Hand geben, wirkt wie ein Echo darauf. Die Schwestern werden eine musikalische Laufbahn einschlagen, das ist den Eltern klar, und sie werden alles dafür tun, um sie ihnen zu ermöglichen.

Alexander Issajewitsch – dass er Sabinas Lieblingsschüler war, verrät sie allerdings niemandem – besteht schon mit siebzehn die Matura. Sein Wunsch wäre es gewesen, in Moskau Literatur zu studieren. Die Mittel seiner Familie reichen dafür nicht aus. Mit dem ihm eigenen Starrsinn entschließt er sich zu etwas ganz anderem, er absolviert an der Universität in Rostow in raschem Tempo ein Studium der Mathematik und Physik, er ist auch in diesen Fächern hochbegabt. Ab und zu trifft sich Sabina in einem der wenigen Kaffeehäuser der Stadt mit dem jungen Mann zu einem »Schwatz«, wie sie den Töchtern sagt, und erfährt dabei, dass Alexander – die Familie nennt ihn Sascha – Lenin verehrt und mit Trotzkis Ideen zur permanenten Revolution sympathisiert. Er senkt dabei die Stimme, beugt sich zu Sabina vor; laut darf man so etwas in Stalins Reich nicht mehr sagen. Dessen Idee vom Kommunismus beschränkt sich auf die Sowjetunion, die er mit Geschick und Skrupellosigkeit zu seinem Untertanengebiet macht. Er benehme sich wie ehemals der Zar als absoluter Herrscher, flüstert Alexander Sabina zu; er selbst, Alexander, schreibe immer noch, allerdings für die Schublade, seine Texte hätten keine Chance, in einem Staatsverlag veröffentlicht zu werden. Neben seiner bitteren Eloquenz kommt sie sich, wie schon in den Jahren zuvor, ältlich vor, verbraucht von den Mühen des Alltags. Für einen jungen Mann ist sie nur attraktiv durch ihre Intelligenz, das weiß sie und genießt es, wenn sie ihn mit ihrem Wissen beeindrucken kann.

Es wundert sie nicht, dass ihr ehemaliger Schüler nach dem Studienabschluss sehr rasch in seinen Fächern Dozent an der Universität wird, man nennt ihn, den jungen Mann, bereits Professor, worauf Sabinas Töchter mit Bewunderung reagieren und einer Prise Belustigung, die Saschas tiefer Ernsthaftigkeit gilt. »Ist es nicht eher Gehemmtheit?«, fragt Eva einmal die Mutter, vor allem wohl, weil sie auf Alexander, der ja auch sehr musikalisch ist, ein wenig eifersüchtig ist. Sabina schüttelt den Kopf. »Manchmal scheint es beinahe, er sei aus Stein«, sagt sie. »Aber in ihm lebt eine wunde Seele, und die will er nur beim Schreiben zeigen.« Beinahe hätte sie hinzugefügt, das kenne sie aus eigener Erfahrung, aber auch den eigenen Töchtern gesteht man nicht alles. Manchmal denkt sie, Pawel könnte von seinem Habitus her eigentlich gut der Vater Alexanders sein; und sie erinnert sich beinahe beschämt daran, dass sie, die zwei begabte Töchter hat, sich einmal, vor langer Zeit, nach einem Sohn sehnte, der Siegfried hieß.

In den Dreißigerjahren werden die ideologischen Kontrollen noch strenger, abweichende Meinungen, erzählt man sich in Sabinas Bekanntenkreis hinter vorgehaltener Hand, führen immer rascher ins Straflager. Soll sie sich darum kümmern? Nein, sie weigert sich, auf Kosten ihrer Arbeit Haltungen einzunehmen, die sie missbilligt. Manchmal fürchtet sie um ihre Brüder, vor allem Isaak äußert seine von der Parteidoktrin abweichenden Ansichten oft unverhohlen oder zumindest unvorsichtig. Die Versöhnung von Psychoanalyse und Kommunismus kann jedenfalls nicht gelingen, so viel ist Sabina klar, umso mehr fördert sie die Begabung ihrer Kinder; ihre Musikalität widerspricht dem Staatskommunismus ja nicht. Entsetzt ist sie, als sie aus den psychologischen Zeitschriften, die sie in der Universitäts-Bibliothek liest, erfährt, dass Carl Gustav Jung sich verächtlich über jüdische Kollegen, auch über Freud, äußere, die Nationalsozialisten würden Jung inzwischen als einen der Ihren preisen. Die deutschsprachigen Fachzeitschriften gelangen im Moment noch nach Rostow, ein halbes Jahr später schon werden sie in den Bibliotheken nicht mehr aufliegen dürfen. Aber im Blatt der »Gesellschaft für Psychiatrie« liest sie, dass der europaweit bekannte Professor aus Zürich, Carl Gustav Jung, den Vorsitz übernommen habe und nun auch das Fachblatt herausgebe. In seinem Leitartikel liest Sabina den Satz: »Der Jude als relativer Nomade hat nie und wird voraussichtlich nie eine eigene Kulturform schaffen ... Das arische Unbewusste hat ein höheres Potential als das jüdische ...« Und andernorts liest sie, dass C. G. Jung der »zersetzenden Psychoanalyse Sigmund Freuds seine aufbauende Seelenlehre entgegengestellt hat«. Er sieht offenbar Adolf Hitler als »wahren Führer«. Sabina kann das kaum glauben. Dass sie Jüdin ist, wenn auch keine praktizierende, aber von der Abstammung her ohne Zweifel, hat Jung gewusst und sich trotzdem auf sie eingelassen. Das schmarotzende Volk der Juden sauge am germanischen Wirtsvolk, so drückt er sich mittlerweile aus. Einmal hat er ihr vor langer Zeit geschrieben: »Bisweilen muss man unwürdig sein, um überhaupt leben zu können.« Den Satz hat sie sich gemerkt. Aber er war auf ihre und seine heimliche Liebe, seinen Ehebruch gemünzt, nicht auf ihre Herkunft. Ist das noch der Mann, den sie so schrankenlos geliebt hat? Ein Verteidiger Hitlers? Nein, das ist er nicht. Der Ehrgeiz hat ihn in diese Position getrieben, von der er wohl glaubt, sie werde seinen Einfluss auf die deutsche Wissenschaft erhöhen. Die Verachtung, die in ihr aufsteigt, die Verachtung einer ehemaligen Geliebten, würde ihn wohl kaltlassen. Sie fegt die Fachblätter, die vor ihr auf dem Lesetisch liegen, auf den Boden, sammelt sie danach unter dem wachsamen Blick des Bibliothekars wieder auf, faltet sie zusammen, gibt sie zurück.

»Ist Ihnen nicht gut, Frau Doktor?«, fragt er.

»Ach, das war bloß ein Impuls«, entgegnet sie.

Es war eher, denkt sie, eine Kurzschlusshandlung, wie soll sie jetzt mit der Erinnerung an ihn umgehen? Er hätte wohl hundert Entschuldigungen, wenn sie ihn in einem Brief zur Rechenschaft ziehen würde. Aber sie wird ihm nicht mehr schreiben, sie hat ihn, als ihren Wegweiser, an diesem Tag endgültig verloren.

26
Arzt und Ärztin im Krieg, Rostow, nach 1938

Die Familie Scheftel-Spielrein kann nach langem Hin und Her mit den Behörden eine größere Wohnung beziehen, näher nun an der Villa, in der Sabina ihre Kindheit verbracht hat, aber ohne den damaligen Luxus; die vier Zimmer, die sie zugesprochen erhalten, sind schon die Obergrenze, zugute kommt dem Paar, dass sie beide Ärzte sind und als gesellschaftlich wichtig gelten. Die Wohnung ist immerhin so groß, dass Sabina ein Klavier mieten und in der kargen Freizeit üben kann. Sie gewinnt mit Beharrlichkeit etwas von ihrer ehemaligen Geläufigkeit zurück und traut sich zu, die Töchter zu begleiten. Die sehen der Mutter ihre Fehler nach und lassen sich aufs Zusammenspiel bei den frühen Beethoven-Trios ein, es klingt von Woche zu Woche besser. Nachbarn bitten sie darum, die Fenster zu öffnen, sie möchten zuhören. Und regelmäßig sitzt in einer Ecke Pawel dabei, er spielt zwar kein Instrument, kann Noten gar nicht lesen, ist aber an den Sonntagnachmittagen ganz Ohr, überaus empfänglich für diese Musik, die so ganz anders klingt als die sowjetischen Hymnen, die bei Fahnenaufmärschen ständig, auch von den Kindern, gesungen werden. Dass er beim Zuhören, übermüdet von der Arbeit, manchmal einschläft, stört die Musikantinnen nicht.

Die Töchter lieben Pawels Gutmütigkeit; an seine depressiven Phasen, bei denen er ganz verstummt, haben sie sich gewöhnt, sie wissen, dass sie schnell vorbei sind. Aber was soll aus den begabten Mädchen werden? Die Ältere ist nun schon zwanzig, die Jüngere zwölf Jahre jünger, ein Kind, das allerdings fast erwachsen wirkt. Eine Konzertkarriere mit dem klassischen Repertoire liegt in der Sowjetunion nicht drin; es bleiben wohl nur Anstellungen in den Konservatorien, die zwar sowjetisch erneuert werden, aber immerhin Beethoven nicht vergessen, der doch als Revolutionär gelten kann.

Die dauernde Erschöpfung wird ein Problem für Sabina, auch deshalb, weil die Partei die Zügel immer straffer anspannt und eine freie Forschung behindert, die nicht nur marxistischen Grundsätzen folgt. Die Psychoanalyse ist inzwischen verboten worden, sie gilt als unsowjetisch, Publikationen, in denen sie erwähnt wird, gibt es nicht mehr. Sabina sieht sich zurückgebunden zu ihrer Tätigkeit als Ärztin, das wird von den Parteifunktionären geduldet, sogar gefördert, denn fähige Ärzte braucht man auch in der Sowjetunion mit ihrem Verstaatlichungsfuror, den die Kommissare überall durchzusetzen versuchen.

Die Mauern in der neuen Wohnung sind dick, Sabina und Pawel können sich im Esszimmer miteinander unterhalten, auch wenn die Töchter nebenan üben; die Musik wirkt wie ein gedämpftes Continuo, scheint in gewisser Weise die Sätze, die gesprochen werden, zu unterstützen, fast als ob nun die Töchter das Gewicht der Elternschaft übernommen hätten.

»Bereust du nicht manchmal«, fragt Pawel beim dünnen

Kaffee, »dass du zurückgekommen bist? Wärst du, wäret ihr nicht glücklicher in der Schweiz? Könntet ihr nicht freier atmen?«

Sabina, aus der Fassung gebracht, kann erst antworten, als Pawel über den Tisch hinweg seine Hand auf ihre legt. Sie nickt. »Ja, von heute aus betrachtet, war es keine gute Entscheidung. Aber niemand wusste, was für Entbehrungen die Zukunft mit sich bringt.« Sie klingt den Tränen nahe, aber dann blickt sie Pawel lächelnd an. »Du hast dich ja geweigert, zu mir zu kommen. Und ich wollte meinen Mann und den Vater meiner Tochter in der Nähe haben, in greifbarer Nähe.« Sie umfasst seine Hand, drückt sie so stark, dass er sie in einem Impuls zurückziehen will, sie ihr dann doch überlässt.

Nun nickt auch er auf seine schwermütige Weise. »Ich war nicht fähig dazu, ich habe Berlin gehasst, das weißt du ja.«

»Immerhin«, sagt Sabina, »haben meine Schritte auf dich zu Eva entstehen lassen. Und das ist doch ein Segen, was wären wir ohne sie.«

Pawel lacht verhalten. »Eine kleinere Familie, aber immerhin eine Familie. Außer du hättest, wäre ich in Berlin geblieben, Zwillinge geboren.«

»Was nicht auszuschließen ist.« Sabina streicht leicht über Pawels Hand auf dem Tisch. »Nun sind wir, das sage ich ganz leise, Gefangene des Systems, das Stalin dem Land aufzwingt. Wir können nicht mehr weg. Tun aber unser Bestes, um Kranken zu helfen und unseren Töchtern eine Zukunft zu ermöglichen, die ihren Talenten entspricht.«

»So wenig ist das eigentlich nicht«, sagt Pawel und legt

einen Augenblick seine freie Hand aufs Herz. Es schlägt wohl wieder unregelmäßig, weder er noch Sabina können es medizinisch begründen.

»Es ist nicht wenig, du hast recht,«, sagt Sabina, die in ihrem getupften Sonntagskleid bäuerlich wirkt, um Jahre älter, als sie ist. »Und Hitlers Diktatur in Deutschland nimmt immer schlimmere Züge an. Da können wir ja eigentlich froh sein, dass wir hier in Rostow leben, oder nicht?«

Pawel wiegt auf seine nachdenkliche Weise den Kopf. »Du hättest in der neutralen Schweiz bleiben können, liebste Sabina. Niemand hätte dich mit Gewalt zurückgeholt. Und du wärst Nachfolgerin des Direktors im Institut Rousseau geworden.«

Sabina schüttelt entschieden den Kopf; drüben hat die Musik aufgehört. »Ich wäre eine schlechte Verwalterin geworden. Es zog mich ja doch zu dir.« Und nicht mehr zu Jung, denkt sie.

»Eigentlich erstaunlich bei einer so selbstständigen Frau.«

»Ich wollte nicht in deine Arme sinken, mein Lieber, ich wollte dich als Partner, das weißt du genau.«

Er nickt verschwörerisch. »Ich weiß es, und wir sind geworden, was du wolltest: gleichberechtigt. Oder täusche ich mich?«

Sie schüttelt den Kopf, und in diesem Moment öffnet sich die Tür, Eva, immer noch klein und kindlich, trotz ihrer musikalischen Reife, schaut zu ihnen herein, bleibt aber draußen stehen. »Kommst du uns begleiten, Maman? Wir sind so weit.«

Sabina zögert. »Aber nur das Largo. Das Presto ist mir zu virtuos.«

»Ja. Das Largo ist sowieso schöner.«

Sabina steht auf, glättet ihren Rock.

Pawel hebt die Hand zu einem Winken. »Lass die Türen offen, ich höre von hier aus zu.«

Es war das letzte Mal, dass Pawel als unsichtbarer Hörer dem Musizieren beiwohnte, und es rührte ihn gewiss, dachte später Sabina, wie gut sie zusammenspielten, wie ebenbürtig an diesem Nachmittag die Mutter den Töchtern war, als hätten sich in ihr alle Hemmnisse gelöst.

Ihre Welt verdüsterte sich. Schwarz war das Jahr 1937. Zuerst starb Pawel; ein tiefer Einschnitt in Sabinas Leben, ein Schock auch für die beiden Töchter. Pawel brach auf dem Weg von der Wohnung zur Klinik zusammen. Herzinfarkt wohl infolge dauernder Überarbeitung. Passanten fanden ihn zusammengekrümmt am Straßenrand, noch am Leben. Sie alarmierten Sabina, die nur seinen Tod feststellen konnte, wie gelähmt saß sie neben ihm auf dem Pflaster, ohne Tränen, Pawels Kopf in ihrem Schoß. Die Trauer überwältigte sie erst später, Pawel hatte ihr mehr bedeutet, als sie lange geglaubt hatte, er war der Orgelpunkt ihrer Existenz gewesen. Sie verlor den festen Grund unter den Füßen, den sie glaubte, in Rostow gefunden zu haben. Und sie staunte über die Größe der Trauergemeinde, die sich an seinem Grab zusammenfand; erst da wurde ihr bewusst, wie beliebt er im Viertel, gerade auch unter den Ärmeren, gewesen war. Sie tröstete die Töchter, und sie hatte die Idee, den Kontakt mit Olga im fernen Krasnodar aufzunehmen und sie zu fragen, ob sie sich nicht versöhnen, ob die drei Kinder von Pawel sich nicht kennenlernen und sie alle sich gegen die schlimmen Zustände verbünden könnten. Dann schob sie den Gedanken von sich weg; dass ihr toter Mann mit einer Geliebten ein Kind gezeugt hatte, konnte sie, wenn es ihr sehr schlecht ging, immer noch erbittern.

Aber die Zeiten wurden noch düsterer. Sabinas drei Brüder verschwanden einer nach dem andern, das heißt, sie wurden wie üblich mitten in der Nacht vom NKWD, der Geheimpolizei, verhaftet, hinter Gefängnismauern verschleppt, und von dort kam kein Lebenszeichen mehr, nicht die kleinste Botschaft. Wie grausam effizient waren doch Stalins Schergen. Über geheime Kanäle und dann über lakonische Mitteilungen der Ämter erfuhr Sabina, dass die drei Brüder konterrevolutionärer Tätigkeit beschuldigt und in kurzen Abständen erschossen worden waren. Isaak, der in Rechtfertigungsschriften seine Unschuld beteuert hatte, wurde nach einer Odyssee durch mehrere Gefängnisse Ende 37 hingerichtet. Jascha, Professor für Energetik, folgte ihm nur wenig später in den Tod. Emil, inzwischen Professor für Biologie, traf es kurze Zeit danach. Man warf ihm Spionage vor. Alle drei Brüder, so hoffnungsvolle Talente, wurden von Richtern, die sich der paranoiden Staatsspitze unterordneten, als Staatsfeinde verurteilt, aus dem Weg geräumt, hingeschlachtet, ohne die Möglichkeit, sich zu verteidigen. Sabina musste ihr Elend verstecken, um nicht selbst ins Visier der Staatsschützer zu geraten; ihren Töchtern nun auch über den Verlust der drei Onkel hinwegzuhelfen, gelang ihr kaum noch. Renata und Eva fanden Halt in der Musik. Dass sie Tag für Tag stundenlang üben mochten, war ein kleines Wunder oder eher ein Überlebenselement. Sabinas Finger am Klavier gehorchten ihr kaum noch, aber sie zwang sich trotzdem, es zumindest zu versuchen.

Sie sah ein, dass es aus diesem Russland kein Entrinnen gab. Wie hätten sie zu dritt die lange Strecke in den Westen ohne Verhöre, ohne Festnahme zurücklegen können? Und was wäre dann mit dem Vater geschehen? Der Gram über den Verlust der Söhne zeigte sich in Nikolais ganzer Erscheinung. Er war stark abgemagert, ging gebeugt, redete, wenn überhaupt, undeutlich. Er lebte nach wie vor in der Villa, noch eingeschränkter als zuvor, nur noch ein vollgestelltes Zimmer stand ihm zur Verfügung. Wenn Sabina ihm Essen brachte, schaute er sie an wie eine Erscheinung aus fernen Tagen und murmelte vor sich hin: »Sie sind alle weg, keiner mehr da.«

»Ich bin noch da«, widersprach Sabina, am Rand eines sinnlosen Zorns.

Er hörte ihr nicht zu. Und die Töchter weigerten sich, den Großvater zu besuchen, er machte ihnen Angst, sie verstanden ihn kaum noch. Dann starb auch er, es war wie eine Tragödie, die nicht enden wollte. Sabina fand ihn zusammengesunken am Boden, er war vom Schreibtischstuhl geglitten, und erstaunlicherweise wirkte sein Faltengesicht entspannt, er schien sogar zu lächeln. Das Unheimliche in diesem Moment schien Sabina, dass er plötzlich Jung ähnlich sah, ihrem schlechten Geist aus einer fernen Vergangenheit. Sie verscheuchte die nutzlose Erinnerung an den Mann, von dem sie sich in allen Belangen verraten fühlte wie von keinem sonst. Sie wusste, was ihre Aufgabe war: ein würdiges Begräbnis organisieren, zu dem gewiss weniger Leute kommen würden als bei Pawel, und dann den beiden Töchtern Halt geben, einen Halt, den sie selbst bitter nötig gehabt hätte. Aber Kraftreserven, die sie auch in schlimmsten Zeiten immer wieder in sich gefunden hatte, trugen sie auch über diesen Verlust hinweg.

Sie war nun allein und sah es nach wie vor als ihre Aufgabe an, kranken und hungernden Kindern in ihrem Umkreis beizustehen und für die eigenen Töchter eine besorgte Mutter zu sein. Und sich selbst ihre gelegentlichen Wutausbrüche und kurzen Schimpftiraden zu verzeihen. Denn bisweilen ertrug sie es schlecht, dass Renata, die längst über zwanzig war, sich auszustaffieren versuchte wie eine elegante Lady und sich den einzigen Seidenschal, den Sabina in ihrem Schrank aufbewahrte, um die Schultern drapierte. Sie selbst, Sabina, begnügte sich schon lange mit grauen Wickelröcken, auf denen der Staub schlecht zu sehen war. Wie sollte sie noch auftrumpfen wollen mit weiblicher Schönheit? Sie wusste selbst, dass sie mit zweiundfünfzig verlebt, ja vertrocknet aussah. Zeitweise ging sie am Stock, weil ihr linker Fuß grundlos geschwollen war und heftig schmerzte.

Es war mühsam, genügend Geld für die kleine Familie zusammenzubringen, die Löhne für Staatsangestellte schrumpften, denn es wurde viel zu viel abgezweigt für die Aufrüstung. Die Spannungen zwischen der Sowjetunion und Hitler-Deutschland schienen zwar abgenommen zu haben, aber bei Hitlers Kriegsrhetorik wusste man nie. Renata verdiente mit Cellostunden für Kinder aus den wenigen vermögenden Familien ein schmales Zugeld, doch die Hauptlast trug Sabina mit ihrer ärztlichen Arbeit in der Kinderklinik und in den Schulen und mit den Honoraren für die seltenen privaten Konsultationen. Eva, knapp vierzehn, trat gerne auf bei Hochzeitsfesten und Geburtstagen, aber solche Gelegenheiten nahmen ab. Da spielte Eva, verkleidet als geigende Zigeunerin, auf dem Marktplatz und ging nach einem Csárdás mit der Sammelbüchse herum. Diese Auftritte verbot ihr Sabina, als Bekannte ihr davon erzählten; das sei Bettelei, schrie sie Eva an, das wolle sie nicht.

Eines Abends stand einer vor der Tür, den sie nicht erwartet hatte: Alexander, ihr ehemaliger Schüler, der Universitätsdozent. Sabina hatte ihn lange nicht gesehen, er wolle ihr, sagte er, nachträglich zum Tode ihres Ehemanns kondolieren, den er sehr geschätzt habe. Diese späte Ehrerbietung rührte Sabina fast zu Tränen. Sie bat ihn herein, Eva übte im Nebenzimmer auf der Geige, das hätte sie nicht gestört, doch Alexander schüttelte, eigensinnig, wie er war, den Kopf. Er habe zu tun, sagte er, aber er lebe nun mit einer Frau zusammen, die Musikerin sei, Natalja Alexejewna, genauer gesagt: Sie sei graduierte Biologin und Pianistin, und sie gebe gelegentlich Hauskonzerte, selbst in dieser schwierigen Zeit, da habe er gedacht, vielleicht würden Sabina und ihre Töchter sich gerne einmal dazugesellen, auch Natascha, seine künftige Frau, liebte, wie er selbst, Beethoven. Er erinnerte sich also noch an Sabinas Vorlieben. »Da können wir doch den politischen Umständen eine kleine Schutzzone entgegensetzen.«

Von solchen Hauskonzerten in unwirtlichsten Verhältnissen hatte sie gerüchteweise schon gehört. »Ich weiß nicht«, sagte sie und überlegte reflexartig, dass Alexander inzwischen bei offiziellen Stellen als politisch verdächtig galt, das war ihr von mehreren Seiten zu Ohren gekommen. Deshalb schwieg sie jetzt.

»Wir sind ja vor dem Krieg geschützt«, sagte Alexander sarkastisch, »oder nicht? Dank dem Nichtangriffspakt mit Hitler.« Er senkte die Stimme. »Der allerdings, wie ich fürchte, nicht lange halten wird.« Er redete wieder lauter: »Zur Hochzeit kommen Sie doch? Sie sind eingeladen, auch im Namen von Natalja, Sie und Ihre Töchter. Vielleicht erleben wir ja dann das Wunder des Zusammenspielens.«

Sabina nickte. »Ich schließe es nicht aus.« Dafür erntete sie von seiner Seite ein Lächeln, das sie durch seine Herzlichkeit beinahe bestürzte.

Eva, die weitergespielt hatte, sagte sie nichts von Alexanders überraschendem Besuch. Zum Hochzeitsfest, das sicherlich unter einfachsten Umständen stattfand, ging sie nicht. Inzwischen hatte Deutschland die Sowjetunion überfallen, das Land war in Aufruhr, die Armee wurde mobilisiert, auch der junge Universitätsdozent Alexander Solschenizyn musste einrücken, das vernahm Sabina. Dann hörte sie nichts mehr von ihm. Manchmal aber, vor dem Einschlafen, versuchte sie, sich vorzustellen, wie Alexander den Krieg überleben, was noch aus ihm werden würde.

27
Olga und ihr Kind

Einige Zeit zuvor hatte sie, was sie schon lange geplant hatte, Olga und deren Tochter Nina für ein Wochenende nach Rostow eingeladen. Pawels ehemalige Geliebte zögerte lange, bevor sie kam. Es wurde ein Fiasko. Die beiden Frauen vereinbarten zwar, dass, falls bei einem Krieg eine von ihnen starb, die Überlebende das Kind, die Kinder der anderen bei sich aufnehmen solle. Kein nutzloser Plan, die Kriegsgefahr lag in der Luft, es war ein realistisches Szenario, dass auch Rostow in feindliches Feuer geraten könnte, von den Deutschen erwartete man das Schlimmste, trotz des Nichtangriffspakts. Aber darüber hinaus hatten sich die beiden Frauen – sie waren beide Ärztinnen – wenig zu sagen, und die Töchter waren sich sehr fremd. Dass sie für eine Nacht mit der Mutter in einem Zimmer schlafen mussten, nahmen Renata und Eva ihr übel. Sie verstanden nicht, weshalb Sabina diese Einladung erzwungen hatte. Man könne doch nicht so tun, als ob man bloß der Abstammung wegen zusammengehöre, sagte Renata hinterher beinahe abschätzig. Die Gäste hatten nicht ihren Vorstellungen entsprochen; auch wenn die Familie Scheftel in Armut lebte, hielt die ältere Tochter an der Idee fest, zu einer gehobeneren Gesellschaftsschicht zu gehören. Sie flickte mit großem

Aufwand abgenutzte Röcke, gab ihnen mit Bordüren, die sie anderswo abgetrennt hatte, ein eleganteres Aussehen. Und sie schämte sich, dass die Mutter auf ihr Äußeres kaum mehr achtgab. Sie laufe ja herum wie ein Stallknecht, warf sie Sabina vor und zog dabei Eva auf ihre Seite, die sich auch gerne wenigstens an Sonntagen ein wenig herausgeputzt hätte. Die Gehälter der Angestellten im Gesundheitswesen wurden laufend gekürzt, Sabina verteidigte sich kaum gegen die Anschuldigungen der Töchter. »Wir können nicht mehr ausgeben, das seht ihr ja.« Und einmal schrie sie: »Verkauft doch eure teuren Instrumente. Und sucht euch Arbeit in einer Fabrik.« Hinterher bereute sie ihren Ausbruch. Sie selbst hatte ja ihre Töchter mit allen Mitteln gefördert, in der Hoffnung, sie zu berühmten Musikerinnen zu machen.

Es tat ihr nach diesem unglücklichen Besuch gut, wieder allein in ihrem Zimmer zu schlafen, die Töchter schliefen nebenan wie gewohnt. Durch die Wand undeutlich ihre Stimmen zu hören, genügte ihr. Sie in der Nacht zuvor so nah bei sich gehabt zu haben, ihren Atem zu hören, hatte nicht wie früher ein Gefühl großer Vertrautheit in ihr geweckt, sondern sie beengt und gestört. Sie brauchte, nachdem sie tagsüber für ihre Patienten gesorgt hatte, dringend ein paar Stunden lang einen Schutzraum um sich, die Möglichkeit, in sich hineinzuhorchen und, bevor der Schlaf kam, herauszufinden, was aus ihr geworden war und ob sie die Person, die sie vorfand, wirklich akzeptierte. Hatte ihr nicht Piaget in einer ihrer ersten Stunden vorgeworfen, er habe den Eindruck, dass sie ihn auffordere, sich endlich zu mögen, aber das selbst zu wenig tue? Wie fern war diese Zeit! Manchmal kam ihr alles, was ihr seit ihrer Rückkehr nach Russland widerfahren war, wie eine Tauchfahrt in dunkle Gründe vor, in ein Wasserpflanzendickicht, durch das sie mühsam schwamm. Sie hörte die Töchter nebenan lachen, das drang nun zu ihr, als hätten sie die Mauer eingerissen, laut und nahezu unverschämt. Was hatten sie denn zu lachen in ihrer Situation? Es kam ihr kindlich vor, schrill. Sie klopfte an die Wand, da verstummten sie. Und anderntags ging ihre Arbeit weiter, sie war sinnvoll, aber erschöpfend. So viele Kinder litten unter Hunger, emotionaler Entbehrung, elterlicher Gewalt in einem Land, dessen Diktator in allen Radioansprachen den Fortschritt und zunehmende Staatshilfe verkündete. In den ärmeren Vierteln von Rostow merkte man nichts davon.

Renata wollte ihre Ausbildung in Moskau fortsetzen, fand zudem über eine Studienkollegin eine Stelle als Kindergärtnerin. Sabina, die sich mit ihrer älteren Tochter viel zu häufig stritt, hatte nichts dagegen. Aber als sie, mit einem mickrigen Stipendium, weg war, vermisste sie die Tochter doch so heftig, dass sie, bloß noch mit Eva nebenan, gar keinen Schlaf mehr fand und ihre Erschöpfung Tag für Tag zunahm. Immerhin freute sie sich darüber, dass Eva nun auch Gesangsstunden nahm, die ihr ein Kollege des Geigenlehrers gratis gab.

Der Krieg, den nicht nur die Schwarzseher erwartet hatten, brach aus, zunächst schien er weit weg. Deutschland überfiel Polen; England und Frankreich griffen ein. Das las man in den Zeitungen. Man wusste: Furchtbares stand Europa bevor, und die Sowjetunion würde mit großer Wahrscheinlichkeit hineingezogen werden. Bedeutete der Nichtangriffspakt, den Hitler und Stalin abgeschlossen hatten, den Frieden für die ohnehin darbende russische Bevölkerung? Sabinas Kollegen, mit denen sie redete, waren uneinig, der Schulvorsteher glaubte an ein abgekartetes Spiel, bei dem beide Seiten Vorteile für sich herausgeholt hatten, er misstraute den Deutschen ebenso wie Stalins Launen. Das sagte er nicht laut, man ahnte es. Sabina wusste nicht, woran sie sich halten sollte. Eva vergrub sich in ihren Noten, vergaß beim Üben die Wirklichkeit, und eigentlich war das gut so. Es kam vor, dass sie Sabina an Sonntagen ein Lied vorsang, das sie die Woche über eingeübt hatte, und wenn die Begleitung nicht zu schwierig war, übernahm Sabina den Klavierpart. Schuberts *Winterreise* schien ihr am besten in diese harte Zeit zu passen, denn auch Kohle und Holz zum Heizen wurden nun knapp, und niemand wusste, warum eigentlich. »Fremd bin ich eingezogen, fremd zieh' ich wieder aus« – beim ersten Lied der *Winterreise* hatte Sabina, aber auch Eva jedes Mal am Ende Tränen in den Augen. »Schreib im Vorübergehen / Ans Tor dir: Gute Nacht, / Damit du mögest sehen, / An dich hab' ich gedacht.« An dich, ja. Aber wer war dieses Du? Nein, keinesfalls Jung, der sich jetzt wieder, als wäre sie auf ihrem ersten Spaziergang mit ihm, in den Vordergrund drängte. Oder doch der redliche Pawel, dessen Verlust sie immer noch, Tag für Tag, betrauerte? Oder ein anderer, der, als sie noch attraktiv für Männer war, um sie geworben hatte? Piaget? Zu jung war er gewesen. Und sie ärgerte sich darüber, dass dieses »jung« unablässig, als Adjektiv und als Eigenname, in ihr auftauchte.

Der Juni 1941 wurde heiß. Was an den Kriegsfronten geschah, blieb unklar, Zeitungen trafen mit Verspätung oder gar nicht in Rostow ein. Die Radiosender wurden gestört oder blieben wegen der aufziehenden Gewitter unverständlich. Sabina versuchte einfach, sich nicht um den Krieg zu kümmern, sie sorgte fürs eigene Überleben und das der jüngeren Tochter, von Renata in Moskau hörte sie praktisch nichts.

Dann aber, am 22. Juni, geschah das Ungeheuerliche, das doch nichts als ein weiterer Schritt der deutschen Eroberungspolitik war. Die deutschen Truppen griffen auf breiter Front, völlig unerwartet (und doch insgeheim befürchtet), die sowjetische Westgrenze zwischen Ostsee und Schwarzem Meer an. Gegen drei Millionen Soldaten in 121 Divisionen waren beteiligt, 600 000 Lastwagen, über 3000 Panzer und fast so viele Flugzeuge. Es war der massivste Überfall in der bekannten Kriegsgeschichte, und er richtete sich gegen einen vermeintlichen Verbündeten. Stalin, so hieß es später, habe die Nachrichten von der Front erst nicht geglaubt und dann viel zu zögerlich reagiert. Das musste die ohnehin unterlegene russische Armee teuer bezahlen, es dauerte Wochen und Monate, bis Russland so weit aufgerüstet war und den deutschen Vorstößen standhalten konnte. Niemand hätte 1942 geahnt, dass die Sowjets drei Jahre später in Berlin sein würden, auch Sabina nicht, die froh war, gelegentlich von Patienten, die über einen Garten verfügten, mit Früchten und Gemüse beschenkt zu werden. Es gab Momente in diesen Monaten, die ihr immer beschwerlicher, ja qualvoller erschienen, da hätte sie viel darum gegeben, wieder am Zürcher oder Genfer See zu sein.

Als klar wurde, dass es jetzt, nach dem Überfall durch die Deutschen, um Leben und Tod ging, dass es Orte gab, wo die Divisionen um jeden Fuß breit kämpften, da wurde Renata, an der Schwelle erster Erfolge, von der Sorge um Mutter und Schwester nach Rostow zurückgetrieben. Ein kleines Wunder, dass es ihr gelang, sich durch umkämpfte Gebiete unverletzt bis nach Rostow durchzuschlagen. Die letzte Strecke hatte sie auf einem Fischkutter übers Asowsche Meer zurückgelegt, er sah so abgetakelt und manövrierunfähig aus, dass er nicht beschossen wurde. Renata hatte großes Glück, und Sabina war erlöst, dass die Tochter zwar völlig erschöpft, aber unversehrt bei ihr ankam. Eva freute sich weniger, die große Schwester konnte ihr die Aufmerksamkeit des kleinen Publikums, das trotz der Kriegswirren manchmal noch bei privaten Auftritten zusammenkam, wieder stehlen. Aber anderes war wichtiger. Der Stadtrand von Rostow wurde mit Artillerie beschossen und bombardiert, die Russen zogen sich rasch zurück und überließen die Stadt fürs Erste den Deutschen. Die hatten kaum Gelegenheit, das gleiche Schreckensregime zu errichten wie in anderen russischen Städten, denn der Gegner kehrte mit massiver Verstärkung zurück, und Rostow wurde verlustreich umkämpft. Einfach nicht auffallen, das war Sabinas Devise, keinesfalls die Aufmerksamkeit von Kollaborateuren wecken. Sie trug noch schlichtere Kleider als vorher, wusch ihre Hände nur noch nachts, damit sie verdreckt aussahen wie die einer Bäuerin, und den Töchtern befahl sie, tagsüber in der Wohnung zu bleiben und zu üben, aber nicht, wenn deutsche Soldaten in der Nähe waren und ein gebildeter Offizier durch Mozart oder Beethoven hätte angelockt werden können. Man hörte von mehreren Seiten, dass die Deutschen grausam mit der russischen Bevölkerung umgingen. Gerüchte von Massenerschießungen machten die Runde. Natürlich wussten die Deutschen, dass es in Rostow einen hohen Anteil von Juden gab, gerade aus der gebildeten Schicht. Man hörte Geschützdonner, der sich von allen Seiten näherte. Eine wachsende Angst besetzte Sabina und die Töchter, lähmte sie. Am frühen Morgen überflogen deutsche Flugzeuge die Stadt und warfen Bomben ab, die Explosionen waren so laut, dass Sabina Angst um ihr Gehör hatte. Sie stolperte beinahe über Leichen, die, nahe bei ihrem Elternhaus im Villenviertel, auf der Straße lagen. Waren es Soldaten oder Zivilisten? Sie wollte sie nicht sehen, ging um sie und die Blutlachen herum. Nach drei Tagen war es ihr egal, wer nun gerade im Kampf um die Stadt die Oberhand hatte. Allgegenwärtig war der Lärm von Explosionen, das Knattern von Schüssen, in die sich, wie von ferne, immer wieder Schreie mischten, die eher von Tieren als von Menschen zu stammen schienen.

28

Platten und Grimm, der letzte Streit, 1942

E r ist wieder da, der Widersacher. Jetzt ist die Erscheinung beständiger, beinahe mit Händen greifbar. Und es ist nicht der ältere und übergewichtige Mann vom Zeitungsfoto, den er innerlich vor sich sieht, es ist der junge Robert Grimm, eine elegante, schlanke Erscheinung, wohl noch verheiratet mit Rosa, der schönen Russin, die Fritz selbst ein wenig umwarb, wenn er ihr begegnete. Ja, den Robert Grimm zur Zeit des Landesstreiks sieht er in den Nächten vor sich, dessen schwankende Haltung dazu beitrug, Fritz Platten wegzutreiben, dem revolutionären Russland entgegen, das Grimm seinen Anhängern später als Schreckgespenst vor Augen hielt.

»Wir waren am Anfang«, sagt Platten, »nicht so weit auseinander. Der Ausgangspunkt war doch, dass die Arbeiterschaft das Zepter übernehmen, das Kapital entmachten muss. Um jeden Preis. Was hat deine Ansichten so verändert?«

»Meine Vernunft, lieber Fritz. Meine Menschenliebe. Sie hat deine Radikalität, sobald sie über Leichen gehen wollte, als unmenschlich verworfen.«

Platten strafft sich, als hätte ihm der Gegner einen Faustschlag versetzt.

»Das ist nicht wahr! Du hattest Angst vor der offenen

Konfrontation. Angst um dein Leben. Angst um deinen Ruf. Ich nenne es Feigheit. Was heißt schon Menschenliebe? Meinst du, ich hätte sie aus mir verbannt? Meinst du, einer, der das Los der Fabrikarbeiter, auch der Frauen verbessern will, liebe die Menschen nicht?«

Nun scheint es Platten, sein Kontrahent habe sich schon ganz in den behäbigen Magistraten der späteren Jahre verwandelt. Grimm schnauft schwer, beinahe keuchend. »Doch, lieber Fritz, aber deine Liebe gehört, wie bei deinem Lenin, der Masse, nicht dem Individuum. Und das ist fatal. Wenn du die Schmerzen, die Entbehrungen, das Leiden der Einzelnen übersiehst, gewinnst du auch nicht die Masse für dich. Du kannst sie höchstens gefügig machen, bis sie dir zujubelt und glaubt, du seist ihr Erlöser.«

Platten findet im Moment keine Antwort, es arbeitet heftig in ihm. Kann er sich von seinem Gegner derart in die Ecke drängen lassen?

Grimm ist nun, trotz seiner körperlichen Schwerfälligkeit, in Fahrt geraten. »Was du offenbar befürwortest, mein Lieber, ist das Rezept von Diktatoren. Auch Hitler ist, von der anderen Seite her, genau wie Stalin ein Volksverführer, und die kennen, um ihre Herrschaft zu festigen, kein anderes Mittel als den Krieg.« Wieder sein Schnaufen, das jetzt eher ein tiefes Seufzen ist. »Diesem Wahn gegenüber müssen Demokraten standfest bleiben, das habe ich gelernt, mühsam genug, das kannst du mir glauben.«

Platten erhebt seine Stimme, als wäre er bei einer Kundgebung. »Du willst doch nicht einen Hitler, diesen Emporkömmling, zur gleichen Kategorie zählen wie den Genossen Stalin?«

»Doch.« Grimm wird nun auch lauter. »Sobald politische Führer bereit sind, über Leichen zu gehen, gehören sie zur selben Kategorie, zu jener der Zerstörer und Mörder. Auch das habe ich gelernt.«

Platten zwingt sich zu einem erbitterten Lachen. »Dann sag mir, wie soll ein Machthaber sich vor der kriegerischen Aggressivität seiner Gegner schützen. Mit pazifistischen Parolen?«

Grimm beruhigt sich ein wenig. »Mit Abwägen. Wie können wir nach Möglichkeit Verluste vermeiden und doch unseren Zielen treu bleiben? Du nennst das Kompromisslerei, ich nenne es Klugheit. So einfach ist das. Und so schwierig.« Es scheint, als gerate Grimm in Atemnot, eine Weile ist nur noch sein Keuchen zu hören. Dann fährt er fort: »Du verehrst Stalin und verkennst seine gewalttätige Seite.«

»Hätte er die nicht«, fällt ihm Platten ins Wort, »wäre er schon längst umgebracht worden.«

»Ach, lieber Fritz, wir werden uns nicht einigen. Das war voraussehbar. Soll ich dich bedauern? Nein, du hast deinen Weg mit offenen Augen gewählt.« Nach einer kleinen Pause fügt er hinzu: »Und hoffentlich bei vollem Verstand.«

Das klingt nun beinahe verschmitzt, was Platten erneut erbost. »Genieße du dein Wohlleben, mit sattem Gehalt und Brathuhn am Sonntag. Da verrotte ich lieber hier, Robert, und bleibe mir selber treu.«

Das Licht, in dem Grimm zu stehen scheint, wird schwächer. »Tu das, alter Freund, du kannst nicht anders.« Seine Stimme klingt traurig jetzt, als habe Platten ihm ein Unrecht zugefügt.

Aber Fritz Platten weiß, dass er es nicht zustande brächte, von seiner Position abzuweichen. Das mag Überzeugung sein oder Verblendung, die man nie ganz ausschließen sollte. Hat er das nicht sogar bei Lenin gelernt?

Grimm ist verschwunden, und Platten ist so erschöpft wie schon lange nicht mehr, es kommt ihm vor, als habe er sein Gehirn ausgeleert und alles, was ihn ausmacht, vor Grimm hingekippt, der ja gar nicht wirklich da war. Einer in der Baracke verlangt, dass er endlich mit dem dauernden Gemurmel aufhöre. Platten gibt keine Antwort, sucht den Schlaf, der ihn zu meiden scheint, als wäre er auch zum anhaltenden Wachsein verurteilt.

Der Aufruhr, den die Auseinandersetzung in ihm erzeugt hat, hält lange an, quält ihn erneut am nächsten Tag, in der nächsten Nacht, in diesen unvereinbaren Positionen spielt er immer wieder das Drama seiner Existenz durch. Was in ihm geschieht, schwächt ihn mehr als ein Fieber, er ringt um die richtigen, die endgültigen Antworten auf die Fragen in sich und findet sie nicht. Ab und zu steht Pjotr, der Bulgare, vor ihm und fragt, was Fritz fehle, er höre ihn nachts seufzen.

Pjotr ist inzwischen aufgerückt zu einem Vertrauten der Lagerführung, das wissen die anderen. Man beginnt, ihm zu misstrauen. Hat er den Auftrag, die Insassen auszuhorchen, konspirative Vorhaben frühzeitig weiterzumelden? Aber was könnte denn konspirativ sein im Lageralltag? Sollen Meutereipläne, die ohnehin erfolglos wären, aufgedeckt werden? Pjotr bleibt freundlich zu allen, wenn auch mit spürbarer Distanz.

Fritz fühlt sich trotzdem zu ihm hingezogen, denn Pjotr hört ihm zu und scheint seine Beschwerden zu verstehen; er ist ja der Sanitäter, er hilft ihm, den schmerzenden Ellbogen einzubinden, gibt ihm eine Salbe gegen entzündete Flohstiche. Und er verbringt mehr Zeit mit Fritz, als er müsste, scheint sogar Gefallen an seinen mäandernden Gedanken zu finden, die oft darum kreisen, was denn eigentlich Gerechtigkeit bedeute. Diese Frage lässt Fritz nicht los, auch wenn er weiß, dass er gerade dann, wenn er glaubt, die endgültige Antwort gefunden zu haben, sie wieder verwerfen wird. Seltsam, dass er jetzt so viel grübelt, es haben ihn doch so lange unerschütterlich scheinende Gewissheiten vorangetrieben.

29
Straflager Lipowo, Pjotr und Fritz,
22. April 1942

Der April des Jahres 1942 hat mit schönem und fast zu warmem Wetter begonnen. Für die Arbeit beim Schälen der Rundhölzer kann Fritz nicht mehr eingesetzt werden, die Axt entgleitet oft seinen Händen, und die Holzrugel kann er kaum noch bewegen. So lässt man ihn auf einer Pritsche liegen. Er mag nur noch wenig essen. Einmal kommt der Lagerchef im Rang eines Majors vorbei, ein hagerer Mann, den Fritz nicht mag, und schaut den Häftling Platten lange an, sagt aber kein Wort zu ihm, dreht sich dann abrupt um und marschiert hinaus, als eile er über einen Appellplatz.

Fritz fragt nach dem Datum, obwohl es ihn nicht wirklich interessiert; man sagt es ihm, es sei der 22. April, und da erinnert sich Fritz, dass das Lenins Geburtstag ist und dass er noch vor wenigen Jahren feierlich begangen wurde, mit der Dorfmusik und dem Gesang von Schulklassen in der ganzen Sowjetunion, so berichtete die *Prawda,* die Fritz in Nova Lava ab und zu in die Hand bekam. Er lächelt, wenn er an die Feiern auf dem Landgut denkt, an die Mühe, die sich Schweizer Kinder gaben, auf Russisch zu singen. Ein besonderer Tag ist es noch heute für ihn, auch wenn er sich kraftlos fühlt, abgekoppelt von dem, was im Lager geschieht.

Pjotr erscheint gegen Abend, bleibt vor Plattens Pritsche stehen. Er wirkt verlegen, beinahe gehemmt, er trägt, anders als sonst, eine Uniform mit zwei Orden. Fritz wundert sich trotz seiner Schwäche darüber, aber er fragt nicht nach dem Grund.

»Ich will dir etwas zeigen«, sagt Pjotr zu ihm. »Da draußen blüht es schon. Dort, wo du Blumen gepflanzt hast.« Er weiß, dass Fritz einmal am Rand des Lagers einen Steinkreis für seine Frau gelegt hat. »Komm mit, das musst du sehen.«

Fritz nickt, an Berta hat er lange nicht mehr gedacht, aber das mag gerade der Tag sein, an dem er es tut. Berta hat ihm doch so viel bedeutet, Blumen waren ihr wichtig. Mühsam steht er auf, zieht seine Jacke an, Pjotr hilft ihm in die Ärmel. Die anderen Häftlinge, die schon in der Baracke sind, winken ihm nach, als er Pjotr mit unsicheren Schritten ins Freie folgt. Es geht ein sanfter Wind, die Temperatur ist angenehm. Bis zum Gedenkkreis für Berta ist es weiter, als Fritz gedacht hat, viel weiter. Sie müssen das große Tor passieren. Zwei-, dreimal knickt Fritz beinahe ein, und Pjotr muss ihn stützen. Dann sind sie dort, in der Tat gibt es den Steinkreis noch, oder jemand hat ihn erneuert, das verwitterte Kreuz steht drin, die Osterglocken blühen, und plötzlich weiß Fritz, was nun geschehen wird. Er fragt sich, ob er beten soll, doch das hat er längst verlernt.

Pjotr steht dicht hinter ihm. »Dreh dich nicht um«, sagt er mit sanfter Stimme. »Es ist besser so.«

Ja, Fritz dreht sich nicht um, er sinkt auf die Knie, das ist das Angemessene in diesem Moment.

Den Schuss hört er noch, dann fällt er ins Dunkle, ins Schweigen, ins Vergessen.

30
Die Lüge der Deutschen, Rostow, 1942

Dass die drei Scheftels verschont blieben, war erstaunlich. Binnen weniger Wochen – sie schienen aber endlos – eroberten die Russen die Stadt zurück, erschossen viele, die als Kollaborateure denunziert worden waren, sie verhielten sich gegenüber den eigenen Landsleuten nicht besser als vorher die Deutschen. In aller Hast bauten die Soldaten im Schulviertel Sperrmauern auf, um den deutschen Panzern die Durchfahrt zu erschweren. Das undurchschaubare Kriegsgeschehen wurde zum Albtraum, der nicht enden wollte. Eben noch war es Winter gewesen, auf der Brücke über den Don hatte es opferreiche Kämpfe gegeben. Wer gegen wen? Die Sonne schien hart. Plötzlich waren die Deutschen, die sich hör- und sichtbar verstärkt hatten, wieder im Vormarsch, besetzten nun die ganze Stadt, schlugen die Sowjets in die Flucht. Sabina und die Töchter versteckten sich im Keller ihres Wohnhauses, hörten den Einschlag von Granaten, das Krachen von explodierenden Bomben, unendlich viele Gewehrschüsse, Geschrei von allen Seiten. Ihr Haus stand noch, nur ein paar Fensterläden waren heruntergefallen, eine Mauer im ersten Stock, wo sie wohnten, zerschossen und zusammengebrochen. An diesem frühen Morgen herrschte auf einmal eine ungewöhnliche Ruhe

in der Stadt, man hörte bloß den Marschtritt von Wach-
patrouillen und schroffe Befehle, ab und zu den Lärm ent-
fernter Artillerie, vereinzelte Gewehrschüsse in der Nähe.
Die Stadt schien nun ganz in deutscher Hand zu sein, zumindest vorläufig. So etwas wie ein absurdes Friedensgefühl breitete sich bei den Zurückgebliebenen aus. Es gab eine Nacht,
in der man, kaum zu glauben, ungestört schlafen konnte.

»Mama«, fragte Eva am nächsten Morgen, »warum sind
wir nicht aus der Stadt geflohen? Olga hätte uns bestimmt
geholfen.«

»Nein«, sagte Sabina schroff, »im Radio habe ich gehört,
dass auch Krasnodar umkämpft ist.«

Eva schaute die Mutter ungläubig an. »Dann hätten wir
noch früher flüchten müssen.«

Sabina gab einen unwilligen Laut von sich. »Und du
glaubst, wir wären durch die feindlichen Linien gekommen?«

Eva senkte den Kopf und schwieg.

Dass es Sommer geworden war, merkten sie kaum. Was
spielte es noch für eine Rolle, ob man schwitzte oder nicht,
ob man sich waschen konnte oder nicht, viele Wasserleitun-
gen funktionierten ohnehin nicht mehr. Dafür wurde Sabina
klar, wie die Deutschen ihr Besatzungsregime durchsetzten.
Plakate in russischer Sprache, die an allen Wänden hingen,
forderten die Einwohner von Rostow auf, Ruhe zu bewahren,
den Anordnungen der deutschen Hilfskräfte widerstandslos
Folge zu leisten. Ab und zu hörte man Schüsse. »Ich denke«,
sagte Sabina beinahe tonlos, »da werden Landsleute von uns
erschossen, die sich widersetzen. Partisanen. Wäre ich jünger und kräftiger, würde ich mich ihnen anschließen.« Und
gegen die Deutschen kämpfen, dachte sie, unter denen sie so

lange gelebt hatte. Sie erinnerte sich an den Sommer in Berlin, als Pawel mit ihr und der kleinen Renata zusammenlebte, an Ausflüge zum Wannsee, an die Picknicks am Strand, das ungestüme Lachen des Töchterchens, das so gerne vom Vater geneckt wurde. Ja, auch an die Freundlichkeit der Badegäste und der Spaziergänger auf Berlins Straßen.

Die Luft in Rostow war nach nächtlichen Bombardements oft voller Staub, das Gefühl der Bedrohung glich einer Schlinge um ihren Hals, die sich von Tag zu Tag enger zusammenzog. Sabina und ihre Töchter waren Juden, in allen ihren Identitätspapieren war dies vermerkt, und Sabina hatte mehrfach Gerüchte gehört, dass in den Gebieten, die von den Deutschen besetzt waren, die Juden, vermögend oder nicht, zusammengetrieben, ausgeplündert, erschossen oder in Lager verschleppt wurden. Sie wollte es nicht glauben. War denn ein zivilisiertes Volk so barbarisch geworden? Vermochte eine verblendete und fanatisierte Führungsclique bei den jubelnden Anhängern alle Vernunft auszutreiben? Wenn jüdische Nachbarn laut fragten, wie sie noch entkommen könnten, wusste niemand eine Antwort. Was blieb anderes übrig, als sich tagsüber im Keller des Wohnhauses, das noch unversehrt war, abzukapseln und sich nur nachts oder in der Morgendämmerung für einen kleinen Erkundungsgang hervorzutrauen? Nachts sah man den Schein der Brände ringsum, die Dachstöcke vieler Häuser waren von Bomben getroffen worden, die Straßen stellenweise zentimeterdick mit Staub und Trümmerstücken bedeckt. Die drei Frauen hatten Hunger und verheimlichten es voreinander; Sabina war froh um eine harte Brotrinde, an der man lange herumkauen konnte, selbst wenn sie auf der Straße gelegen hatte.

31

Die Besammlung der Juden in Rostow, 1942

In ihren Träumen hatte Sabina es erneut mit Jung zu tun, sie duldete seine Nähe nicht, schrie ihn an, wollte ihn verjagen. Aber er stand vor ihr und überragte sie um einen Kopf. Dass er sie umarmen würde, war undenkbar, er versuchte es trotzdem, sie floh vor ihm, Nacht für Nacht, manchmal holte er sie ein und riss sie zu Boden, in einen Haufen trockenes Laub, als wäre alles nur ein Scherz. In ihrem Sträuben war eine geheime Lust, und das verstörte sie am meisten.

An einem Augustmorgen, man sah es von Weitem, klebten neue Plakate auf Deutsch und Russisch über den alten. Darauf stand, die jüdische Bevölkerung der Stadt Rostow werde aufgefordert, sich am Dienstag, dem 11. August, morgens um acht Uhr zu ihrem eigenen Schutz je nach Wohnviertel an vier verschiedene Versammlungsorte zu begeben, dort könnten die deutschen Polizeiorgane sie besser vor Übergriffen der nichtjüdischen Einwohner schützen. Unterschrieben hatte der Vorsitzende des Jüdischen Rates der Ältesten, Dr. Lurje, den die Deutschen als ihren Stellvertreter und gefügigen Sachwalter eingesetzt hatten. Das gab der Bekanntmachung einen offiziellen und gleichsam neutralen Anstrich.

Sabina, deren schlimmes Bein stärker als sonst schmerzte, stützte sich auf die beiden Töchter, als sie dies las. Sie ahnte, was es bedeutete; sie hatte verbotenerweise über einen kleinen Radioempfänger, den ihr der alte Oberlehrer ihrer Schule überlassen hatte, englische Nachrichten abgehört und sich die wahre Botschaft aus Satzfragmenten zusammengereimt. Aber vielleicht, das war ein Hoffnungsschimmer, sollten sie ja wirklich evakuiert werden, bevor die Sowjets, die eigenen Landsleute, eine neue Offensive begannen. Mit den Töchtern sprach sie nicht darüber. In den zwei Tagen und halben Nächten, die ihnen bis zum festgesetzten Datum blieben, redeten sie in ihrer alten Wohnung über Vergangenes. Sie tranken Wasser, das noch aus einem intakten Hahn floss, aber bereits faulig schmeckte. Eva hatte auf einem Feld in der Nähe ein paar Steckrüben gefunden, man konnte sie in kleine Stücke schneiden und salzen, dann waren sie essbar. Mitten in der Nacht drängte Renata auf einmal darauf, jetzt noch zu flüchten, südwärts durch die deutschen Linien in Richtung der Russen, der eigenen Landsleute, die doch irgendwo in Stellung lagen. Sabina und Eva weigerten sich. »Weißt du denn, wie die andere Seite uns behandeln wird? Die werden denken, wir seien geschickt, um ihre Stellungen auszuspionieren.«

Sich mit anderen Juden zu versammeln, schien Sabina leichter zu sein als eine gefährliche Flucht. Was sie erwarten könnte, darüber redeten sie nicht.

Sabina schlief kaum in dieser Nacht, und wenn ihr die Augen zufielen, fand sie sich erneut in ihrer Vergangenheit, Jung und der See bei Zürich, Jung und die Lichtung, auf der sie sich liebten, es gelang ihr nicht, diesen Mann zu verscheuchen, der doch ihre Zuneigung in keiner Weise mehr verdiente. Aber waren die Begegnungen mit ihm nicht doch ein Höhepunkt in ihrem Leben gewesen? Hatte sie sich nicht in seinen Armen begehrens- und liebenswert gefühlt wie sonst nie mehr, auch nicht beim braven Pawel? Bisweilen müsse man unwürdig sein, um überhaupt leben zu können, hatte er ihr geschrieben, und diesen Satz hatte sie nie mehr vergessen. Sie sollte jetzt, vor dem morgendlichen Aufbruch ins Ungewisse, an anderes denken als ausgerechnet an einen Ehebrecher und Antisemiten wie Jung, warf sie sich vor. Aber sie war ja selbst nicht weniger widersprüchlich als die Klienten, die von ihr analysiert worden waren. All diese Gesichter, Hoffnung und Angst, die Hoffnung auf irgendeine Form von Erlösung, die Angst vor dem Sich-Verlieren, vor dem Verschwinden, das Sterben heißen mag oder anders.

Es war ein frischer Morgen, man fröstelte sogar ein wenig. »Besser als die Bruthitze von gestern Abend«, sagte Sabina zu den schweigenden Töchtern, sie hatten die Mutter untergehakt, um ihr das Gehen mit dem schlimmen Fuß zu erleichtern. Den Besammlungsplatz fanden sie leicht, sie gehörten zu den Ersten, die dort ankamen und auf die Befehle der Deutschen warteten.

Soll der Autor die Geschichte nun zu Ende erzählen? Er tut es nicht, er kann es nicht. Lässt sich ein Massenmord erzählen? Die Vorbereitungen, das wäre möglich, das Ausheben der Grube durch russische Gefangene in der sogenannten Schlangenschlucht. Die Fahrt auf Lastwagen dorthin. 25 000 sollen es gewesen sein. Eine unglaubliche Zahl. Aber ich bin nicht in der Lage, in Worte zu fassen, was dann geschieht. Ich finde keine Worte für den stumpfen Gehorsam der russischen Schützen, die anschließend auch erschossen wurden.

Ich nehme hier Abschied von Sabina Spielrein. Hätte sie irgendwann ihrem Leben eine andere Wendung geben können? Ich weiß es nicht, ich habe ihr zu folgen versucht, solange es mir möglich war.

Lukas
Hartmann
Der Sänger

Roman · Diogenes

Roman
ca. 288 Seiten
Auch erhältlich als eBook

Seine Stimme füllte Konzertsäle, betörte die
Damenwelt, eroberte in Deutschland, Europa,
Amerika ein Millionenpublikum. Joseph Schmidt,
Sohn orthodoxer Juden aus Czernowitz, hat es
weit gebracht. 1942 aber gelten Kunst und Ruhm
nichts mehr. Auf der Flucht vor den Nazis stran-
det der berühmte Tenor, krank, erschöpft, als
einer unter Tausenden an der Schweizer Grenze.
Wird er es sicher auf die andere Seite schaffen?

Roman
256 Seiten
Auch erhältlich als eBook und Hörbuch-Download

1923 wird der Musiker und Maler Louis Soutter von seiner Familie aufgrund seines exzentrischen Lebensstils in ein Heim im Schweizer Jura eingewiesen. Nur noch sein berühmter Cousin Le Corbusier interessiert sich für ihn. Soutters Bilder verstören, die Kunstwelt seiner Zeit beachtet ihn nicht. So befremdet wie fasziniert lässt sich Le Corbusier auf diese archaische Kunst ein und auf die verschlungenen Lebenswege, die Soutter an diesen Ort geführt haben.